Wolf-Ulrich Cropp

Alaska-Fieber

Wolf-Ulrich Cropp

Alaska-Fieber

Wildnis, Abenteuer, Einsamkeit

Mit 16 Seiten Farbbildteil
und einer Karte

MALIK NATIONAL GEOGRAPHIC

Mehr über unsere Autoren und Bücher:
www.malik.de

Originalausgabe
ISBN 978-3-492-40007-7
14. Auflage Dezember 2020

Umschlaggestaltung: Dorkenwald Grafik-Design, München
Umschlagfotos: Kennan Ward (vorne), Stéphan Szeremeta / fotolia.com (hinten links), Gordon Shumway / fotolia.com (hinten rechts)
Innenteilfotos: Wolf-Ulrich Cropp
Karten: Gert Köhler, München
Druck und Bindung: CPI books GmbH, Leck
Printed in the EU

Inhalt

Lockende Wildnis 7
Flug in den Norden 17
Eine Hütte in der Arktis 35
Leben am Nordrand der Welt 42
Gefährliche Jagd 57
Wintervorbereitungen 73
Valdez: Nach Norden in die Zukunft 89
Durch die Chugach Mountains 104
Der Yukon 110
Tundra und Gebirge 116
Prudhoe Bay: Industriezentrum im Eis 131
Barrow: Am nördlichsten Punkt Alaskas 146
Eine Wettfahrt 163
Die Eisbarriere 186
Eisbärenjagd 198
Start zur 1200-Meilen-Jagd durch Alaska 216
Mit den Mushern unterwegs 226
Der Rainy-Pass 234
An der Beringsee 248
Nome, Stadt am Goldstrand 261
Goldfieber 267

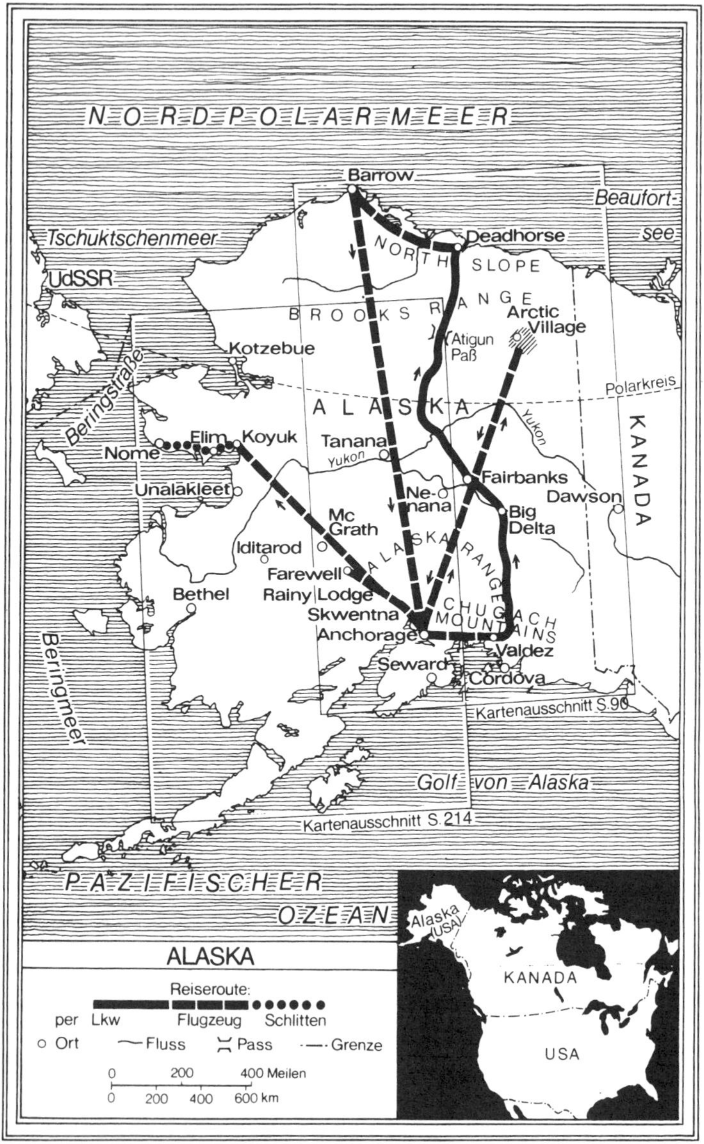

NORDPOLARMEER
Barrow
Beaufort-see
Tschuktschenmeer
Deadhorse
NORTH SLOPE
UdSSR
BROOKS RANGE
Arctic Village
Atigun Paß
Kotzebue
Beringstraße
Polarkreis
ALASKA
Yukon
KANADA
Elim
Koyuk
Tanana
Nome
Fairbanks
Unalakleet
Nenana
Dawson
Mc Grath
Big Delta
Iditarod
ALASKA RANGE
Farewell
Rainy Lodge
Bethel
Skwentna
CHUGACH MOUNTAINS
Anchorage
Valdez
Beringmeer
Seward
Cordova
Kartenausschnitt S.90
Golf von Alaska
Kartenausschnitt S.214
PAZIFISCHER OZEAN
Alaska (USA)
KANADA
USA
ALASKA
Reiseroute:
per Lkw Flugzeug Schlitten
Ort
Fluss
Pass
Grenze
0 200 400 Meilen
0 200 400 600 km

Lockende Wildnis

Der Mann hinter dem Ladentisch sah aus wie ein braver Familienvater. Ordentlich gekämmt war er, glatt rasiert und korrekt gekleidet. Typ mittlerer Beamter. Was hatte denn der in einem Laden für Expeditionsausrüstung zu suchen? Ich schloss aus seinem Äußeren, dass er noch nie aus Anchorage herausgekommen war und Alaska bestenfalls vom Fernsehen her kannte. Im Vergleich zu ihm kam ich mir in Mokassins, Flanellhemd, Parka und drei Tage alten Bartstoppeln wie ein Goldsucher nördlich des Yukon vor. Für meine Belange war dieser Mann hier wohl kaum die richtige Adresse, und ich legte deshalb keinen großen Wert auf seine Beratung.

Zwei Rucksäcke mit Ausrüstung für die Wildnis Alaskas hatte ich von »draußen« – wo für die Alaskaner alle Fremden herkommen –, aus Deutschland, mitgebracht. Doch bald stellte sich heraus, dass manches falsch und vieles unzweckmäßig war. Auf den Rat eines Fachmanns hin marschierte ich die 4th Avenue entlang, betrat *Wright's Outfitter* und geriet an diesen Verkäufer, mit dem ich mich in einem Wust von tausend Gegenständen hoffnungslos allein gelassen fühlte.

Schließlich traf ich in einsamen Entschlüssen meine Auswahl: Rundzelt mit Sturmanker, Schlafsack Yukon spezial mit 1800 Gramm Graugansdaunen, Gesichtsmaske, Taschenofen (Benzinbrenner ohne Flammenentwicklung), Isoliermatte, Mukluks (wasserdichte Eskimostiefel) mit Eisbärfelleinlage, gefütterte Gummistiefel, Beil, Angelhaken, Metallspiegel, Taschenlampe, Wolldecken, Kompass, Schneebrille, Feldflasche,

Wollsocken und -hemden zum Wechseln… Wenn der Verkäufer doch nur kompetent wäre!

Gerade wog ich fachmännisch ein Paar indianische Schneeschuhe in den Händen. Feine Dinger, mit Rohhaut gebunden, muss ich unbedingt kaufen, überlegte ich. Im selben Augenblick spürte ich einen skeptischen Blick – und schaute in ein mitleidig lächelndes Gesicht.

»Der nächste Winter kommt gewiss, Mister!«, meinte der Verkäufer.

»Was? Ah ja, natürlich«, sagte ich und dachte, eine blöde Bemerkung im arktischen Alaska – aber von dem Typ war ja nichts Besseres zu erwarten.

Die Hände auf den Tisch gestemmt, stand er hinter dem Berg meiner ausgesuchten Ausrüstung.

»Nicht schlecht, was Sie da kaufen wollen, Cheechako, aber das Wichtigste haben Sie vergessen!« Dabei grinste er so breit wie eine Gletscherspalte.

»Vergessen? Was denn?«

»Hier, 'ne Trillerpfeife, werden's schon noch merken!« Damit hängte er mir eine kleine Pfeife um den Hals.

»Ihre Pfeife in Ehren, kann mir zwar nicht vorstellen, wozu sie nützlich sein soll, aber wie haben Sie mich eben genannt, Chee…?«

»Cheechako, ja«, sagte der Mann.

»Und was bedeutet das?«, fragte ich neugierig.

»In der Sprache der Indianer: Greenhorn.«

Verdammt, alles hätte mir die Krämerseele sagen dürfen, aber mich, der weiß Gott schon was von der Welt gesehen hatte, als Greenhorn zu bezeichnen, das ging zu weit! Und eine Sekunde lang dachte ich, soll er doch den ganzen Krempel behalten, ich kaufe woanders.

Er musste gemerkt haben, dass er mich soeben tief gekränkt

hatte, denn er setzte sein versöhnlichstes Lächeln auf und meinte: »Nichts für ungut, Mister, war nur ’n dummer Scherz. Ich bin Mike Armstrong.«

Seine Hand schnellte vor, eine Bärenpranke, die die meine wie einen reifen Käse presste. Das war ein Händedruck, der kaum zu einem verweichlichten Stadtonkel passte!

»Ich hab fünf Jahre in der Brooks Range gelebt«, fuhr er fort, »dachte, ich könnt mir erlauben, ’nen Neuling etwas auf den Arm zu nehmen. Amüsiert mich kolossal, wenn sich die von draußen für unser Hinterland ausrüsten.«

Ich pfiff durch die Zähne. »Fünf Jahre oben in der Brooks Range? Alle Wetter, das will was heißen! Im Camp an der Pipeline gelebt?«

»Nein, nein, als Trapper, allein«, erwiderte der Mann kurz.

Ich schluckte und sagte nichts mehr. Stopfte meine Klamotten in einen Sack, zahlte und wollte gerade in die Hektik der 4th Avenue zurück …

»Übrigens, Mister, die Gummistiefel sind zu klein. Nehmen Sie drei Nummern größer und stopfen Sie später ordentlich Gras rein.« Schweigend packte ich sie wieder aus und nahm die größeren.

»Seit wann sind Sie hier?«, fragte Mike und trat etwas näher.

»Gerade angekommen.«

»Schauen Sie mal wieder rein und denken Sie an die Pfeife!«, rief er mir nach, als ich nach draußen trat, wo mir Sonnenlicht und laue, fast warme Augustlüfte entgegenschlugen. So konnte man sich täuschen! Oben in der Brooks war er also gewesen – es ging mir nicht aus dem Kopf.

Ich schleppte mich mit meinem Seesack schwitzend durch Anchorage. Barhäuptige Menschen, einige sogar in Sommerkleidung, drängten sich auf den Bürgersteigen. In dieser Stadt schien jeder unerhört beschäftigt zu sein. Ich balancierte mit meinem Bündel zwischen Hauswänden und Randsteinen entlang, um niemanden anzurempeln. Als aus einigen Kneipen angetrunkene Eingeborene torkelten, ließen sich Zusammenstöße nicht immer vermeiden. Verdutzt glotzten sie mich mit glasigen Augen an und lallten: »Oh, mountain climber?«, während mir ihre süßliche Spritfahne um die Nase wehte. In der Dritten und Vierten Avenue gehören nun mal betrunkene Indianer und Eskimos zum Straßenbild, daran muss man sich gewöhnen.

Schließlich hatte ich das Kneipenviertel passiert und bog in die C-Street, in deren letzten Drittel der braune Kasten *Westward Hilton* stand. Gestern war ich in dem ersten Haus am Platz noch Gast gewesen! Zu Hause musste mich der Leichtsinn geritten haben, als ich, alten Prospekten vertrauend, das Hilton buchte. Seit das schwarze Gold an der Prudhoe Bay sprudelt, fegt über Alaska ein neuer Rausch: der Ölrausch, der die Preise explodieren lässt und mich in eine drittklassige Eskimoabsteige vertrieb. Ich war nicht traurig darüber, denn strenger Trangeruch gehört nun einmal zum 49. Staat der USA, zu den »Last Frontiers«, zur Trapperromantik. Es wäre einfach unfair, das arktische Abenteuer aus der Suite des »ersten Hauses« zu beginnen.

Ein herrlicher Nachmittag, kam es mir in den Sinn, als ich mich flüchtig umdrehte. Die Sonne strahlte wie ein weißer Ballon, zum Greifen nah waren die schneegekrönten Häupter der Chugach-Berge an die Stadt gerückt, und das Cook Inlet vor mir glänzte dunkelblau, geheimnisvoll, wie es allen tiefen Fjorden eigen ist. Am Horizont dahinter leuchteten die Eisflanken der Drei- und Viertausender aus der Alaska-Kette. Der aggressive Verkehr, der durch die Hauptstraßen dröhnte, erlaubte jedoch keine lange Beschaulichkeit.

Anchorage – was für ein verrückter Ort! Ein Zwitter zwischen Pionierstadt und Verkehrsmoloch. Seit der Pipelinebau

Im Zentrum von Anchorage, der größten Stadt Alaskas

zigtausend Arbeiter anzog, wurde es auch am Stadtrand immer enger, wo die Familien der Pipeliner in Wohnwagensiedlungen hausten.

Roland Low Hotel stand an abgebröckelter, schmutzig grauer Fassade. Ich hatte meine Bleibe erreicht. Kurz ein Blick in die Rezeption – nein, sie war nicht da. Es räkelten sich nur Vater und Mutter vor dem Fernsehgerät. Er, ein Rundlicher, Untersetzter mit breitem, großem Kopf und struppigem Haarschopf. Sie, etwas länger geraten, mit Pfannkuchengesicht und Knien, die so weit auseinander standen, dass der dickste Polarhund bequem durch das »O« springen konnte. Kleine, schmale Augenschlitze hatten beide.

Kopfschüttelnd stieg ich die knarrende Treppe in den ersten Stock hinauf, wo sich der Trangeruch verdichtete. Kaum zu glauben, dass zwei dermaßen hässliche Menschen eine so hübsche Tochter haben konnten. Sie hieß Litla und mochte achtzehn Jahre alt sein. Vor zwei Jahren war sie aus Nome gekommen, um hier mit ihren Eltern das Hotel zu führen. Als ich gestern ankam, stand sie zufällig an der Rezeption, und ich muss gestehen, sie erleichterte mir, wie jedem Weißen im Hotel, die Entscheidung zu bleiben. Sie war gertenschlank und bildschön, eine Exotin, bei der man ins Schwärmen geraten konnte. Sie hatte ein fein geschnittenes Gesicht mit schwarzen, intelligenten Augen, die nichts von der Stumpfheit mancher Eskimofrauen besaßen. Sie sprach gut Englisch und interessierte sich für Europa, seine Menschen und deren Lebensweisen. Jeder, der auf sein Zimmer ging, lugte noch mal um die Ecke, um sie zu sehen – aber, wie gesagt, sie war wohl ausgegangen.

Auf dem gleichen Flur wie ich wohnte Peter Neumann. Er stammte aus Frankfurt und war Psychologe. Sein Interesse galt besonders den Lebensgemeinschaften in extremer Umwelt. Wochenlang hatte er bei einer Indianersippe in Salmon am Polar-

Das Eskimomädchen Litla

kreis und bei Eskimos am Icy Cape hoch oben im Norden gelebt. Er hatte mit ihnen gejagt, gesoffen und gehungert, als ob er einer von ihnen wäre. Als er erfuhr, was mich nach Alaska trieb, riet er mir mit eindringlicher Stimme: »Setzen Sie sich ins nächste Flugzeug und fliegen Sie nach Hause, Mann; das Land oberhalb der Brooks ist grausam, hart und menschenfeindlich. Wenn Sie Ihre fünf Sinne beisammenhaben, hauen Sie ab!« Ich ließ mich natürlich nicht beirren, sondern dachte nur, dass ihn die Einsamkeit sonderbar gemacht hatte. Dann schilderte er mir die endlosen nachtdunklen Tage im Eis, das geheimnisvolle, stumpfsinnige Warten der Eskimos und das nie endende Geheul der Timberwölfe und begann plötzlich, vor Ergriffenheit laut zu schluchzen, dass ihm die Tränen über die Wangen rannen. Da wurde mir klar: dieser Mann litt unter einer besonderen Art von Polarkoller. Im gleichen Atemzug pries er die Schönheit eines Mädchens, zu dem er offenbar eine quälende Liebe empfand. Ich brauchte nicht lange zu überlegen, um zu wissen, dass er Litla meinte.

Auf meinem Zimmer angekommen, warf ich den Seesack aufs Bett. Welcher Ignorant hatte Alaska als ein Land bezeichnet, »wo der Whisky zu einer starren Masse gefriert, die man den größten Teil des Jahres hindurch als Briefbeschwerer benutzen kann«? Ich glaube, Jack London war es. Er hatte keine Ahnung! Ich schwitzte erbärmlich, und der Whisky in der Flasche konnte nicht flüssiger sein. Ich goss mir einen ordentlichen Streifen ins Zahnputzglas, um nachträglich die Wut auf alle Zöllner hinabzuspülen, die mir von der gesamten Verpflegung nur diese Flasche gelassen hatten. Zu Hause hatte ich mich erstklassig versorgt: Dosenbrot, Doseneintopf, Dörrobst und -fleisch, Cornedbeef, Müsli … Aber am schlimmsten war es, als der eifrige Beamte meine beiden Dauerwürste aus dem Rucksack fischte und einfach alles beschlagnahmte.

Nun schlüpfte ich aus Parka und Hose und legte mich aufs Bett. Ich war müde und streckte die Beine aus. Der Whisky tat gut. Mit der Rechten hob ich die Pfeife von meiner Brust und betrachtete sie skeptisch. »Eine Trillerpfeife für Alaska, so ein hirnverbrannter Unsinn!«, murmelte ich, ohne zu wissen, dass das Ding mir eines Tages das Leben retten sollte. Ich starrte zur Decke und verfiel ins Träumen: Alaska – welch magisches Wort! Was für Assoziationen weckt es in Zivilisationsmüden und Abenteurern! Alaska – Klang nach Gletschern, Eisbergen und grausamer Kälte. Seit ich »Alaska-Kid« oder »In den Wäldern des Nordens« gelesen hatte – das war lange her, zwanzig Jahre vielleicht –, hatte es mich in seinen Bann geschlagen. Heute, da ich endlich hier war, fieberte ich danach, das wahre Gesicht dieses Landes kennen zu lernen, die Wildnis, die Wechsel der Karibus, die Wolfsrudel, die prasselnden Lagerfeuer und das Flimmern des Nordlichts. Ich wollte die kostbare Zeit nutzen, die mir zur Verfügung stand, wollte den Wandel der Jahreszeiten spüren, den Duft der letzten Sommertage riechen, den Winter mit all seiner Brutalität und Gefahr fühlen. Und es war mir, als liebte ich dieses Land schon jetzt.

Kreuz und quer durch Alaska sollte es gehen! Zuerst in die Öde der Tundra, zu einem Bekannten, einem radikalen Aussteiger, dann an den Arktischen Ozean, wo die Technik die Natur herausfordert und dem ewigen Frost Öl entreißt. Ich wollte im härtesten Rennen der Welt, mit den besten Schlittenführern, nach Nome, der Goldstadt im Eis, aufbrechen, dann mein Glück auf den Claims versuchen, verdammt, ich wollte – wenn es sein musste – alles auf eine Karte setzen! Gedankenfetzen all dessen, was ich vorhatte, verwirrten und beflügelten mich zugleich. Ich dachte an Pelzhändler, Eskimos, Indianer, Fallensteller, Galgenvögel, Goldsucher und Glücksritter. An faustgroße Nuggets aus dem kalten Wasser des Klondike, an das schwarze Gold der Trans-Alaska-Pipeline. »Go north, young man, go north!« Ich fühlte mich aufgefordert, an Amerikas »letzte Grenze« zu ziehen, aufgerufen, dem Lockruf der Wildnis zu folgen …

Ein Aufschrei, Poltern und lang gezogenes Schluchzen rissen mich jäh aus meinen Gedanken. Was war das? Ich sprang auf, riss die Tür auf und stürzte in den Flur. Ein Schatten huschte zur Treppe … An die Wand gelehnt, das Gesicht in den Händen vergraben, kauerte Peter Neumann. Er wurde von Weinkrämpfen geschüttelt. Ich packte ihn am Arm und schleppte ihn in mein Zimmer.

»Mein Gott, mein Gott«, wimmerte der Mann. Er war nicht zu beruhigen. Schließlich fluchte er: »Diese Bestie, diese verdammte Bestie …« Mir blieb nur die Rolle des Zuhörers, der hilflos mit ansehen muss, wie ein anderer leidet. Es ging um Litla. Und so erfuhr ich etwas von der tragischen Geschichte zwischen zwei Menschen von so unterschiedlicher Herkunft und Mentalität: Litlas wegen war Peter Neumann bereit gewesen, sein Vorhaben, in die Wildnis zu gehen, aufzugeben. Doch schließlich siegte die Vernunft; Peter verschwand in die Arktis. Dort aber wurde alles noch schlimmer; und als sich die Polarnacht wie ein Leichentuch über das Land legte, flüchtete er sich in den Alkohol, um der Einsamkeit und dem Grübeln zu entfliehen. Für Neumann war es tödlich, allein zu sein. Er kam zurück und versuchte erneut, Litla für sich zu gewinnen, aber sie wehrte sich mit aller Macht gegen seine Gefühle. So war es auch in dieser Nacht.

Nachdem ich es wusste, hing ein betretenes Schweigen zwischen uns. Endlich erhob sich Neumann schwerfällig, um mein Zimmer zu verlassen.

»Danke«, sagte er, »wirklich vielen Dank. Und entschuldigen Sie … Aber die Einsamkeit, die Arktis, sie machen dich krank.«

Damit verließ er mich. Aber nicht für immer, denn auf sonderbare Weise sollten wir uns wieder einmal begegnen.

Flug in den Norden

Der Morgen graute; ich war müde wie nie zuvor. Grübelnd lag ich da, denn das Erlebte ließ mir keine Ruhe. Zum ersten Mal beschlich mich Angst vor der Arktis. War sie wirklich im Stande, den Menschen zu verändern, den Charakter zu zerstören?

Sonne. Licht. Der neue Tag vertrieb rasch meine trüben Gedanken, die Furcht und die Ungewissheit. Heute sollte es in den Norden gehen! Eilig stellte ich meine Ausrüstung zusammen. Ich brauchte nur das Nötigste mitzunehmen. In einem Monat, also vor dem Frost und der gefährlichen Kälte, wollte ich zurück sein. Ein Taxi brachte mich zum Hood-See, dem größten Wasserflugplatz der Stadt. Pilot Jim Barnister stand lässig auf den Schwimmern seiner blau-weißen Cessna 180 und blickte ungeduldig zur Straße hinüber. Als er mich sah, bewegte er die Faust auf und ab zum Zeichen, dass ich mich beeilen sollte. Kaum saß ich in der Kabine, knatterte der einzige Motor auf, die Maschine zischte über das Wasser, und ein paar Augenblicke später befanden wir uns in der Luft.

Mit Buschpiloten unterwegs zu sein hat seine eigene Faszination. Für den Alaskaner ist fliegen so alltäglich wie Auto oder Rad fahren. Das Land ist mit Abstand das flugfreudigste der Welt: jeder zwanzigste besitzt einen Pilotenschein. Den Tümpeln und Seen, den Schneisen (air strips) in Wald und Busch nach zu urteilen, an denen Flugmaschinen parken, könnte man meinen, ebenso viele besäßen auch einen Flugvogel.

Die letzten Häuser Anchorages waren längst unserem Blickfeld entschwunden. Alaskas südliche Gebirgskette, die Chugach-

Berge, neben denen sich die Alpen wie ein Vorgebirge ausnehmen, blieb hinter uns in den Wolken zurück. Wir hielten nördlichen Kurs bei und folgten dem Highway Nr. 3 nach Fairbanks. Neben der Straße, die sich als schwarzes Band durch den Wald fraß, tauchten bisweilen zwei parallele Linien auf. Mit einem Mal wurden die Linien unterbrochen, weil sich eine Raupe, ein Zug, nach Norden schob.

»Der Elchschlächter!«, brüllte Barnister gegen das Motorbrummen und zeigte in die Tiefe. »Auf der 380-Meilen-Strecke Anchorage–Fairbanks werden pro Jahr nicht weniger als fünfhundert Elche gekillt.«

Während ich den Hals gebannt in alle Richtungen reckte, um ja nichts zu verpassen, saß der zweite Fluggast, ein Geschäftsmann in Schlips und Kragen, ein Aktenköfferchen auf den Knien, im Fond und las in seinen Akten. Was draußen passierte, interessierte ihn nicht.

Alaska Range, die zentrale Gebirgskette mit ihren Vier- und Fünftausendern, rückte heran. Mittendrin thronte majestätisch, kalt und abweisend der Mount McKinley, 6193 Meter hoch, ein Riese unter den Bergen Nordamerikas. Die Athapasken nennen ihn *Danali*, der Erhabene. Zu seinen Füßen liegt der gleichnamige Nationalpark, Refugium für Bären, Karibus, Wölfe …, einfach alles Wild des Landes, welches außerhalb des Parks von der Büchse der Jäger bedroht ist. Auf Lichtungen konnte ich Elche ausmachen, die in kleinen Gruppen ungestört ästen. Und immer beherrschender trat im Westen der McKinley ins Bild, wir flogen aufregend nah an ihm vorbei. Seine Gletscher – Muldrow, Ruth, Tokositna – leckten weit in die Ebene hinein. Jede schroffe Wand, jede Spalte war zu erkennen, schließlich die beiden höchsten Punkte: Nord- und Südspitze. Welch grandioser Anblick!

Der Geschäftsmann schaute kurz auf. »Wir haben Glück, so

Der Mount McKinley, Alaskas höchster Berg

klar zeigt er sich verdammt selten. Im letzten Jahr hockten wir zweihundert Meter unter dem Gipfel und warteten eine Woche auf einen Augenblick wie diesen!«

»Auch schon oben gewesen?«, fragte ich ihn.

»Dreimal. Keine schwierige Kletterpartie, wenn nur die dünne Luft, die Kälte und die plötzlichen Wetterstürze nicht wären. In den Wolkenhauben toben Schneestürme von hundertzwanzig Meilen pro Stunde, und die Temperatur kann innerhalb von Minuten auf minus fünfzig Grad fallen. Hast du gerade noch übern Witz in die Sonne gelacht, da frierst du auf der Stelle ein, ohne das Grinsen aus der Visage zu bekommen. Wahrhaftig, das Wetter hat da oben schon manchen umgebracht!«

In Alaska ist aber auch jeder ein Naturbursche, staunte ich, als Jim mich anstieß. »Schon mal was von Don Shelden gehört?«

»Eurem sagenhaften Piloten? Na klar!«

»Da rechts, auf der Gletscherzunge, da pflegte er zu landen.«

»Unglaublich!«

Zwei Stunden später löste sich der Tanana, einer der größten Nebenflüsse des Yukon, aus dem Schönwetterdunst. Jetzt kann Fairbanks nicht mehr weit sein. Richtig, die ersten Häuser, die ersten schnurgeraden Straßen, wie Planquadrate mit dem Lineal in die Landschaft gezogen. Funktional, nüchtern und lieblos, ist Fairbanks die zweitgrößte Stadt Alaskas, neben Anchorage die geschäftigste. Ein typischer Grenzort obendrein, denn nördlich von ihm beginnt unwiderruflich die Wildnis. Straßen hören auf, Städte gibt es nicht mehr, nur noch Landschaft im Urzustand.

An Fairbanks ist eigentlich nur der Name schön. Übersetzt lautet er »schöne Uferböschung«. Gegründet wurde der Ort 1902 von Ebenezer T. Barnette, einem Exhäftling, der Goldgräber anlocken wollte. Aber es gab nie irgendwelche nennenswerten Funde. Heute hat die Industriestadt durch den Pipelinebau einen regelrechten Boom erfahren, und die über die Grenzen gepriesene »Alaska University« ist mit Forschungsaufträgen auf den Gebieten Zoologie, Botanik, Ökologie, Geologie – schlechthin allem, was mit Ölgewinnung und Umweltschutz zusammenhängt – bombardiert worden. Ihre Auftraggeber sind Ölmultis, Naturschutzvereinigungen und die Regierung.

Ein unangenehmer Druck legte sich auf die Ohren, als die Cessna über einem winzigen See zur Landung ansetzte. Hier verließ uns der Geschäftsmann. Nach dem Auftanken schlenderte ich mit Jim Barnister hinüber in ein Rasthaus. An der Bar, beim Bier und weichen Hamburgern, erfuhr ich etwas mehr über meinen Piloten, der mich westlich von Arctic Village in die Smoke Mountains bringen würde. Ein richtiger Buschpilot war er, wortkarg, raubeinig, aber von jener derben Herzlichkeit, wie sie für die Menschen, die am Rande der Zivilisation leben, so typisch ist. Vor Jahren lebte er als Angestellter mit festen Bezügen in Los Angeles, aber mit einer unwiderstehlichen Sehnsucht nach dem Norden im Herzen. Eines Tages packte ihn das Alaska-Fieber – auf einem Jagdausflug im Lande –, und kurz entschlossen grub er seine Wurzeln in den kargen Boden Alaskas. Er wurde Pilot, baute am Skwentna-Fluss ein Blockhaus für seine Familie – seine Frau und zwei Töchter – und flog Jäger, Geschäftsleute, Touristen und Typen wie mich, wenn es sein musste, bis in den letzten Winkel seines Landes. Auf Bestellung holte er sie wieder ab – wenn er es nicht vergaß. Den kantigen Jim hatte die Wildnis geformt, und in den Busch war er hoffnungslos verliebt… Plötzlich wurde er ungeduldig und schlug auf die Tischkante. »Auf geht's, vor uns liegen rund vierhundert Meilen. Außerdem soll das Wetter umschlagen.«

Wir behielten den Kurs nach Norden bei. Spuren menschlichen Daseins lagen längst hinter uns. Schwarze, schweigende Fichtenwälder, hier und da von Lichtungen, Erlen-, Pappeln-, Birkengruppen, spiegelnden Seen oder braunen Hochmooren unterbrochen, zogen unter uns entlang. Die grenzenlose Einsamkeit verschluckte uns. Ich starrte aus dem Fenster und suchte Alaska nach Lebenszeichen ab. Nichts, nichts als weglose, öde Wildnis!

»Da, der Yukon«, sagte Jim nach gut einer Stunde und zeigte auf die chromblitzenden Bänder. »Die Indianer sagen: ›der Größte unter den Flüssen‹.«

Der Yukon in der Tiefe war kein Strom. Es sind Ströme! Wasserarme, Seen, Inseln, Deltas bildend, die sich mit dem träge fließenden Hauptlauf vereinen oder einfach absterben. Mit seinem zerrissenen Einzugsgebiet von 860 000 Quadratkilometern beherrscht er Zentralalaska. Wir überflogen ihn am nördlichsten Punkt seines Knies, an der Stelle, wo sich das Nest Fort Yukon befindet. Kaum merklich ruckte die Cessna, dann spuckte sie, als hätte sich der Motor beim Benzinansaugen verschluckt. Der Tourenzähler wurde rebellisch, und Jims Miene verdüsterte sich sorgenvoll. Schließlich drehte er bei und drückte seinen Vogel zur Landung auf einen toten Wasserarm.

Aus den Holzhäusern, die wie zufällig am Ufer standen, kamen freudig Indianer gerannt. Flugzeuge sind die einzige Verbindung zur Außenwelt; und der Pilot ist mit seinen Geschichten, die er immer auf Lager haben muss, eine lebende Zeitung.

»Ab jetzt kannst du dich zur exklusiven Gilde der Blaunasen zählen«, sagte mir Jim, bevor wir die Indianer begrüßten.

»Blaunasen?«

»So werden die Leute genannt, die den Polarkreis überschritten haben. Fort Yukon liegt zehn Meilen nördlich davon.«

Bei dieser Antwort konnte ich nur müde lächeln. Schließlich war ich über den Pol nach Alaska geflogen!

Schon wurden wir umringt und in eine der nahen Blockhütten geschleppt, wo man ohne Umstände Kaffee anbot. Erick, ein Mann mit markantem Gesicht, Adlernase, durchdringendem Blick und blau-schwarzem, schulterlangem Haar, schob eine Unzahl leerer Dosen beiseite und forderte mich zum Platznehmen auf.

»Dahinten am Ofen, das ist Hodzana, meine Frau«, verriet er.

Ich musste zweimal hinschauen, um im Halbdunkel die apathisch dreinschauende Person zu erkennen.

»Wenn sie nichts mehr taugt – das wird schon bald sein –, dann nehm ich mir diese«, fügte er hinzu. Dabei kramte Erick ein vergilbtes Pin-up-Foto einer nackten Weißen hervor und stieß mir kichernd in die Rippen. Seine Frau bekam von alledem nichts mit, sie war – wie gut die Hälfte der Einwohner Fort Yukons – betrunken.

»Und wenn sie nicht besoffen sind, haben sie einen Mordskater und jammern nach Aspirin«, erzählte mir Barnister später.

Schlimm anzusehen, was Schnaps unter den einstigen Herren anrichtete! Alkoholismus ist nicht nur eine Geißel in den Städten. Nein, auch im Inneren, an der Westküste oder nördlich des Polarkreises sollen sich Dorfgemeinschaften regelrecht zu Tode gesoffen haben. Mit Geldern der Regierung: 300 Dollar Sozialrente und 500 Dollar Arbeitslosenunterstützung – eine Menge fürs Nichtstun …

Während der Pilot nachtankte und die Maschine durchcheckte, ging ich mit Erick hinter die Blockhütte. Voller Stolz zeigte er mir seinen Wintervorrat an getrocknetem Lachs und Dörrfleisch von Elch und Biber. In einem extra Verschlag durfte ich sogar einen Blick auf seine Reichtümer werfen. Jedes Damenherz würde jetzt höher schlagen, denn von der Decke hingen herrliche Zobel-, Hermelin-, Nerz- und Otterfelle!

Auf einmal stellte sich Erick ganz dicht neben mich und fragte flüsternd: »Brandy dabei?«

»Feuerwasser?«

Er nickte freudig. Die einzige Flasche in meinem Rucksack war jedoch als Mitbringsel für einen Bekannten gedacht. Ich wollte Erick zehn Dollar schenken, doch er lehnte ab. Dankend, aber mit einem Ausdruck des Bedauerns. Geld brauchte er nicht.

Wieder an der Maschine, hörte ich Jim, mit dem Kopf im Motorraum steckend, lauthals fluchen.

»Was ist los mit dem Vogel?«, wollte ich wissen.

»Verdammte Biberscheiße, das hat es noch nie gegeben! Die Spritleitung hat einen Riss!«, erklärte er wütend.

»Und? Soll ich etwa die letzten hundert Meilen zu Fuß gehen?«

»Keine Rede, Mann, morgen geht's weiter. Schau dir die Gegend an, ich zieh in Ruhe einen neuen Schlauch ein.«

Erick fand unseren unfreiwilligen Stopp fabelhaft und bot mir an, bei ihm zu nächtigen. Wir verließen das steinige Ufer und stiegen wieder den sanften Hügel zu seinem Blockhaus hinauf. Oben angekommen, ließ ich mich auf einem der klapprigen

Stühle in einer Art Veranda nieder. Er brachte eine Kanne Kaffee und setzte sich dazu. Aus Nordosten wälzte der Porcupine River träge seine Wasser heran, um keine zweihundert Meter weiter südlich den Irrgarten Yukon zu speisen. Ich blickte über ein Meer von Inseln und Tümpeln, die auf geheimnisvolle Weise alle miteinander verbunden waren. Ab und zu schwebte ein Wasservogel ein, der bei seiner Landung pfeilförmige Kielspuren schnitt. Vor den anderen Hütten spielten und balgten sich Kinder; die Erwachsenen waren unterdes verschwunden. Von weit her drang das Heulen und Kläffen von Polarhunden an mein Ohr.

Fort Yukon war schon immer das Winterlager einiger Indianersippen. 1841 traf Pionier Alexander Murray von der britischen Hudson Bay Company hier ein und begann einen regen Pelztierhandel mit den indianischen Jägern. Den Eingeborenen war das sehr recht, denn auf diese Weise konnten sie begehrte Artikel der Weißen beziehen. Das Geschäft florierte bis 1869. Zwei Jahre nach dem Kauf Alaskas dampfte Kapitän Charles Raymond den Yukon herauf, stellte fest, dass sich die englischen Händler auf amerikanischem Boden befanden, und warf sie hinaus. Dann hisste er das Sternenbanner.

Ein Klatschen. Erick schlug sich mit der flachen Hand an die Stirn, hielt eine tote Mücke zwischen den Fingern und schleuderte sie mit einem tiefen Seufzer ins Gras. Und mit einem Mal wurden auch mir die Myriaden dieser Quälgeister bewusst, die uns schon eine ganze Weile gierig attackierten.

»Wo soll es hingehen?«, fragte mich Erick beiläufig und wedelte sich mit der Hand das Gesicht frei.

»In die Nähe von Arctic Village, in die Smoke Mountains.«

»In die Smoke Mountains«, wiederholte er langsam, »das ist eine verdammt öde Ecke. Vor zwei Jahren trieb ich einen Hundeschlitten mit zwölf prächtigen Huskys bis nach Arctic Village

Jim Barnister bei der Reparatur der Spritleitung

hinauf. Fünf Hunde sind dabei draufgegangen, und fast hätte es mich auch erwischt. Auf dem Chandalar riss uns ein Blizzard glatt die Beine weg … Was willst du in den Rauchenden Bergen? Jagen?«

»Einen Freund besuchen.«

»So. Einen Weißen? Natürlich einen Weißen! Keiner von uns würde sich in die Smoke Mountains verkriechen.« Er lachte trocken und fuhr fort: »Ihr Weißen seid doch wirklich gottverdammte Narren, ihr versteckt euch im Busch, während wir nichts Eiligeres zu tun haben, als ihn zu verlassen.«

Die Buschmüden weichen den Zivilisationsmüden, überlegte ich, sagte aber nichts, genoss vielmehr die himmlische Ruhe dieses Nachmittages.

»Hör auf meinen Rat«, sagte Erick auf einmal bedeutungsvoll, »geh auf die Jagd, besuche unsere touristischen Attraktionen, mach alles andere, aber fahr nicht in die Smoke Mountains. Was du da oben findest, sind keine Weißen, wie du sie kennst, das sind Irre, Verrückte, kaputte Typen, Zerrbilder deiner Rasse. Glaub mir, ich kenne sie, es gibt immer mehr davon. In der Arktis, mein Lieber, können auf die Dauer nur Eskimos leben oder einige von uns, ihr aber geht vor die Hunde…« Er unterbrach sich plötzlich und richtete sich auf. »Da vom Fluss her, hörst du es?«

Ich horchte. »Nein, nichts«, sagte ich mürrisch, etwas aufgebracht über seine Warnung. Hatte mich nicht schon jemand von der Arktis fern halten wollen? Was konnte mir dieser einfache Athapaske über Weiße am Polarkreis erzählen, dieser anmaßende Bursche, dieser Trunkenbold, der zufällig nüchtern war?

»Doch, doch, da müssen Weiße auf dem Porcupine sein. Ich wette, eine ganze Horde«, beharrte er.

Endlich nahm auch ich es wahr: Stimmengewirr, Fluchen, Lamentieren. Erst gedämpft, dann wie eine Schallwelle, die irgendwelchen Bootsausflüglern vorauseilte. Von Booten war vorerst noch nichts zu sehen. Nach geraumer Zeit jedoch glitten nach und nach, wie aufgereiht, ein dutzend Kanus um die Flussbiegung. Und jetzt war es klar zu verstehen. Donnerwetter! Das war ja 'ne Gruppe deutscher Freizeittrapper, die da heranruderte. Sie boten keinen erfreulichen Anblick. Erick konnte sich ein schadenfrohes Grinsen nicht verkneifen und spottete: »Wieder 'n paar auf Indianerpfaden. So wenig wie wir uns in den Busch absetzen, so wenig paddeln wir den Porcupine hinunter, wenn es Motorboote gibt!«

Wolken von Moskitos schwirrten um sie herum. Die Haare standen ihnen wirr vom Kopf. Ihre Gesichter waren dreckverschmiert und die Kleidung ziemlich ramponiert. Frauen waren auch mit von der Partie. Alle hatten die Hände in Stofflappen gewickelt, und als die ersten Leutchen das Ufer betraten, sah ich, dass die Lappen mit Blut getränkt waren. Ein von der Wildnis gepeinigter, bedauernswerter Haufen war im Begriff, Fort Yukon einzunehmen. Die Leute waren in miserabler Gemütsverfassung. Bewegungen und Gesten verrieten Gereiztheit und aufgestaute Aggressionen. Ein Bulle von Mann, mit Lederhut und gelbem Bart, hatte Führungsprobleme und brüllte einer Kanugruppe zu, die sich, über den besten Anlegeplatz diskutierend, treiben ließ: »Das Kommando habe immer noch ich! Angelegt wird hier!« »Ewig diese autoritäre Scheiße, schlimmer als zu Hause«, keifte eine Frau zurück und stieß missmutig das Paddel gegen die Strömung.

»Paddeln macht die Brüste schön, Karin«, frotzelte ein Jüngerer in ihrer Nähe.

Nach einem kolossalen Kraftakt waren das Landemanöver vollführt und die Boote festgemacht. Ein Bein vorgestellt, wie ein spanischer Konquistador, schweifte des Anführers Blick auf zu den Hütten und blieb schließlich an uns hängen.

»Hey everybody!«, rief er.

Jim hatte den Kopf aus dem Motorraum gezogen und das Treiben amüsiert beobachtet. Ich stand auf, schritt zu den »Flusspiraten« hinunter und gab mich als Landsmann zu erkennen.

Als die ersten Zelte standen und die Steaks in der Pfanne brutzelten, besserte sich die Stimmung zusehends. Ron, Expeditionsleiter und Deutschkanadier, erzählte, dass er einen zusammengewürfelten Haufen aus Hamburg, München und anderen Städten von Old Crow in Kanada den Porcupine hinab begleitete. Abenteuerurlaub, drei Wochen für 4500 Mark pro Kopf, nannte man das, für Leute, die das Braten am Strand satt hatten. Was als lustige Paddelfahrt begonnen hatte, wurde schnell zur 300-Meilen-Schinderei durchs Land der Bären. Der Zahnarzt, der Lkw-Fahrer, die Lehrerin, die Hausfrau, sie verfluchten mehr als einmal, in Kanus zu sitzen und mit schwieligen Fäusten, schmerzenden Rücken und Hintern gegen Sturmtiefs zu paddeln, die dem Fluss ein Meter hohe Wellen aufpflanzten und die Boote an Felswände zu schmettern drohten. Nach ersten Schwächeanfällen war die Moral am Ende, man giftete sich ständig an, und Ron, der zwar solche Konflikte zur Genüge kannte, rechnete mit einer handfesten Meuterei. Es gab keine, denn jeder wusste, dass führerlos keiner das Ziel erreichte.

Am Lagerfeuer begannen sich die Strapazen zu verklären. Man »leckte« sich die Wunden und träumte von Bären, die in Form vom Großen und Kleinen Bären am Himmel, Bärenscheiße, Bärenhunger und Bärenschnarchen das Abenteuer begleiteten. Nur wirkliche Bären bekam nie einer zu Gesicht! Dafür sorgte die vorauseilende Schallwelle, die jeden Meister Petz Deckung nehmen ließ. »Von dieser Flussfahrt werdet ihr noch Jahre zehren!«, verkündete Ron. Keiner widersprach. In den Flammen wurden zerrissene Hosen und Hemden, geplatzte Stiefel verbrannt. Im seichten Wasser wusch man sich den Dreck und Gestank der Wildnis herunter. Indianer kamen mit allerlei Leder- und Perlenarbeiten ans Ufer. Schnell noch etwas erstehen, eine Weste, ein Halsband – morgen konnte es zu spät sein, dann wurden sie ausgeflogen.

Über den Flüssen braute sich dichter Nebel zusammen. Wald und Busch verschwanden in einheitlichem Grau – bis es regnete und ein steifer Wind die Zeltdächer peitschte.

Zwischen Küchenunrat, Kaffeesatz und Flaschen fand ich für meinen Schlafsack ein Plätzchen auf den Planken von Ericks Hütte. Ich schlief schlecht. Daran waren der harte Boden und das ewige Prasseln des Regens schuld.

Als Jim am nächsten Morgen seine Maschine anwarf, war im Lager der Deutschen noch alles ruhig. Plötzlich kam Erick die Anhöhe heruntergerannt. Er hatte ein braunes Bündel unter dem Arm und winkte. Als er uns erreichte, schob ich die Seitenscheibe auf und fragte erstaunt: »Hab ich etwas vergessen?«

»Hier – das Fell ist für dich! In den Smoke Mountains wirst du es brauchen können.« Damit stopfte er das Bündel durchs Fenster. Ich war gerührt und drückte ihm lange die Hand.

Jim befühlte das Fell fachmännisch zwischen zwei Fingern und meinte: »Feiner Biber!«

Um zu den Smoke Mountains zu gelangen, muss man das 6500 Quadratkilometer große Chandalar-Indianerreservat der Länge nach in nördlicher Richtung überfliegen. Nebelschwaden hingen zwischen 800 und 3000 Fuß, während wir geradewegs auf die dritte Gebirgskette, die Brooks Range, zusteuerten, mit der wir möglichst nicht kollidieren wollten.

Der Kartograf Alfred Brooks verbrachte viele Jahre in dem mächtigen, unzugänglichen Bergmassiv, um einige Gebiete zu vermessen. Nach ihm wurde die Kette benannt. Tatsächlich sind viele abgeschlossene Täler bis heute unerforscht. Erst in den Zwanzigerjahren entdeckte man eine Hand voll Inlandeskimos – total isoliert, geheimnisumwittert und wie in der Steinzeit lebend.

Nach einer knappen Stunde setzte Jim zum Tiefflug an und suchte das Gelände ab. Unter uns huschten gruppenweise schlanke, spitze Baumwipfel dahin, die sich bizarr in alle Richtungen, wie betrunkene Riesen, reckten. »Drunken Forest« nennt man einen solchen Wald, bei dem der Frost den Wurzelboden sprengt. Permafrost ist ein Phänomen arktischer Regionen. Der Baumbewuchs wurde spärlicher, die Tundra griff Raum. Ein Zeichen dafür, dass der Frost bis auf wenige Dezimeter an die Oberfläche kommt. Mit jeder Meile bekam die Landschaft ein schrofferes, abweisenderes und menschenfeindlicheres Aussehen. Mit Schaudern dachte ich an Peter Neumann und daran, was die Arktis aus ihm gemacht hatte!

»Bleibt das Wetter so mies, fliegen wir Arctic Village an. Wenn wir uns hier verfransen oder runtermüssen – dann gute Nacht!«, bemerkte Jim. An einem See, zwischen Erlen- und Birkengestrüpp, zählte ich sechs Blockhütten. Von Leben keine Spur. »Arctic Village«, sagte Barnister. »Auf dem Old John Lake wassern wir.«

Nach einer Schleife setzte er zur Landung an. Der See war kristallklar, die Luft frisch und prickelnd; es roch nach Moos und Erde. Da mich fröstelte, zog ich das Biberfell über Kopf und Rücken. Jim lachte plötzlich laut auf, als er mich im Pelz verpackt neben sich bemerkte. »The German beaver!«, rief er. Damit hatte ich hier in Arctic Village meinen Spitznamen verpasst bekommen: der Biber.

»Fünfzig Meilen westlich von hier, am Wind River, da haust dein Freund«, bemerkte Jim.

»Ich dachte, nördlich vom Smoke Berg. Hat er mir jedenfalls mal geschrieben. Ist vielleicht zwei Jahre her.«

»Er hat sich sein Blockhaus am Fluss gebaut. Ich war vor sieben Monaten oben«, entgegnete Jim.

»Findest du es wieder?«, fragte ich ihn ein wenig beklommen.

»Nicht bei diesem Wetter… Wenn es klar ist, bestimmt. Kannst aber beruhigt sein, der Einzige, der 'ne Chance hat, es zu finden, bin ich.«

Ich war aber nicht beruhigt, vielmehr voller Zweifel und eigentümlich nervös. Insgeheim fragte ich mich, ob es richtig war, was ich vorhatte: hier draußen die Ruhe eines Menschen zu stören, der der Welt den Rücken gekehrt hatte, mit der ich ihn nun wieder konfrontieren würde. Dieser Besuch konnte furchtbar ins Auge gehen. Mir fiel Erick, der Indianer aus Fort Yukon, ein – sollte er am Ende mit seinem Orakel Recht haben? Tom Leesk war nicht mein Freund, nein, das wäre übertrieben. Mehr ein guter Bekannter und ein akzeptabler Vorgesetzter – damals, als er noch in New York saß. Reichte das, um ihn in Alaskas Wildnis zu bedrängen? Natürlich hatte ich mich vor langer Zeit gemeldet. Er hatte mir sogar geantwortet und schien sich ehrlichen Herzens auf meinen Besuch zu freuen. Er schrieb, ich sei der Einzige aus einem Heer alter Freunde, der sich für sein neues Leben interessierte. Kein Wunder, so wie er sich verändert hatte, wie er seine Mitmenschen vor den Kopf stieß!

Wir blieben in der Cessna sitzen, aßen lustlos von unserem Proviant. Nach einer Weile ruderten zwei Athapasken heran und boten uns getrockneten Lachs an. Stumm kauten wir an den würzigen Fischstreifen herum und warteten ungeduldig.

»Kanntest du Tom eigentlich näher?«, fragte ich vorsichtig und brach das Schweigen.

Jim strich sich langsam durchs Haar. »Tom Leesk? Näher, nein, kann man nicht sagen. Vorher, ich meine, bevor er überschnappte.« Jim unterbrach sich durch ein entschuldigendes Lachen. »Was heißt überschnappen … Streng genommen bin ich ja selbst geflüchtet. Ich habe ihn einige Male von Anchorage an die Pipeline Camps geflogen. Muss wohl Direktor bei einem dieser Ölmultis gewesen sein. Später, als es dann passierte, flog ich ihn aus, mit Frau und Kindern. Zwei oder drei Koffer hatte er dabei. Wahnsinnig, einfach wahnsinnig! Aber weißt du«, schloss er, »es ist zwecklos, die menschliche Natur zu analysieren.«

Pause.

»Es geht mich zwar nichts an«, begann Jim wieder, »aber gibt es einen Grund, weshalb du ihn hier in der Wildnis aufstöberst?«

»Eigentlich nicht. Oder vielleicht doch? Neugierde … Mich interessiert es, wie man in diesem Nichts leben kann, wie ein Mann wie er, der jahrelang den Big Boss spielte, hier existiert.

An meinen Händen klebt auch Öl, musst du wissen, ich habe für ihn in Deutschland gearbeitet. Wir haben uns oft besucht, über große Transaktionen geredet, Marktlücken gesucht. Seinen Geschäftssinn habe ich immer bewundert. Hart und konsequent war er, mit einem Gespür für das, was Geld bringt. Wo es auch verborgen lag, sein innerer Seismograf sagte es ihm! Er war ein Manager par excellence, mit unerschütterlichem Optimismus und einer Fähigkeit zu begeistern, ich sage dir, das war verführerisch. Und zu alledem auch ein Mensch, der seinen Erfolg sehr wohl zu genießen wusste: dicke Autos, Chauffeur, Golf-Club, Villen; ein ausgesprochener Gourmet und Frauenheld war er außerdem. Er genoss die Macht des Big Business wie eine Droge …«

Ich dachte einen Moment nach, stockte. Sein Bild stieg in mir auf. Das markante, glatt rasierte Gesicht, die wohlfrisierten Haare, die bestimmte Stimme, die jeden Widerspruch im Keim erstickte. Dann die intelligenten Augen, in denen ständig ein entwaffnendes Lächeln spielte. Seine straffe, energiegeladene, hoch aufgeschossene Erscheinung. Ohne Frage, Tom Leesk war ein Mann, mit dem das Schicksal Großes vorzuhaben schien. Ihn umgab die Aura des Erfolgreichen dieser Welt. Bis, ja bis …

»Dann kam Alaska, sein Einsatz an der Pipeline – und der plötzliche Wandel seiner Persönlichkeit. Er sprach von dem verheerenden Lindwurm, der das Land in zwei Hälften teilt, und meinte das Jahrhundertbauwerk seiner Konzerne. Heute bin ich sicher: Alaska spaltete sein Bewusstsein. Er musste den Macher spielen, der tatsächlich ein Verhinderer war – also nur eine Frage der Zeit, wann sich sein Inneres gegen das Schizophrene seines Tuns auflehnte. Tom war von jeher konsequent – und mit dieser gleichen Konsequenz änderte er sein Leben.«

»Behauptest du«, brummte Jim.

»Er hat sich nie darüber geäußert. Aber … ist es anders vorstellbar?«

»Kaum«, stimmte Jim zu und ergänzte: »Das Fieber, du hast das Alaska-Fieber vergessen. Es hat schon viele befallen; auch du solltest aufpassen!«

»Ich glaub nicht recht dran«, gab ich zurück und blinzelte nun in die zaghaften Strahlen der Sonne, die sich stärker und stärker durch den Nebel drängten. Als die Brooks-Berge einer eisigen Wand gleich am Horizont standen, stiegen wir auf, um Tom Leesk in seinem Einsiedlercamp aufzuspüren.

Einem Nahaufklärer ähnlich, segelten wir über Bergrücken, an Hängen vorüber, über Schluchten, Felswände, durch Täler und an Flussläufen entlang. Dabei wurde allerlei Wild aufgeschreckt: Elche, ein Pack Wölfe und ständig nach Nahrung Ausschau haltende Schwarzbären. Wir durchkämmten einen Garten Eden, auf der Suche nach einem Mann, der sich in diesem Garten verborgen hielt.

»Der Wind River«, stellte Jim fest. »Wir werden ihn vom East Fork River her aufrollen.«

»Okay, ich halte rechts Ausschau.«

Wir schrecken eine Karibuherde auf

Wir brausten das Flussbett hinauf bis in Höhe der 6000 Fuß aufsteigenden Smoke Mountains.

»Verdammt!«, fluchte Jim nach einer Weile. »Die Bude haben wir übersehen.«

»Es sei denn, er ist mal wieder umgezogen.«

»Oder in Flammen aufgegangen! Siehst du die schwarzen Flächen im Gelände? Waldbrandspuren!«

Jim drehte bei und flog die gleiche Strecke flussabwärts. Minuten später: »Nicht zu fassen«, stieß er aus, »mit dem Gras auf dem Dach ist er getarnt wie ein Luftschutzbunker!«

Jim nahm die nächste Flusswindung und landete auf einer erschreckend kleinen Wasserpfütze.

Eine Hütte in der Arktis

Bepackt wie Maulesel, arbeiteten wir uns zurück, auf die Stelle zu, wo Barnister die Blockhütte gesichtet hatte. Keuchend sprangen wir auf »Niggerheads«, dicke Grasbüschel, die wackelige Inseln in einem sumpfig-modrigen Untergrund bildeten. Ein Fehltritt – und man versank bis zum gefrorenen Untergrund im Moor. Erlenruten schlugen uns ins Gesicht, Mücken stürzten sich auf uns, schon hatte ich nasse, schwere Füße. Und dann überkamen sie mich wieder, die schweren Zweifel. Je näher ich zu Tom Leesk vordrang, desto stärker wurde das beklemmende, undefinierbare Gefühl aufziehenden Unheils. Warum? Ich wusste es nicht. War es Angst vor der eigenen Courage? Was sollte überhaupt der ganze Blödsinn? Schön, ich war in der Wildnis, wie sie ursprünglicher nicht sein konnte, atmete die Luft einer freien, natürlichen Welt. Hätte aufschreien sollen, mir endlich diesen Wunsch erfüllt zu haben, aber... verdammt, die ersten Schritte in dieser unbekannten Umgebung brachten Unbehagen, mehr noch: Hilflosigkeit. Jim ging als Zweiter und rief mir jeden Schritt zu, den ich zu tun hatte. Ich fühlte mich wie ein Kleinkind, das laufen lernt, wie ein Trottel, wie ein armseliger Stümper, der sich seine Füße auf Asphaltstraßen platt und gefühllos getreten hatte. Und ich kam mir auf den schaukelnden »Negerköpfen« so unendlich dämlich, so entsetzlich ungeschickt vor.

Aus dem Busch trat ein Mann. Groß, schwarzbärtig, gegerbtes Gesicht. Typ: Riese aus nordischen Sagen – Schädelzertrümmerer. Ich erschrak, sah nur schwere Stiefel, dann die Gestalt mit dem mächtigen Brustkorb unter der Wildlederkleidung, eine graue, mächtige Wolfsfellmütze nach Art kanadischer Mountaineers in die Stirn gezogen. Dann scharfe, intelligente Augen und endlich ein Lächeln, das ich zu kennen glaubte. Im Arm hielt der Mann ein Gewehr, wie Winnetou. Dem Schreck wich ein Gefühl, das Stanley gehabt haben musste, als er im Innersten Afrikas Livingstone gegenübertrat.

»Tom Leesk, sind Sie es?«, fragte ich gespannt.

Er war es wirklich! Sekunden später drückten wir uns herzhaft die Hände.

»Hörte eure Maschine – seit Monaten der erste fremde Laut, dachte mir, schau mal nach, was sich da in deinen Jagdgründen tut«, meinte Tom nur.

Auf einer kleinen Anhöhe, die mit trockenem Moos und Kieselsteinen bedeckt war, stand die Blockhütte der Leesks. Birkengesträuch rahmte sie ein, auf dem Dach wuchs tatsächlich Gras in dicken Soden. Hinter dem Wohnhaus erkannte man den Teil eines Schuppens, wahrscheinlich ein Vorratsraum. Die schwere Haustür wurde aufgestoßen, und heraus stürzte ein blonder, vielleicht neun Jahre alter Junge, gefolgt von einer Frau, die sich eine wollene Decke um die Schultern gelegt hatte, und einem zweiten, jüngeren Kind.

»Besuch!«, donnerte Toms Stimme in Richtung Hütte. »Ratet mal, wer gekommen ist?« Einen Augenblick später lagen Helen und ich uns in den Armen.

Nicht ohne einen gewissen Stolz zeigte uns Tom seinen Besitz und führte uns dann in das Innere des Blockhauses, wo wir an einem schweren Holztisch aus Fichte auf grob gezimmerten Stühlen Platz nahmen, reichlich verwirrt, muss ich gestehen, wie jemand, der Diogenes in seiner Tonne besuchte. Das Blockhaus war in der traditionellen Bauweise errichtet. Nach Toms Schätzung hatte er dafür 200 Bäume fällen und vielleicht eine halbe Million Axthiebe vollführen müssen. Er hatte weder Krampen noch Nägel verwendet, sondern die dicken, runden Stämme mit Holzstiften zusammengefügt, die mit dem Hammer in Bohrlöcher getrieben wurden. Ritzen und Astlöcher hatte er mit Rentiermoos ausgestopft. Ein Windfang und zwei Türen sollten vor Sturm und Schneetreiben schützen. An der kurzen Zwischenwand hingen Fallen, Bäreneisen und Schneeschuhe. Ebenerdig bestand das Haus aus einem großen Raum, der durch Regalwände in Wohnzimmer, Essecke und Kochnische unterteilt war. In den Regalen standen Bilder und kleine Andenken, stapelten sich haufenweise Bücher und alte Illustrierte.

Den absoluten Mittelpunkt des Raumes bildeten ein Kanonenofen, der so genannte Yukonofen, mit über das Dach hinausführendem, monströsem Kamin, und eine freitragende Treppe, über die man in das Dachgeschoss, den Schlaftrakt für Eltern und Kinder, gelangte. Da es gegen Nachmittag bereits empfindlich kalt wurde, brannte ein Feuer im Ofen; manchmal knackte ein dickes Holzscheit, und auf der Herdfläche fauchte ein Wasserkessel. Die schmalen Fenster, die an Panzerluken erinnerten, waren direkt unterhalb der Decke eingesetzt. Von Mitte November bis Mitte Januar sind sie ohnehin überflüssig, wenn die Sonne nicht mehr über den Horizont kriecht. Dann wird aus dem Holzhaus ein Schneehaus. Um Brennstoff zu sparen, werden mit dem Schneemesser Dreißig-Kilo-Blöcke aus gestampftem Schnee oder Eis geschnitten, mit denen das Haus bis übers Dach eingemauert wird. Licht spenden Tranlampen sowie eine Galerie Talgkerzen, die in leeren Whiskygläsern stecken und durch das an den Seiten herabgeträufelte Wachs wie Miniaturgletscher aussehen. Wasser liefert eine Handpumpe, die direkt aus dem Fluss gespeist wird.

Bei 50 Grad unter null musste Eis oder Schnee geschmolzen werden. Die Wände waren mit Fellen und Trophäen dekoriert.

Tom liebte einen die gesamte Sitzgruppe erdrückenden Elchschädel, dessen Schaufel gut eineinhalb Meter maß. Die Bärenhaut eines Grizzlys machte auf mich noch mehr Eindruck; mit dem ausgestopften Kopf nahm sie eine halbe Hausseite ein. Toms Gewehr, eine 7,5-Doppelbüchse hing, neben einem langläufigen Colt 9 Millimeter, am Balken nahe der Tür.

Ergriffen und mit feuchten Augen sagte Helen: »Der erste Besuch nach...«

»... sieben Monaten«, ergänzte der Pilot.

»Du hast die drei Indianer vergessen, die im Frühjahr bei uns aufgetaucht sind, Helen«, erinnerte sie Tom belustigt, während er uns dickwandige Schnapsgläser zuschob.

»Ja, Freunde«, sagte er dann bedeutungsvoll, »wie ihr wisst, haben wir vor drei Jahren unser Leben gehörig auf den Kopf gestellt. Hundertzwanzig weg- und steglose Meilen vom nächsten Arzt, vom nächsten Telefon, vom nächsten Store entfernt. Was wir zum Leben und Glücklichsein brauchen, liefert uns der Busch. Es hat eine Zeit gedauert, damit fertig zu werden – wir haben uns darauf eingestellt. Aber eins haben wir beibehalten: die Gewohnheit, vor der Mahlzeit einen Drink zu nehmen!« Er goss die Gläser mit einer bräunlichen Flüssigkeit voll.

»*Bärenfang*, eigene Produktion – Cheers!«

Die zarte Helen hatte sich ihre blonden Haare zusammengebunden und stand in der Kochnische am Herd. An ihren entzückten Ausrufen merkten wir, dass sie sich über den Stapel älterer Zeitschriften, über Tee, Kaffee, Salz, Zucker und Mehl riesig freute. Tom streichelte zärtlich die Literflasche Whisky. Seine beiden Jungs warfen sich auf die Pritsche und schmökerten in mitgebrachten Comics. Nach einem halben dutzend Gläser *Bärenfang* wurde Tom redselig und zum ausgezeichneten Alleinunterhalter. Er berichtete von Elchen und Bären; wie ihnen nachzustellen sei, wie sie aus der Decke geschlagen werden.

Helen Leesk in der Blockhütte

Dann hielt er uns einen Vortrag über das Verarbeiten von Fellen, und schließlich verbreitete er sich über sein Hobby: Jagen mit Pfeil und Bogen.

»Mit Munition muss ich sparsam umgehen, um im Notfall Reserve zu haben«, erklärte er. »Um trotzdem an Wild zu kommen, habe ich mich aufs Bogenschießen verlegt.« Tom angelte eine dicke gebogene Stange aus der Ecke und spannte mit Leichtigkeit die Sehne, dreißig Sekunden lang.

»Hier, ein Fünfzigpfundbogen – versucht es auch mal«, forderte er uns auf.

Für mich ein hoffnungsloses Unterfangen. Ich war noch nie jemandem um die Vierzig mit solchen Kräften begegnet, mit Handgelenken, so dick wie die Fußknöchel eines normalen Mannes. Selbst Jim hielt den Bogen nur mit Mühe fünfzehn Sekunden gespannt.

»Wenn man lange genug übt, kann man auf fünfzig Meter ein

Birkhuhn treffen«, erklärte Tom. Wölfe hatte er schon einige zur Strecke gebracht. Sein großer Wunsch war, eines Tages einen Elch zu schießen.

»Elche«, wandte er sich an mich, »Elche sind die stärksten und zähesten Tiere Alaskas. Von diesen Stahlpfeilen kannst du ihnen eine ganze Hand voll in den Brustkorb jagen, ohne dass es ihnen etwas ausmacht.«

Tom Leesk war in seinem Element. Er erzählte von Wölfen, die er im Herbst vom Wohnzimmer aus schoss, vom Fallenstellen, von gierigen Vielfraßen …

Helen stellte dampfendes und herrlich duftendes Chili auf den Tisch, ein köstliches Trapper- und Goldsucheressen aus Bohnen und Elchhack, verfeinert mit rohen Zwiebeln, Tomatenmark, Käse und viel Pfeffer. Das Gericht muss scharf sein wie der Polarsturm.

Jetzt schilderte Tom den Winter, und es lag Ehrfurcht in seiner Stimme. Der erste bedeutete mehr als eine Bewährung, er wurde zum Kampf auf Leben und Tod, den sie gewannen. Nach dem dritten Teller Chili wusste ich, wie sie es geschafft hatten, wie man bei minus 60 Grad mit dem Schlafsack im Eis übernachtet, wie ein Pack Wölfe einen Elch im Tiefschnee reißt …

So wandelt sich der Mensch, ging es mir durch den Kopf. Tom Leesk war ein richtiger Trapper geworden; echter war er in keinem Busch zu finden. Er wirkte auf mich wie ein Stahlnagel, der vor urdenklicher Zeit in die Wildnis geschlagen worden war. Doch ich kam nicht dazu, weiter über ihn nachzudenken. Von Indianern berichtete er nun, leidenschaftlich, engagiert. Von ihren Besuchen an wirklich kalten Wintertagen, an denen sie mit starken Hundegespannen aus der Nähe von Arctic Village kamen, um nach dem Rechten zu sehen. Er sprach mit großer Achtung von seinen roten Freunden.

Draußen war es dunkel geworden. Mondlicht tauchte das

Im Winter gibt es nur noch Einsamkeit und Stille

Blockhaus in flüssiges Silber, und bis auf das Gurgeln des Wind River herrschte Stille. Schläfrige Stille. Wir rückten im Schein der Öllampe zusammen. Tom starrte in das trübe Licht und schwieg. Längst hatten sich die Kinder zu Bett gelegt. Der würzige Geruch von Chili und geschlagenem Holz, das Knistern im Yukonofen wurden in der Stille immer intensiver, und auf einmal konnte ich mich der Schwermut, die von dem Raum ausging, nicht entziehen. Jim erhob sich müde, schaute sich unschlüssig um und rollte schließlich in einer Ecke seinen Schlafsack aus. Ich ließ mich auf einer Pritsche nieder, die Leesks stiegen in ihren Schlafraum – Nachtfriede erfüllte die Hütte.

Leben am Nordrand der Welt

Nach dem Frühstück – es bestand aus Eiern von eigenen Hühnern, Käse von eigener Ziege, Marmelade und Brot, natürlich auch aus eigener Herstellung – schulterte Jim sein Packboard und stapfte zur Maschine. Prüfend hob er die Nase – die Tundra duftete an diesem Morgen besonders kräftig.

»Vielleicht noch ein paar Tage«, meinte er, »dann fällt das Laub, es wird Frost geben, und die Mücken haben dich das letzte Mal gepiesackt!«

Ich begleitete ihn mit Familie Leesk zur Maschine. Es war ein wirklich schöner Tag. Zum ersten Mal sah ich die Farbenpracht der Wildnis: sattgrün leuchtete das Schilfgras, weiß stachen die Wollgrasbüschel ab. Hahnenfuß und Islandmoos wiegten sich im Wind, und die roten Preiselbeeren glänzten an den wachsartigen Blättern wie Tollkirschen. Die Weidenröschen blühten noch, hellblaue Vergissmeinnicht gruppierten sich zu prächtigen Sträußen. Der federnde Moorboden glich einem bemalten Teppich. Jedes Blatt, jeder Halm war im Begriff, sich zu verfärben, ein buntes Herbstkleid anzulegen. Hoch über unseren Häuptern zog ein Schwarm Wildgänse in typischer Formation gen Süden.

»Guten Flug, Jim – und vergiss nicht, am 10. September holst du mich wieder heraus«, erinnerte ich ihn.

»Abgemacht!«, versprach er.

Minuten später rauschte die Cessna über fünf winkende Menschen hinweg, die in der Einöde zurückblieben.

Auf dem Rückweg zur Hütte erzählte Tom, dass nun die

Zeit der großen Ernte beginne: das Sammeln von Preisel- und Blaubeeren und Pilzen, das Beschaffen von Fleisch- und Fischvorräten. Die Natur stellt sich auf den Winter ein, der manchmal überraschend schnell, bisweilen auch erst nach einem herrlichen »Indian summer« das arktische Alaska heimsucht. Keiner weiß es im Voraus, aber jeder muss sich gründlich vor-

Tom Leesk in seinem Revier

bereiten, sonst überlebt er den Winter nicht. Abermillionen Lachse steigen die Ströme hinauf, um zu laichen. Und mit den Lachsen kommen die Bären aus den Wäldern, um sich zu einer gewaltigen Fressorgie zu sammeln: mit Pranken und Zähnen fangen sie die feinen Fische aus den Stromschnellen – schließlich werden sie so wählerisch, dass sie nur noch Lachsrogen, also Kaviar, speisen. Aus sturmrauer Tundra des North Slope am arktischen Ozean ziehen Karibuherden in den Schutz der Wälder, Elche treffen sich zur Paarung, Wölfe reißen, was sie erwischen können, denn ihre Hungerzeit ist lang und grässlich. Auch der Vielfraß wittert seine letzte Chance und hetzt jeder Spur nach. Und von Spuren ist der Boden reich bedeckt. Mir sagten die Vertiefungen in Moos und Erde nichts, aber Tom analysierte jede Veränderung seines Reviers. Vermochte Tierart, Alter, Alter der Spur, Richtung zu bestimmen, wusste, ob das Wild trottete oder in Eile war – ein Phänomen für jedes Greenhorn, aber für den Waldläufer eine Voraussetzung, um zu bestehen!

Nach der ungeheuren Abwechslung, die ein Besuch hier bedeutet, nahm der Tag das ruhige Gleichmaß vergangener Zeit an: Helen räumte das Frühstücksgeschirr zur Seite und holte Hefte und Schulbücher heraus. Norman und Oliver mussten sich ihr gegenüber hinsetzen; der Unterricht begann. Nicht ohne Murren und Knurren, denn jeder hatte Wichtigeres vor: Norman wollte seinen Hochsitz zu Ende bauen, Oliver nach seinen Fallen und dem Biberdamm am Fluss schauen. Helen war Lehrerin, und was den Privatunterricht betraf, kannte sie kein Pardon: »Bei mir gibt's Hausaufgaben und samstags noch Schule. Ich bin sicher, dass meine Jungs auf dem Laufenden sind, besonders was Rechnen, Lesen, Schreiben, Geschichte und Erdkunde betrifft. Ganz zu schweigen von dem, was sie den Stadtkindern an Naturkunde und Gesundheit voraus haben!«

»Werden sie sich jemals in der hektischen Welt der Städte zurechtfinden?«, gab ich zu bedenken.

Helen dachte kurz nach. »Natürlich fragen wir uns, ob das Richtige für die beiden getan wird«, sagte sie schließlich. »Doch ich bin sicher, dass sie physisch und psychisch sehr viel stabiler als die Kinder der Großstädte sind, und sie werden sich bestimmt, ohne Schaden zu nehmen, in deren Welt zurechtfinden. Soweit möglich, bereiten wir sie auf einen solchen Schritt vor, denn wer weiß, ob sie in ein paar Jahren noch mit der gleichen Begeisterung in dieser Wildnis sein mögen.«

Stöhnend beugten sich die Jungs über die Hefte. Oliver begann mit einem Diktat, sein Bruder mit Rechnen. In Gedanken waren sie mit dem Vater auf der »trap-line«, der Fallenstrecke.

Toms Fallenstrecke belief sich in diesem Jahr auf rund zwanzig Meilen. Je nach Niederwildbestand fiel sie länger oder kürzer aus. Nachdem die Ziege und die Hühner in ihrem Verschlag, der gegen Vielfraß und Wolf mit Stacheldraht gesichert war, mit Futter versorgt waren, rüstete sich Leesk zum Marsch entlang der trap-line. Natürlich wollte ich dabei sein.

Mit einer Kopfbewegung zum Stall sagte er: »Als Nächstes werde ich mir noch ein, zwei scharfe Malamute anschaffen. Hab mich immer gesträubt, 'nen Hund als Hüter des Besitzstandes zu haben, aber seit die Bären frecher werden, geht's nicht anders. Bären mögen keine Menschen, und Hunde hassen sie regelrecht. Helen wurde vor drei Wochen beim Pilzesammeln von einem Grizzly überrascht. Der Bursche hatte gute Laune und machte sich 'nen Spaß draus, sie im Schweinsgalopp zwei Meilen vor sich her bis nach Hause zu treiben. Wenn ich nicht ein paar Schüsse abgefeuert hätte, er wäre glatt in die Bude gerannt.«

»Wunschlos glücklich, abgesehen von den Hunden?«, fragte ich skeptisch.

»Unser Traum vom autarken Leben ist fast Realität geworden«, erwiderte Tom. »Du wirst es nicht glauben, es ist ungemein befriedigend. Du bist richtig stolz darauf, mit eigenen Mitteln überleben zu können. Mahlzeiten sind kein gedankenloses Essenfassen, der Schlaf ist gesund und tief. Wärme keine Annehmlichkeit, sondern elementar, wenn draußen der Frost knackt. Alles, was man der Natur abringt, ist kostbar, bis zum letzten Gramm! Gut, ein-, zweimal im Jahr tausche ich gegen einige schöne Felle Kaffee, Mehl, Tabak, Munition, auch Zucker oder Salz, vielleicht 'ne Flasche Schnaps ein. Auch Bücher lass ich mir kommen, das ist dann auch schon alles … Ob ich Wünsche habe?«, erinnerte er sich meiner Frage. »Der Mensch hört auf zu sein, wenn er keine Wünsche hat. Ein Maultier könnten wir gut gebrauchen … Vorerst kein Gedanke«, unterbrach er sich, »die Felle bringen nicht genug ein. Wahrscheinlich bekäme ich das Tier auch gar nicht durch den Winter.«

Ich schaute ihn ungläubig an; mein Lächeln blieb ihm nicht verborgen.

»Kann mir schon denken, warum du lachst«, bemerkte er. »Wir sind keine Aussteiger mit der Rückversicherung eines dicken Bankkontos.«

»Villa, Grundstücke, Autos …?«

»… alles weg, vermacht, gestiftet! Die Renaissance des Körpers und des Geistes ist nur als Radikalkur möglich, sonst nicht!«, erklärte er pathetisch.

Während wir dem Wind River aufwärts über sumpfigen Grund folgten, wusste ich allen Ernstes nicht, ob ich Tom Leesk bedauern oder bewundern sollte. Der Marsch durch das unwirtliche Gelände war mühsam. Nach den ersten fünf Kilometern taten mir die Knöchel weh, ich verknackste sie mir mehr als einmal. Drahtschlingen und Eisenfallen hatte Tom raffiniert getarnt; und ich wunderte mich, dass er sie in Furchen und vor Eingängen der verschiedenen Baue überhaupt wieder fand. Die

Tom Leesk beim Fallenstellen

meisten Fallen waren leer. Doch nach zwei Stunden kamen wir in wildreicheres Gebiet. Als ich zwei Bisamratten, einen Marder und einen Fuchs auf der Schulter hatte, verwünschte ich insgeheim alle Pelztiere und hoffte, dass der Rest der Fallen verwaist bliebe. Doch es kam anders.

Wir überquerten gerade einen Seitenarm auf schwankendem Biberdamm, da fauchte und raschelte es im Gebüsch. Tom packte mich an der Schulter und hielt mich zurück. »Vorsicht! Hier liegt 'n Eisen; muss was Größeres drin sein.«

Wir pirschten uns näher. Ich entdeckte einen unförmigen braunen Klumpen – ein junger Bär?

»Ein Vielfraß! Sitzt nur mit dem Hinterlauf in der Falle. Pass auf, er hat Zähne wie kleine Dolche, und in Todesangst macht er regen Gebrauch davon!«

Wieder Rascheln, Eisenketten klirrten – Tom schnellte vor. Ein harter Schlag mit dem Gewehrkolben. Ruhe. Er hielt etwas hoch. So sah also der Vielfraß aus – unter den Trappern das bestgehasste Tier: knapp ein Meter lang, plumper Körperbau mit buschigem Schwanz, aus der Familie der Marder.

»Einer weniger!«, knurrte Tom und warf sich den an Kopf und Bein blutenden Kadaver über die Schulter. »So ein elender Vielfraß im Revier kann einem die besten Felle der trap-line ruinieren. Und wenn du ihn in der Vorratskammer hast, kannst du dein Testament machen!«

Als wir über den Damm zurückgingen, verlor ich das Gleichgewicht und landete samt Beute im Staubecken der Biber, recht verblüfft darüber, wie tief das Wasserloch war. Tom lachte schadenfroh. »Schwimm ruhig 'n paar Runden, aber bring mir ja die Felle mit!«

Ich wurde wütend. Was war los mit Tom? Anstatt zu helfen, machte er dumme Witze. Sollte dies eine Art erste Lektion über richtiges Verhalten in der Wildnis sein? Triefend und fluchend trabte ich hinter ihm her. Nass schienen die Mücken meinen Körper noch lieber zu mögen. In einem wahren Blutrausch gingen sie wieder und wieder aufgekratzte Einstiche an.

Früher Nachmittag. Die Tundra wurde grau; die Sonne hatte sich hinter Haufenwolken verschanzt. Über den Smoke Mountains standen die Nebelschwaden wie geheimnisvolle Rauchfahnen. Es wurde kalt, ich fror erbärmlich. Und das Schlimmste war, dass der Trail nicht enden wollte! Ein harmloser Einführungsmarsch, tröstete ich mich. Tom Leesk will dem Stadtonkel eine kleine Kostprobe von dem verabreichen, was es heißt, auf Wanderwegen durch die Arktis zu spazieren. Lass dich nicht ins Bockshorn jagen, so schnell schafft man dich nicht! Und während ich dies niederschreibe, denke ich mit Schaudern an das, was ich einige Tage später auf einem Marsch mit Tom erleben sollte …

Plötzlich ein Zischen über mir – im gleichen Augenblick stak ein Speer im Boden, mit zitterndem Schaft, keinen halben Meter von meinem rechten Bein entfernt. Ich erschrak nicht, betrachtete nur erstaunt das Auspendeln der Waffe, doch erschrecken konnte mich nichts. Es hätte mich nicht gewundert, hätte mir auch nichts ausgemacht, wenn mich der Speer getroffen hätte. In meinem gequälten Körper steckte die Leck-mich-am-Arsch-Stimmung eines Landsers, der drei Wochen im Trommelfeuer gelegen hatte.

Mit Gebrüll sprang Norman aus einem Baum. Seinen Hochsitz hatte er fertig gebaut – es galt, ihn zu begutachten. Mir war alles recht. Hauptsache, wir hatten das Blockhaus erreicht! Vor dem Eingang rannte uns Oliver entgegen, stolz schwenkte er etwas Marderähnliches am gestreckten Arm. »Vater, Vater, schau, was in meiner Falle war!«

Tom fuhr mit der Hand durchs Fell. »Ein Zobel, bestimmt achtzig Dollar wert.«

Im Blockhaus stellte ich mich sofort an den Ofen und ließ mich einigermaßen trocknen. Es dauerte nicht lang, da rief Helen zum Abendessen. Sie brachte duftendes Karibugulasch auf den Tisch, dazu Salat und traubengroße Kartoffeln aus dem Garten. »Kartoffeln wollen hier oben nicht so richtig«, entschuldigte sie sich.

»Kein Wunder«, erklärte Tom, »wenn der Boden nicht mehr als drei Fuß tief auftaut.«

Das Essen schmeckte vorzüglich. Allmählich besserte sich meine Stimmung; ich vergaß den Marsch und meine Wut auf Tom, der mir die Anpassung an arktisches Leben nicht gerade erleichterte. Ziegenkäse auf kernigem Bauernbrot und Blaubeersaft bildeten den Nachtisch.

»Das Land, auf dem wir leben, ist arm«, holte Tom umständlich aus. »Hundert mal hundert Meilen, mit neun Monaten hartem Winter, einigen verkrüppelten Bäumen, 'nen paar vorbeiziehenden Karibus, Elchen, streunenden Bären. Zehntausend Quadratmeilen – bei euch ein riesiges Gebiet –, hier kaum ausreichend, um tausend Indianer satt zu machen. Schon ein Mann mehr oder weniger entscheidet über guten oder schlechten Wildbestand. Vom ökologischen Standpunkt gerät dies Land sehr schnell aus dem Gleichgewicht. Jeder überflüssige Esser sollte sich das stets vor Augen halten!«

Mir war nicht ganz klar, was er zum Ausdruck bringen wollte. Als ich mir jedoch ein zweites Mal Karibufleisch auflud und er mich dabei fast böse anstarrte, wusste ich es. Da verging mir der Appetit. Helens Sensibilität überraschte mich. Sie erkannte die Situation und lächelte mir beruhigend zu. Gleichzeitig legte sie ihrem Mann den Arm um den Hals und flüsterte ihm etwas ins Ohr, worauf Tom seine Gitarre aus dem Schlafgemach holte. Beide Söhne strahlten und setzten sich ihm auf die Knie. Tom zupfte die Saiten und sang, ernst und schwermütig, mit der schönen, tragischen Stimme eines Taigazigeuners. Kinder und Frau drückten sich an ihn. Ein Familienbild, ein Idyll von Behütetsein, Nestwärme und Respekt; und doch glaubte ich hinter dem äußeren Schein von Geborgenheit noch etwas anderes zu spüren: Abhängigkeit? Bedrohung? Angst? Ich sann nach. Umsonst, es wollte sich nicht zu erkennen geben.

In den folgenden Tagen blieb ich im Blockhaus, zumindest entfernte ich mich nicht weit davon. Pflegte meine verknacksten Knöchel und die eitrigen Mückenstiche an Gesicht und Hals. Vormittags, wenn Helen ihre Jungs unterrichtete, hackte ich Holz und baute einen Auslauf für einen zahmen Biber, der mit Oliver Freundschaft geschlossen hatte. Tom marschierte täglich seine Fangstrecke ab. Meist kam er mit leeren Händen, das Wild war scheu oder hatte sich an andere Orte verzogen. Sein anfänglicher Missmut über leere Fallen verflog bald, und häufig sammelten wir hernach zu dritt Beeren und Pilze. Der pflanzliche Wintervorrat war nämlich bei weitem noch nicht gedeckt. Eimerweise wurden Beeren zu Marmelade verarbeitet und Pilze zum Trocknen aufgefädelt. Allmählich lernte ich die reiche Vielfalt essbarer und ungenießbarer Gewächse kennen. Dieser Lernprozess machte großen Spaß und gab mir das Gefühl der Zugehörigkeit. Abends schlug Tom das eine oder andere Stück Niederwild aus der Decke, welches er mit Pfeil und Bogen erjagt hatte, schnitt das Fleisch in Scheiben, um es zu räuchern oder als Dörrfleisch haltbar zu machen. Eine andere Art, Fleisch und Fisch einige Zeit zu konservieren, war das Einpökeln mit Salz.

Die Leesks wären keine Alaskaner gewesen, wenn sie nicht die Kunst des Sauerteigs beherrscht hätten. Der »Sauerteig« gehört so sehr zum Leben der Menschen in der nordischen Einöde, dass die Alaskaner sich selbst »Sauerteiger« nennen. Wenn die Schüssel mit dem Teig gärt, entsteigt ihr mit dem Alkoholduft der Geist des alten Alaska der Goldsucher. Fünfzigjähriger

Sauerteig als Grundlage für Brot, Pfannkuchen, Schmalzgebäck ist in manchen Familien keine Seltenheit.

Wenn Helen einmal nicht mit den Früchten des Waldes, dem Sauerteig, dem Gerben und Umspannen von Fellen beschäftigt war, so nähte, strickte oder schnitt sie Lederkleidung zu. Ihre Hände sah ich niemals untätig im Schoß liegen.

Eines Nachmittags, Tom blieb länger auf seiner Fallenstrecke als sonst, hängten Helen und ich uns Körbe und Eimer an den Arm, um als Sammler auszuschwärmen. Norman und Oliver waren eine Stunde zuvor flussaufwärts zum Fischen verschwunden, nicht ohne den mahnenden Zuruf ihrer Mutter: »Vergesst nicht, ordentlich Krach zu machen, zu singen und auf das Gebüsch zu achten!« Die Mahnung war berechtigt: Heute Morgen hatte Tom frische Bärenspuren in unmittelbarer Nähe der Hütte gesichtet. Ich zog also mit Helen an diesem friedlichen Nachmittag los. Solange die Sonne am Himmel stand, blieb es warm und klar, lediglich die Smoke Mountains wollten auf ihr Nebeldach nicht verzichten. Heute kamen mir die Brooks besonders weit und unerforscht vor. Riesige Felsmassive mit zackigen Graten ragten in den Himmel – dreitausend Meter hoch!

Merkwürdig, dachte ich, das harmonische, fast glückliche Zusammensein der letzten Zeit hat dich dennoch nicht ganz mit Tom versöhnen können. Du kommst dir zwar nicht mehr als überflüssiger Esser unter seinem Dach vor, aber es steht doch eine undefinierbare, unsichtbare Wand zwischen uns. Egal! Genieße diese Tage im Einklang mit der Natur als ein Geschenk, und lass dir von Tom nicht die Laune verderben!

Als wir so gebückt sammelnd die Sträucher ablasen, hatte ich mit einem Male das Bedürfnis, mit Helen über ihn und meine Beobachtungen zu sprechen.

»Entschuldige, Helen, vielleicht sollte ich es gar nicht sagen, aber ich meine… Sieh mal, wir kennen uns schon so viele

Jahre… Ja, Tom und ich haben fast zehn Jahre zusammengearbeitet…«

»Was möchtest du denn sagen?« Helen schaute mich mit ihren blauen Augen fragend an.

»Ich weiß nicht recht, wie ich mich ausdrücken soll… Tom kommt mir manchmal so eigenartig vor.«

Helen lächelte. »Das ist die Wildnis, sie verändert jeden Menschen; auch mich hat sie verändert.«

»Das meine ich nicht. Ich habe das Gefühl, es hängt mit mir zusammen. Seit Jim Barnister abflog, werde ich den Eindruck nicht los, als habe Tom etwas gegen mich, als sehe er mich als Eindringling, den er loswerden müsse.« Ich grinste, um die letzten Worte zu verharmlosen.

»Unsinn!«, widersprach Helen. »Im Gegenteil, wir haben uns riesig gefreut, als klar war, dass du kommen würdest. Besonders Tom war begeistert!«

»Schon gut, Helen, war ja nur ein dummer Gedanke, hat nichts weiter zu sagen. Du solltest nur wissen, dass ich euch hier draußen nicht stören will, und falls ich es täte, so würde ich mich absetzen, gleich wie.«

Helen sah nachdenklich zu den Smoke Mountains hinüber, dann wieder zu mir und seufzte: »Wirklich, Tom hat sich auf deinen Besuch wie ein Kind gefreut, und jetzt, da du da bist…«

»Ich begreife«, sagte ich, »es ist die Einsamkeit.«

»Die Einsamkeit«, wiederholte sie. »Er muss sich an Menschen und neue Situationen gewöhnen. Es wird immer schwieriger für uns – besonders für ihn. Manchmal habe ich sogar Angst, dass er sich überhaupt nicht mehr an Menschen gewöhnen kann. Er ist so verschlossen, so melancholisch geworden. Das hat jetzt überhaupt nichts mit dir zu tun, versteh das richtig.«

»Natürlich.«

»Im Gegenteil, ich bin froh, dass jemand da ist, der vielleicht diese Entwicklung zum Stillstand bringt. «

»Seit wann ist er so melancholisch?«

»Seit dem letzten Winter, einem sehr grimmigen Winter. Er machte sich wahnsinnig Sorgen, uns durchzubekommen. Grotesk – Tom Leesk, der alle Situationen meisterte, der immer oben schwamm, den überkam nackte Existenzangst.«

»Existenzangst, der er drei Jahre zuvor entrinnen wollte«, überlegte ich laut.

»Das Durchhaltenmüssen oder Umkommen, dieses Leben ohne Ausweg macht ihm Angst. Tom hat sich jeden Weg zurück verbaut.«

»Er ist stolz darauf.«

»Er muss stolz sein – oder darüber verrückt werden«, erwiderte Helen.

»Und du, bist du hier draußen glücklich?«

»Sehr! Ich würde lieber verhungern als zurückkehren ... Ich bin ein einfaches Gemüt«, fuhr sie nach einer kurzen Pause fort. »Ein zufriedener Mensch, verstehst du, einer der aus dem Inneren heraus in der Natur glücklich ist. Anders Tom, das weiß ich jetzt, er ist ruhelos, getrieben, er projiziert die Hektik, der er entfloh, in seine neue Umwelt. Die Ruhelosigkeit ist ein Teil seines Wesens.«

»Das ist schlimm.«

»Er ist geflohen, weil ihn das Leben im industriellen Apparat krank machte. Aber hier macht ihn die Einsamkeit krank, und in diesem Fall kann ich nichts für ihn tun.«

Helens Offenheit machte mich betroffen; und ich beschloss, Tom zu helfen.

Kurz vor der Dämmerung kamen wir zurück. Tom saß mit Norman vor der Hütte und wartete auf uns. Er blickte mürrisch drein, und als er uns sah, fluchte er derb über seine Fallen – über

Vielfraße. Was er gefangen hatte, lag vor ihm: zwei zur Unkenntlichkeit zerfetzte Kadaver. »Schaut euch das an, Reste von Bisamratten – meine ganze Ausbeute, die verdammten Vielfraße hatten sie in der Mangel!«

Wir traten missmutig ins Haus. Am Fenster stand Oliver, Pfeil und Bogen in der Hand, und starrte aus dem rückwärtigen Fenster.

»Was ist los, mein Junge?«, fragte der Vater.

»Pst – pst!«

Plötzlich stürzte er hinaus, spannte den Pfeil auf die Sehne und schoss. Minuten später brachte er ein Felsenschneehuhn mit.

»Du hast es ja mit einem Schuss erlegt«, sagte ich staunend.

Oliver sah mich verdutzt an und meinte trocken: »Man braucht nur einen Schuss, um es zu töten!«

Der saubere Schuss und das Huhn in der Pfanne ließen alsbald die gedrückte Stimmung schwinden. »Morgen gehe ich auf Elchjagd«, erklärte Tom beim Essen. »Wir brauchen unbedingt ein ordentliches Stück Fleisch.« Nun schaute er mich an. »Wie sieht's aus? Kommst du mit?«

»Natürlich!«, rief ich begeistert. Ich fühlte mich wieder ausgezeichnet, war für eine Großwildjagd richtig in Form und brannte darauf, etwas zu leisten.

»Fein«, meinte Tom. »Wird 'ne anstrengende Sache, kann zwei Tage dauern. Aber du weißt ja, wie das abläuft, den Einführungsmarsch hast du hinter dir.«

»Bin zu allen Schandtaten bereit, Tom!«, ließ ich verlauten. »Meinetwegen können wir auch Bären jagen gehen«, fügte ich übermütig hinzu.

»Willst du dich umbringen? Achtzig Prozent der Bären haben Trichinen! Ein Happen Bärenfleisch, und du krepierst!«

»Helen, machst du uns Proviant für zwei Tage?«, wandte er

sich an seine Frau. »Wir brechen um vier Uhr früh auf.« Damit war das Thema Elchjagd abgehandelt.

Ich hatte keine Ahnung, was mir bevorstand. Und das war gut, denn sonst wäre ich nicht so rasch und ruhig eingeschlafen.

Gefährliche Jagd

Kräftiges Schütteln weckte mich. Ich rollte meinen Schlafsack zusammen, machte Katzenwäsche am Fluss, schnürte meinen Rucksack und war im Handumdrehen marschbereit. Aus Richtung Brooks Range blies ein schneidender Wind durch die Finsternis. Tom hauchte in die Hände, sein Atem kondensierte und dampfte im Schein der Öllampe. Dann trekkten wir los, erst Tom, dann ich. Wohin? Ich wusste es nicht!

Leesk ging nach Waldläuferart leicht vorgebeugt, mit ausladenden Schritten. Unter unseren Stiefeln knisterte Rentiermoos. Der Boden war trocken, wir entfernten uns also vom Fluss.

»Um die Smoke Mountains geht's, dann hinab ins Nest Creek Valley. Sah gestern in der Gegend ein paar Elche. Die nehmen wir uns vor«, erklärte Tom nach einer Weile.

Richtung Nordost, schloss ich aus seiner Beschreibung und machte den Rücken steif, um die Last etwas zu verlagern. Tom trug sein Packboard mit Proviant, Bratpfanne, Geschirr, Zeltbahn, Schlafsack, Wolldecke, Feldstecher, Taschenlampe – sicherlich war noch manches mehr verstaut – mit einer Leichtigkeit, als befänden sich Graugansdaunen darin. Er war ein Perfektionist, bei dem alles Methode hatte, und dazu gehörte bei jedem Ausflug über Nacht eine komplette Überlebensausrüstung am Mann. Und ich war ein Cheechako, der blindlings in sein Unheil stolperte.

Stunden später wich die nächtliche Schwärze diffusem Grau. Nebel löste sich aus dem Moos, wuchs und tanzte einen mystischen Reigen. Stumm schritten wir durch ein ebenso stummes Land, das uns mit jedem Schritt mehr zu schlucken drohte. Wie eine Erlösung empfand ich die ersten Sonnenstrahlen, die die grotesken Schwaden durchdrangen, doch alle Hoffnungen zerrannen, denn das Licht machte eine überaus traurige Landschaft sichtbar. Eine Landschaft der Deformationen, Verkrüppelungen, der Baumkadaver. Fichten: abgebrochen, abgestorben, schief, schwarz, verbrannt, tot. Erlen, Birken: klein, zurückgeblieben, degeneriert, verkohlt. Selbst das Leimkraut und die graziöse Polarweide litten an Verwachsungen. Mein Gott! sagte ich mir, durch was für eine Landschaft führst du mich, Tom? Degenerierte Natur, wohin man sah. Kein Lüftchen, kein Duft, reglose Öde, erfüllt vom Krematoriumsgeruch eines erloschenen Waldbrandes. Nichts raschelte, nichts flatterte, nichts bewegte sich oder verriet Leben – kahle, tote Wildnis. Hier wollte Tom jagen, Leben entdecken und es töten? Töten, wo alles tot war?

»Weißt du, woran man erkennt, ob ein Grizzly oder ein Schwarzbär hinter einem her ist?«, sprach Tom plötzlich in die lautlose Landschaft hinein.

Ich erschrak über diese Worte und wusste keine Antwort.

»Ein Bär, der dir auf den Baum folgt, ist ein Schwarzer, einer, der dich herunterreißt, ist ein Grizzly.«

Allmählich flutete Wärme in diesen Teil der Welt, und Tom beschleunigte seinen Schritt. Unterhaltung gab es nicht; er war still wie die Tundra, die uns umgab, er schien ein Teil dieser schweigsamen Tundra zu sein. Gern hätte ich mit ihm gesprochen, erfahren, was ihn beschäftigte, was ihn veranlasste, sich im Busch zu verstecken. Ich brauchte Anhaltspunkte – wollte ich ihm doch helfen! Aber er gab keine Erklärung, keine Antwort auf das Warum. Seine hartnäckige Verschlossenheit irritierte mich. Es reizte, ja quälte mich, dass diese wichtige Frage eine unsichtbare Wand zwischen uns bildete. Und anstatt sie durch ein Gespräch abzubauen, wuchs sie zu einer unüberwindlichen Mauer. Sie trennte uns in zwei Lager, die durchaus feindlich werden konnten! Ich war von dieser Frage so erfüllt, dass ich pausenlos darüber nachsann. Ich suchte nach einer eleganten Gesprächseröffnung, die mir Schritt für Schritt weiterhelfen und Klarheit schaffen würde, aber ich fand keine. Mir wollte nichts einfallen als jene dümmlichen Fragestellungen …

Gegen Mittag rasteten wir auf einer kleinen Anhöhe. Vor der Front kalter, abweisender Bergriesen entdeckte ich mehrere Meilen östlich einen dunkelgrünen Saum.

»Der Creek«, sagte Tom, als er sein Fernglas an die Augen hielt und den Streifen absuchte. »Nichts!«, meinte er nach einer Weile und gab mir das Glas.

»Nichts!«, sagte auch ich und strafte ihn mit der gleichen Wortkargheit.

Nun warf er Zweige zu einem Haufen zusammen und entfachte ein schwach glimmendes Feuer, auf das er einen mit Wasser gefüllten Aluminiumtopf stellte. Nachdenklich und mit besonderer Sorgfalt ordnete er seine Streichhölzer, hielt einen Moment inne und verstaute die Hölzer dann wieder in einem wasserdichten Beutel. Er besaß genau 12 trockene Streichhölzer. Seine Zigarette steckte er sich mit einem glimmenden Zweig an.

Als es dampfte und zischte, schüttete er Kaffeepulver in Plastikbecher und goss heißes Wasser darüber.

»Wir werden dem Fluss nach Norden folgen, bis wir die Elche gefunden haben. Verstehst du – bis wir die Elche haben!«, betonte er.

Ich verstand nichts.

Nach dem Kaffee und einem Bissen Brot brachen wir wieder auf und stiegen hinab zum Fluss. In Ufernähe wurde das Gelände schwer und sumpfig. Tom entdeckte Elchspuren und folgte ihnen mit wachsendem Tempo. Endlich erlöste mich die Dunkelheit von der grauenhaften Hetzerei. Seit Tom die Elchspuren verfolgte, war er wie in Trance, wie von Sinnen. Für ihn gab es nur eins: so schnell wie möglich dahin zu gelangen, wo die Spuren endeten und die Elche stehen mussten. Ich fragte ihn, was die Hast zu bedeuten hätte, aber er gab keine Antwort. Also reimte ich mir eine Erklärung zusammen: Von Erzählungen wusste ich, dass das Wild manchmal zwei, drei Jahre lang ein bestimmtes Gebiet bevorzugt, um dann ganz plötzlich auf unerklärliche Weise wegzubleiben. Wenn das in diesem Jahr auf Toms Revier zutraf, dann sah es im Winter verdammt schlecht aus für ihn und seine Familie!

Schweigend machte er Feuer, dann aßen und tranken wir etwas. Leidlich gestärkt, suchten wir die Umgebung nach Reisig ab und schichteten es zu zwei länglichen Haufen – eine praktische Methode, auf Sumpf zu schlafen. Bevor ich mich im Schlafsack verkroch, steckte ich Stiefel und feuchte Socken auf Stöcke ans Feuer und hoffte, dass beides bis zum Morgen trocknete. Meine Füße taten weh und waren voller Blasen. Kein Wunder, dreißig Kilometer in schwerem Gelände war ich lange nicht mehr marschiert. In der ersten Nacht unter arktischem Sternenhimmel und einem Mond, der böse auf unser Lager schien, schlief ich unruhig und schlecht. Mir erschien ein zerlumpter, hohläugiger, zum Skelett abgemagerter Tom Leesk, der in seinem toten, moorigen Revier imaginären Spuren nachstellte. Aus den Spuren wurden Schatten, Schatten, die er für Elche oder Hirsche hielt. Was er nach einer irren, langen Jagd endlich zur Strecke brachte, war ein räudiges Kaninchen, das er mit Haut und Haaren in sich hineinschlang.

»Weiter geht's!«, rief Tom barsch in den taufeuchten Morgen. Mit hängendem Magen, zitternden Knien, ohne Frühstück tobten wir den Fluss entlang. Meile um Meile das gleiche schwere

Gelände wie gestern, die gleiche Leblosigkeit – nein, nicht ganz; von Zeit zu Zeit flatterte ein Schwarm Schneehühner auf. Und dann bogen die Elchspuren plötzlich nach rechts ab und tauchten nicht wieder auf.

»Sie sind weiter durch den Fluss gezogen«, erklärte Tom.

Wo wir standen, ließen wir uns zu einer Rast nieder. An einem Eisenspieß brieten wir ein Stück Fleisch, das wir noch halb roh gierig hinunterschlangen. Jetzt erst fiel mir auf, dass die Mücken auch Tom übel zugerichtet hatten. Seit wir am Fluss entlanggingen, umgaben uns Wolken von Moskitos.

»Die Biester saugen uns das letzte Blut aus den Adern«, schimpfte er und schlug sich an die Schläfe.

Ich grinste ihn aus verquollenen Augen an. »Gibt's denn kein Mittel dagegen?«

»Lehm!«, sagte er und kroch ans Ufer, wo er mit bloßen Händen einen dicken Klumpen herausgrub, geschmeidig knetete und auf Nacken und Gesicht drückte. Ich machte es ihm nach, denn die braune, feuchte Masse kühlte und überzog die Haut mit einer harten Schicht, durch die die Mücken nicht hindurchstechen konnten.

Wir wanderten schweigend weiter, immer flussaufwärts im Vertrauen darauf, dass die Elche irgendwo warteten, von uns getötet zu werden. Und da wir keine Elche fanden, gingen wir auch noch am dritten und am vierten Tag weiter. Besessen von der Idee, Elche zu finden, dachte Tom nicht einen Augenblick an den Rückmarsch. Unser Proviant war längst aufgegessen. Unsere Glieder schmerzten wie Feuer, und der Hunger rumorte in unseren Mägen. Beide, ich natürlich besonders, waren wir ziemlich am Ende.

Um unseren Hunger einigermaßen zu betäuben, knabberten wir an allerlei Wurzeln oder lasen im Vorübergehen bittere Beeren auf. Doch der Kräfteverfall war nicht aufzuhalten. Endlich schoss Tom ein paar magere Schneehühner, die wir rupften und brieten und bis auf die Galle verschlangen, selbst die Knochen spülten wir, zwischen Steinen zermahlen, mit Wasser hinunter. Jeder Schuss bereitete Tom sichtliche Pein. Er betrachtete es als eine hundsgemeine Vergeudung von Munition, damit Kleintiere zu erlegen. Manchmal stülpte er voller Panik seine Hosentaschen aus, suchte die Patronen zusammen und zählte sie eine nach der anderen, dann marschierte er wieder und begann mit flatternden Fingern von neuem zu zählen. Mir kam die Prozedur nicht ungelegen – ich konnte etwas verschnaufen oder seinen Vorsprung abbauen, denn seit geraumer Zeit schien ich für ihn nicht mehr zu existieren. So humpelte und stolperte die Zweimannexpedition – war es eine Expedition der Verdammten? – den Flusslauf entlang, über kugelige Grasbüschel, über verstreute Felsbrocken, durch Sumpf. Gemartert, erschöpft, kraftlos. Getrocknete Lehmfladen im Gesicht, an ungeschützten Stellen Trauben hässlicher Mücken. Um den Druck von Rucksack und Packboard zu verteilen, legten wir einen Tragriemen über die Stirn. Mit hängenden Schultern und gesenktem Kopf, in den Gliedern ein Gefühl von Feuer und Fieber, das jeden klaren Gedanken vernichtete, schritten wir durch die gottverdammte Wildnis Alaskas – Spuren nach, die es nicht mehr gab …

Die Stimme aus dem dämonenhaften Lehmschädel klang unheimlich. Ich fuhr zusammen, als er unvermutet zu sprechen begann, was er seit Tagen nicht getan hatte. Und was er da sagte, was er da so monoton und schleppend preisgab, war das, worauf ich schon seit Beginn dieses wahnwitzigen Jagdausflugs gewartet hatte.

Er kroch heran, seine Hände packten meine Schultern und schüttelten mich leidenschaftlich. »… hörst du endlich zu?«, begann er wieder. »Elch ist Fleisch, Fleisch ist Leben! Ich muss einen zur Strecke bringen!«

»Du bist wahnsinnig!«

»Wahnsinnig? Vielleicht.« Er ließ von mir ab und starrte über den Fluss. »Vielleicht war ich es wirklich, damals ... jetzt nicht, jetzt gibt es nur durchhalten. Ich werde durchhalten!«

»Warum, Tom, warum nur?«

»Warum? Das fragst du auch noch!«, rief er gereizt. »Was bist du für ein Idiot! Was seid ihr doch alle für Idioten! Die Frage nach dem Sinn ... Habt ihr euch mal die Frage nach dem Sinn des Lebens gestellt? Natürlich nicht. Stellt euch die Frage, ich fordere euch auf, und ihr werdet ein grauenhaftes Leeregefühl entdecken – ein existenzielles Vakuum!« Er beruhigte sich langsam und fuhr mit gespielter Gleichgültigkeit fort: »Ich stellte mir die Frage vor drei Jahren, als es galt, die Pipeline quer durch ein Land zu treiben, dessen Menschen sie nicht haben wollten. Ich sah immer deutlicher, was dieses Projekt anzurichten und zu zerstören drohte. Ich geriet in eine furchtbare Bewusstseinskrise. Die Kluft zwischen Pflicht und Überzeugung wurde unerträglich ..., bis ich eine Entscheidung fällte, die einzig richtige, mein Lieber! Diese verdammte Ölverantwortung fiel auf einmal wie ein Mühlstein von mir ab. Das Projekt setzte aber nur den Schlusspunkt unter einen langwierigen inneren Prozess, der quälenden Suche nach dem Sinn des Lebens. Wohlstand, die Befriedigung aller materiellen Wünsche, konnte es nicht sein. Zum Kotzen satt hatte ich die stinkenden Müllhaufen, die wir Städte nennen, das seelenlose Ungeheuer Mensch, das mich täglich umgab – anwiderte! Ich saß in einer Sackgasse und suchte verzweifelt nach einem Ausweg. In vorderster Linie an der totalen Industrialisierung mitzuhelfen machte mich krank. Denn unsere Industriegesellschaft ist krank und dem Untergang geweiht!«

Ich saß im feuchten Moos der Tundra, dreckbesudelt und erschöpft, von der Wildnis gezeichnet, und hörte mir schweigend seinen Vortrag an. Früher hatte ich ihm nie widersprochen, weil er stets die besseren Argumente hatte, weil er restlos überzeugen konnte. Doch in diesem Moment sah ich ihn anders: angeschlagen – zum ersten Mal! Und es war plötzlich mehr als ein Reiz, es war ein unwiderstehlicher Drang, ihn in seinen Grundfesten zu erschüttern! »Weißt du, was du bist? Ein armseliger Aussteiger, ein …«

»So?«, fiel er mir aufgebracht ins Wort. »Was anderes fällt dir nicht ein? Ich lege mir ein neues Weltbild zurecht, baue an einer Vision, und du sagst, ›armseliger Aussteiger‹. Du gehörst zu der Sorte von Individuen, die ich hasse!«

Seine Aggressivität ärgerte mich ebenso wie die Situation, in die er mich gebracht hatte. »Du spielst dich als Philosoph mit Visionen auf, als einer, der den Sinn des Lebens gefunden hat! Dabei verkriechst du dich im hintersten Winkel der Erde und schnappst über und …«

»Wer gibt dir das Recht, mein Weltbild von einer Gesellschaft aus Liebe und Freude zu zerstören?«

»Du Fantast!«, schrie ich ihn an, denn seine selbstgefälligen Worte machten mich rasend. Mir war alles egal: Helen mit ihrem Wunsch, in der Wildnis Glückseligkeit zu finden, und mein Ziel, Tom behutsam von seinen Wahnvorstellungen zu befreien. Sein kompromissloser Standpunkt bestürzte mich über alle Maßen. »Du bist nicht nur ein Aussteiger, ein närrischer Pilger auf der vergeblichen Flucht vor dir selbst, du bist ein Feigling, der hinter dem Schild eines neuen Weltbilds seinen Problemen davongelaufen ist …« Er holte Luft und wollte mich wieder unterbrechen. »Ich bin noch nicht fertig! … den Problemen davongelaufen, jawohl! Jetzt stellen sich wieder welche: Nahrung für den Winter. Und was passiert? Du drehst durch! Du bist kaputt, Tom! Diesmal hat dich die Arktis auf dem Gewissen. Kehr um, geh unter Menschen, werde vernünftig – oder du bescherst uns den Untergang!«

Tom Leesk sprang hoch und griff mir an die Gurgel, wir kippten in den Matsch. Er würgte mich und brüllte: »Du wagst es, das, was mir heilig ist, mit Füßen zu treten! Bist du gekommen, um mein Weltbild zu zerstören, du Schwein? Ich werde dich lehren, das Gesetz des Stärkeren zu respektieren!«

Seine Hände pressten meine Kehle wie ein Schraubstock. Ich merkte, wie mir die Augen aus dem Kopf drangen, wie Mund und Nase keine Luft zogen, wie die Lungen zu bersten drohten … Er stieß mich in den Schlamm, erhob sich, nahm sein Gewehr und entfernte sich schnellen Schrittes weiter flussaufwärts.

»… nicht fähig, du bist überhaupt nicht fähig, in der Wildnis zu existieren, geschweige denn eine Familie zu erhalten, weil du krank bist, gemütskrank …, verrückt!«, röchelte ich ihm nach, stellte mich mühsam auf die Beine und sah, wie er gebückt davoneilte.

Ich war ungerecht – und für die Situation, in der wir uns befanden, gefährlich weit gegangen. Das wusste ich, aber ich bereute es nicht, keinen Augenblick – ich war voller Hass.

Allmählich wurde mir klar, in welche fatale Situation ich geraten war: allein in der Wildnis mit einem Wahnsinnigen, der nichts Eiligeres vorhatte, als von mir wegzulaufen, damit ich verreckte, ohne dass er sich die Finger schmutzig zu machen brauchte. Bitter verzog ich den Mund, während in mir ein Hunger wütete, der mir die Magenwände zerfraß. In einem Anflug von Panik torkelte ich ihm nach. »Tom!«, rief ich, so laut es meine geschundene Kehle zuließ. »Tom, du verdammtes Schwein, warte!« Ich glitt auf einem Grasbüschel aus, taumelte und stürzte auf die Knie. Braune Soße lief mir in die Stiefel und schwappte um meine Oberschenkel. Ein stechender Schmerz durchfuhr meinen Fuß. War er verstaucht oder gebrochen? Ich stemmte mich aus dem Schlamm und humpelte weiter. Wieder und wieder rief ich Toms Namen in die öde Landschaft. Er aber eilte davon, ohne sich ein einziges Mal umzudrehen …

Die Angst vor der totalen Verlassenheit gab mir unbändige Kraft. Ich rannte, stolperte, fiel hin, raffte mich wieder auf, stöhnend innehaltend, nach Luft ringend, fluchend – es war die verzweifelte Anstrengung eines von Todesangst Besessenen. Als die Sonne verschwommen und fahl am Horizont stand, hatte ich ihn eingeholt und mich in einem letzten Kraftakt auf ihn geworfen.

»Umkehren!«, brüllte ich. »Du – musst – umkehren – elender – Narr!«

Er schüttelte mich ab und schleuderte mich in den Dreck. »Niemals!«, knurrte er. »Und du wirst mich nicht daran hindern!« Damit riss er das Gewehr von der Schulter. »Du sollst im Schlamm verfaulen, jämmerlicher Wurm!«

Ich richtete meinen Oberkörper auf, stemmte die Hände in den weichen, nasskalten Sumpf und schleuderte ihm entgegen: »Drück doch ab, elender Feigling, und verkriech dich wie ein Hund im verdammten Busch!« Ein Schuss klatschte neben mir in den Schlamm. »Der nächste bläst dir das Hirn aus dem Kopf!«

Ich war wie betäubt. Wut und Ohnmacht tobten in mir. Tom, mein Gott, war das Tom – oder das, was die Arktis aus ihm gemacht hatte? Ein Wrack, das Zerrbild eines Menschen, ein Geisteskranker? Meine Stimme klang hysterisch, schrill, wie die eines Fremden: »Mörder, drück ab, dann hab ich's hinter mir. Gottverdammter Feigling, tu's doch!«

Langsam hob er das Gewehr und zielte sorgsam über Kimme und Korn, jede Sekunde auskostend. Ich lag im Schlamm und nahm meine Umgebung mit ungeheurer Intensität wahr: die Tundra und die Sonne über den Baumwipfeln, die mir jetzt so strahlend und voller Leben schien. Sah Tom, sein gefühlloses, verzerrtes Gesicht, zur Fratze entstellt durch die getrockneten Lehmfladen. Sah das linke Auge, das sich zum Zielen schloss. Merkte, dass er den Atem anhielt. Beobachtete seinen Finger, der den Hahn suchte, sich krümmte – erbarmungslos …

Ich schloss die Augen. Alles in mir bäumte sich gegen dieses Ende auf: Du willst nicht sterben, du darfst nicht sterben! Nicht hier und nicht jetzt. Noch einmal riss ich die Augen auf und richtete mich auf. Das Licht traf mich grell wie ein Blitz … jetzt drückte er ab …, und im gleichen Augenblick vernahm ich das Klicken des Verschlusses.

Ich sank erschöpft in den Sumpf zurück. Es gab keinen Schuss, keinen Pulverdampf – nichts. Die Hände aufs Gesicht gepresst, lag ich im Sumpf und wartete. Worauf? Vielleicht auf einen Schuss? Und auf einmal sprach Gott zu mir: »Ich habe dich hierher in der Welt Öde geschickt, habe dir das Leben geschenkt, an dem du so hängst, Gewürm, dass du etwas von mir begreifen mögest – jetzt stehe auf und ziehe hin in Frieden.«

Keine zwei Meter vor mir klatschte etwas in den Schlamm. Es war das Gewehr, und kaum drei Schritte entfernt war Tom in sich zusammengesunken. Sein Kopf ruhte auf den Amen. Ich kniete mich neben ihn und legte meinen Arm um seine Schulter. Langsam hob er den Kopf und starrte mich aus wirren, rot umränderten Augen an. »Kannst du mir verzeihen?«, fragte er mich mit flehender Stimme.

»Sicher, Tom, irgendwann sicher.«

»Mein Gott«, stöhnte er, »was hab ich getan? Mit einer Kugel im Lauf. Ich hätte dich umgebracht!«

»Gewiss – aber Gott hat es nicht gewollt. Du bist kein Mörder.«

Dann sanken wir uns in die Arme und schluchzten. Es war zu viel gewesen – für jeden von uns. Als das Tageslicht schwand und die Kälte uns in die Knochen kroch, erhoben wir uns. Ich bückte mich nach dem Gewehr und, uns gegenseitig stützend, wankten wir über die Tundra wie zwei Betrunkene.

Fünf Tage und ebenso viele Nächte verstrichen. Erst ging es den Fluss entlang, dann über Berge und durch Täler. Bisweilen krochen wir auf allen vieren. Wir wimmerten vor Hunger und vor Schmerzen. Wir verfluchten die erbarmungslose Wildnis und die Stille, die darin herrschte. Am dritten Tag, als die Sonne fahl wie ein Mond durch grauen Nebel glomm, kratzten wir mit den Fingernägeln gierig feuchte Flecken von den Steinen. Nachmittags entdeckte ich einen Strauch Moosbeeren. In fiebriger Hast rissen wir die Beeren ab und verschlangen sie. Aber sie hinterließen nur eine beißende Schärfe in Mund und Hals. Am Morgen des vierten Tages tanzten Halluzinationen einen teuflischen Reigen vor unseren Augen. Ich sah fette Ochsenfrösche und aaldicke Würmer durch den Schlamm kriechen … Kamen sie in greifbare Nähe, stürzte ich mich auf sie – umsonst, in der Tundra gibt es weder Frösche noch Würmer. Am Nachmittag erspähte ich in einem Tal zwischen Erlengesträuch, keine fünfhundert Meter westlich von uns, drei kapitale Elche. Beglückt stieß ich Tom an und wies mit wilden Gesten in die Richtung. Aber er reagierte nur mit müdem Kopfschütteln und kämpfte sich weiter. Noch heute könnte ich schwören, drei stattliche Elche gesehen zu haben. Letztlich spielt es keine Rolle; wir wären viel zu erschöpft gewesen, um einen zur Strecke bringen zu können.

Am Abend wütete der Hunger so stark in mir, dass mich der Gedanke an Essen fast an den Rand des Wahnsinns brachte. Tom dagegen ertrug diese Tortur mit der Duldsamkeit eines tibetanischen Mönchs: still und ergeben.

Es war weit nach Mitternacht, als ich das erste Mal nach vielen schlimmen Nächten in einen traumlosen Schlaf fiel – gleichsam das Bewusstsein verlor! Am nächsten Morgen stellte ich mit großer Dankbarkeit fest, dass mein Hunger nicht mehr mit jener furchtbaren Pein tobte wie in den Tagen zuvor. Das Verlangen nach Essen hatte sich erschöpft. Ich verspürte nur noch ein dumpfes Hämmern in der Magengegend. Tom hatte eine Erklärung für diese Erfahrung: »Du bist über den toten Punkt hinausgewachsen. Wenn das Innere in Fetzen geht, trittst du in ein neues Stadium der Empfindsamkeit. Eine andere Dimension tut sich auf, und mit jedem Mal bist du schwerer zu besiegen!« Ich glaubte ihm und fasste endlich wieder Mut.

Am zehnten Tag des unglückseligen Jagdausflugs ahnte ich die Nähe des Blockhauses, erkannte bestimmte Baumgruppen und Pfade, entdeckte hier und da menschliche Fußspuren.

Plötzlich stieß mich Tom an. »Frische Bärenspuren!« Unsere Nerven schalteten auf Alarm!

Zwischen dem Grün und Gelb der Fichten und Birken tauchte jetzt die Hütte auf. Ich war sicher, Tom erging es genau wie mir: beim Anblick dieser friedlich dastehenden Hütte war es ein erbärmliches Gefühl, nach ganzen zehn Tagen Pirsch ohne Wildbret, ohne das geringste Stück Fleisch, mit leeren Händen, nach Hause zu kommen. Das Blockhaus machte einen seltsam verlassenen Eindruck, als ob es von seinen Bewohnern für immer aufgegeben worden sei. Türen und Fenster waren verrammelt. Niemand rannte uns freudestrahlend entgegen. Glaubte man, wir seien nicht mehr am Leben?

Als uns nur noch ein ausladender Busch und nicht mehr als fünfzehn Meter von der Blockhütte trennten, zischte Tom plötzlich hinter mir »Achtung!« Ich fuhr erschrocken herum. Tom zeigte auf den Busch. Ein Wesen zeigte sein Hinterteil und trabte ab. Ein anderes, weitaus mächtigeres, braun und zottig, stand abwartend da und musterte mich. Wie gelähmt blieb ich stehen und starrte in die schwarzen, listigen Augen eines gewaltigen Schädels, der von struppigem Fell umrahmt war, nahm eine breite, fliehende Stirn und eine sonderbar flache Schnauze wahr. Nie zuvor war ich einer dieser Bestien so nahe gekommen.

Hinter mir knackte es. Das Untier fühlte sich bedroht, warf den massigen Kopf nach links und rechts und wuchs schnaubend in die Höhe. Furcht erregend! Was sich da auf den Hinterbeinen aufrichtete, war das selten große Exemplar eines Grizzlys! Als der Bursche so in den Himmel wuchs, war es weniger Entsetzen, das mich lähmte, als vielmehr grenzenloses Erstaunen vor so viel Bär. Seine Vordertatzen, mit Krallen wie lange Stahlnägel, ließ er lässig vor dem Bauch baumeln. Und als es im Hintergrund wieder knackte, wurde sein Gesicht noch grimmiger. Die Schnauze legte gelbe, dolchartige Zähne frei, die Unheil ankündigten. Der Koloss, über drei Meter hoch, gut eine halbe Tonne schwer, schüttelte sich und machte zwei Schritte auf mich zu. Erst jetzt würgte mich die Angst. Was tun? Ein Sprung ins Dickicht? Der Grizzly würde sich über mich stürzen und mich zerreißen. Tom? Er konnte mir nicht helfen. Ohne Munition war er genauso gefährdet wie ich. Wahrscheinlich hatte er sich schon abgesetzt. Noch zwei Schritte – das Blut erstarrte mir in den Adern. Wir musterten uns. Stille. Nichts rührte sich. Um Himmels willen, was tun? Die Trillerpfeife! Das Hemd aufgerissen, die Pfeife in den Mund gesetzt, war eins! Der schrille Ton ging durch Mark und Bein. Der Grizzly zuckte, pendelte hin und her – ließ sich auf die Vordertatzen fallen … Ich pfiff noch einmal – um mein Leben – mit ganzer Puste! Der schrille Ton schmerzte in den Ohren, aber die Bestie drehte sich um und verschwand im Schweinsgalopp im Busch.

Ich zitterte noch, als Tom mir auf die Schulter schlug und der Bär längst verschwunden war.

»Bravo, Biber!« Toms Rechte umklammerte noch den gezogenen Dolch. Er hätte mich nicht allein gelassen. Im selben Augenblick wurde die Tür aufgerissen, Helen rannte uns

Hochaufgerichtet erreichen Grizzlys eine Höhe von 3 m!

mit den Kindern entgegen und warf sich ihrem Mann an die Brust.

Es dauerte geraume Zeit, bis sich Schrecken, Aufregung und Wiedersehensfreude beruhigt hatten. Erst als wir uns erschöpft am Tisch niederließen, erfuhren wir, dass die Hütte von einer ausgehungerten Bärenfamilie volle drei Tage belagert worden war. Glücklicherweise befand sich Helen mit Oliver und Norman im Hause, als die Grizzlys auftauchten und durch keinen Krach der Welt zu vertreiben waren. Im Gegenteil! Der Essensgeruch, der nach draußen drang, machte sie so angriffslustig, dass Helen befürchtete, die Grizzlys würden die Tür eindrücken. Deshalb verbarrikadierten sie sich mit dicken Feuerholzstämmen.

»Wir kommen zwar mit leeren Händen, aber nicht zu unpassender Zeit«, versuchte ich krampfhaft zu spaßen.

Tom sagte nichts. Sicher fürchtete er, ich würde von unserer Jagd berichten. Aber was ihn und sein Verhalten anging, so erzählte ich kein Sterbenswort.

Unsere Teller waren randvoll gefüllt, und wir versuchten, das köstlich duftende Chili hinunterzubringen. Aber es ging nicht. Wir waren zu kaputt. Als Helen uns bedrängte, zu berichten, wo wir um Gottes willen so lange gesteckt hätten, seufzte Tom nur abwesend: »Die Elche…, wir haben sie verfolgt… bis ans Ende unserer Kraft, aber gefunden haben wir sie nicht.« Dann stand er auf, schleppte sich die Treppe hinauf und warf sich stöhnend aufs Lager. Ich tat es ihm gleich und fiel in einen totenähnlichen Schlaf.

Wintervorbereitungen

In den nächsten Tagen herrschte eine düstere Stimmung. Helen nahm sich uns einzeln vor, doch sie brachte nichts aus uns heraus. Das machte sie missmutig – längst hatte sie nämlich gefühlt, dass etwas Tiefgreifendes passiert sein musste.

Die Familie begann nun mit den Vorbereitungen für den nahenden Winter. Es war bereits September, und im Stillen zählte ich die Tage, bis Jim Barnister auf dem Flüsschen landen würde, um mich aus dieser tristen Wildnis zu befreien. Helen und die Kinder grasten alles ab, was an Essbarem im Umkreis von drei Meilen wuchs. Manchmal half ich ihnen, manchmal saß ich auch nur an einen Baum gelehnt da und starrte hinüber zur Nebelfahne der Smoke Mountains. Auch Tom schien seit dem Jagdausflug in seiner Aktivität gelähmt. Er sprach kaum noch mit uns, grübelte Stunden in sich hinein oder verschwand ohne ein Wort. Mit irgendeinem Kleintier tauchte er dann wieder auf. Die gedrückte Atmosphäre zehrte an unser aller Nerven. Selbst die Kinder hatten ihre Fröhlichkeit verloren. Eines Nachts wachte ich durch eine Szene zwischen Tom und Helen auf. Im Hintergrund wimmerten die Kinder.

»Du musst für Fleisch sorgen, Tom!«, beschwor Helen ihren Mann.

»Habe ich jemals nicht für euch gesorgt?«, fauchte Tom.

»Du hast immer für uns gesorgt, aber der Winter rückt heran, und das Land ist von Elchen und Karibus wie leer gefegt in diesem Jahr. Du musst zu den Indianern gehen und dir Fleisch kaufen.«

»Das werde ich nie tun! Eher verhungere ich!«

»Und wir?«

»Schweig!«, rief Tom barsch.

Dann drang nur noch ein leises Weinen durch die Stille.

Zwei Tage später nahm Tom sein Gewehr vom Haken, steckte eine Hand voll Patronen in die Tasche, schulterte sein Packboard und verschwand. Etwas später fragte ich Helen, was er vorhätte.

»Er hat wieder Elchspuren entdeckt und will einen schießen«, sagte Helen, nicht ahnend, was dies bedeuten konnte.

»Warum hat er mir nichts davon erzählt?«

»Er bestand darauf, alleine zu jagen«, erwiderte sie.

Mein Puls schlug plötzlich so heftig, dass ich schlucken musste. Tom allein auf Elchjagd – in vier Tagen wird mich Barnister ausfliegen … Eine Frau und zwei Kinder allein in der Wildnis – und der Winter vor der Tür! Ich wagte nicht weiterzudenken. Ich sah großes Unheil auf die Familie zukommen.

Am nächsten und übernächsten Tag saß ich tatenlos vor der Tür und verfluchte meine Unfähigkeit, Fährten zu lesen, um Tom zu folgen, um ihn zurückzuholen. Ich war drauf und dran, Helen zu erzählen, was sich tatsächlich in der Tundra ereignet hatte. Doch es hätte zu nichts geführt, außer, dass sie vor Sorgen keine ruhige Minute mehr gehabt hätte …

Bäume und Gestrüpp warfen lange Schatten. Bald würde die Sonne hinter den Bergen verschwunden sein. Das Buschwerk tat sich auf …, und Tom Leesk stampfte festen Schrittes heraus! Rechts und links ragten hinter seinem Rücken die Schaufeln eines riesigen Elchgeweihs hervor. Ich wischte mir die Augen, um sicherzugehen, dass ich nicht fantasierte. Aber es war der leibhaftige Tom! Mit einem Ruck warf er den Elchschädel auf die Erde.

Er grinste, wie er es seit unserer Begrüßung vor knapp einem

Mit einem riesigen Elchgeweih kommt Tom von der Jagd zurück

Monat nicht mehr getan hatte. »Keine fünfzehn Meilen von hier hab ich einen fabelhaften Elch erlegt. Mach dich fertig, jetzt gibt's Arbeit! Achthundert Kilo sind in Portionen hierher zu schleppen – und zwar bevor sich Wölfe oder anderes Getier darüber hermachen!«

Alle, auch die Kinder, schnallten sich ein Traggeschirr auf den Rücken, und im Eilschritt führte uns Tom zu dem erlegten Elch, den Wind River aufwärts. Hier standen die windzerzausten Fichten vier, fünf Meter auseinander. Sie waren deutlich vom Überlebenskampf in der Arktis gezeichnet. Viele hatte der Wind geknickt, manche der Frost gegeneinander geneigt. Die Bäume mochten älter als zweihundert Jahre sein, obgleich ihr Stammdurchmesser kaum vierzig Zentimeter maß. Alles wächst unendlich langsam hier oben. Eine Fichte braucht vierzig Jahre, um anderthalb Meter hoch zu werden. Wir mussten einige weite, grünflächige Täler durchqueren und kahle Bergrücken erklimmen, dann hatten wir die Stelle endlich erreicht. Inzwischen war schon der Abend hereingebrochen.

Verwundert schaute ich mich um. Blutspuren, abgenagte Knochen, niedergetretenes Gras waren alles, was ich in der Dämmerung entdeckte. Wo war der Elch? Das Fleisch? Was uns schon geraume Zeit mal fern, mal nah, ans Ohr gedrungen war, wurde jetzt zur schaurigen Wirklichkeit: Wölfe! Das Geheul hungriger Timberwölfe hatte uns begleitet und endete am Ort ihrer Fressorgie. Vorerst sah ich keine, aber ihre Nähe war zu spüren. Tom war erstaunlich gefasst. Er warf sein Traggestell ab und machte sich an einer mächtigen Engelmannfichte zu schaffen. Nachdem er einige Stricke gelockert hatte, glitt ein rund 50 Kilo schwerer Brocken aus dem Nadelwerk. Aus verschiedenen Fichten zauberte er nach und nach das Elchfleisch, das er bereits aus der Decke geschlagen und portioniert hatte. Als er den Elch erlegt hatte, hatte er die Wolfspuren bereits gesehen und deshalb so viel Fleisch wie möglich in die Bäume gehängt. Als die Teile des zerlegten Tieres vor uns lagen, wurde das Geheul bedrohlicher, und die Schatten huschten näher um das Lager herum.

»Keine Angst«, beruhigte Tom. »Je schlimmer sie heulen, desto harmloser sind die Burschen. Timberwölfe imponieren nur durch Größe und Geheul. In Wirklichkeit sind sie feige.« Hoffentlich hat er Recht, dachte ich nur.

Wir luden uns so viel auf den Rücken, wie wir schleppen konnten. Den Rest zog Tom wieder in die Bäume. Der nächtliche Rückmarsch war beschwerlich. Wir gingen dicht hintereinander, um uns nicht zu verirren.

An der Hütte angekommen, gönnten wir uns nur eine kurze Rast, dann ging es wieder zurück. Wir pendelten die ganze Nacht und den nächsten Tag bis zum Abend zwischen Fleisch und Blockhaus hin und her.

Schließlich war alles geborgen. Wir saßen am Yukonofen und schlürften heißen Kaffee.

»Wird einen verdammt strengen Winter geben«, meinte Tom. »Die Wölfe habe ich vor dem Schnee noch nie so aggressiv gesehen.«

Im Moment war es mir egal, wie streng der Winter wurde. Ich flog in drei Tagen aus dieser elenden Wildnis, von der ich ganz besonders heute die Nase voll, gestrichen voll hatte! Kerzengerade saß ich auf dem Stuhl; und an die Nacht auf dem harten Lager mochte ich nicht denken, denn mein blutig geschundener Rücken brannte wie Feuer.

In den nächsten Tagen wurde Fleisch geschnitten, geräuchert und gepökelt. Ich machte mich so gut es ging nützlich. Im Umkreis von Meilen roch es streng nach Elch, und die Wölfe fingen an, uns zu belagern. Tom hob mehrmals prüfend den Kopf, als wittere er etwas. Würde es einen Wetterumschwung geben?

Schließlich widmete er sich der Abdichtung der Blockhütte. Das Dach deckte er mit einer zusätzlichen Schicht Rasen ab. Dann kontrollierte er sorgfältig alle Ritzen und Fugen, die er an undichten Stellen sorgsam mit Moos und Fellresten verstopfte. Die Nordseite schützte er durch eine zweite Wand von Rundhölzern, um gegen einen wirklich kalten Winter gewappnet zu sein.

Ein plötzlicher Temperatursturz brachte das Ende des schönen Spätsommers. Von einer Stunde auf die andere erstarrte das Laub an den Bäumen und fiel herab. Die Blätter der Birken, Weiden, Pappeln und Erlen raschelten unter den Schuhen, und die Nadeln der Lärchen rieselten wie Stecknadeln vom Geäst. An den seichten und ruhenden Stellen des Wind River hatte sich eine Eisdecke gebildet. Wenn es tagsüber so frostig blieb, fürchtete ich, dass sich der Fluss schließen und Jim nicht landen konnte. Ich hatte mir das Biberfell um den Körper geschlungen und schaute sorgenvoll über den Fluss. Die Kälte zwackte an bloßen Hautstellen wie Beißzangen. Unheimlich, wie plötzlich der Winter von der Landschaft Besitz ergriff! Mit einem Mal war alles erstarrt, und das letzte Blattwerk wurde förmlich von den Ästen gesprengt! Es schien, als fiele die Temperatur von Minute zu Minute. Am Himmel stand keine Wolke; selbst den Dunst über den Smoke Mountains hatte der Frost weggefressen. Die Felsen der nahen Brooks ragten heute noch abweisender, noch eisiger in den Himmel. Die Bahn der Sonne wurde von Tag zu Tag flacher und kürzer.

»Jim wird rechtzeitig kommen«, tröstete mich Tom, der zum Fluss herunterkam und meine Bedenken ahnte. »Der Fluss schließt sich so schnell nicht, es sei denn …«

»Es sei denn was?«, fragte ich nervös.

»… es fällt heute Nacht auf fünf Grad und schneit womöglich noch drei Fuß hoch.«

In der Nacht schneite es tatsächlich – gut ein Fuß hoch. Die abrupte Umgestaltung der Landschaft war überwältigend. Auf der frischen Schneedecke wimmelte es von Hasen- und Birkhuhnspuren. Erstaunlich, wie reich diese Gegend an Kleintieren war! Ich rannte aus der Tür und schaute über die blendend weiße Schneefläche zum Flüsschen. Gottlob war es noch frei. Es schien lediglich etwas schmaler geworden und sein Gurgeln noch intensiver.

Tom erschien mit einem Dutzend kleiner Fallen, die er nicht weit vom Haus zwischen Weiden aufstellte. Einem Hasenwechsel folgend, platzierte er die anderen hinter Schneewehen und Bodenwellen. Bei hart gefrorenem Untergrund war das Fallenaufstellen nichts für Anfänger, da man keine Pflöcke verwenden kann. Der Ring einer Falle wird mit gegabelten Zweigen oder Knebeln versehen und unmittelbar neben dichtem Gestrüpp angebracht. Der Knebel verfängt sich mit dem flüchtenden Tier – die Schlinge zieht sich zu.

Ein plötzlicher Temperatursturz bringt Schnee und Eis

»In der Arktis kannst du so viel Hasen und Hühner essen, wie du willst, und du wirst trotzdem nicht satt. Ohne fettes Großwild verhungerst du!«, brummte Tom, als er die letzte Falle gestellt hatte. »Vor zwei Jahren aß ich in einem Monat fünfundzwanzig Kaninchen und zwanzig Birkhühner, trotzdem nahm ich rapide ab. Wenn ich anschließend kein Fett bekommen hätte, wäre ich bald erledigt gewesen.«

Früh am Morgen des 10. September stand ich, mein Bündel gepackt, im Schnee und wartete. Ich wartete erst hoffnungsvoll, dann ängstlich… Niemand kam. Kein Flugzeuggeräusch! Kein Jim Barnister! Dafür sollte sich etwas anderes ereignen, etwas, was für Tom von weitaus größerer Wichtigkeit war.

»Frische Losung und Elchspuren«, verkündete er nach kurzer Inspektion der trap-line. »Keine Viertelmeile von hier.«

Ohne lange zu überlegen, rannte ich mit Tom durch den Schnee, über gestürzte Bäume, durch kahles Gestrüpp, den Spuren nach. Und auf einmal ging alles so schnell, dass ich es erst registrierte, als sich ein mächtiger schwarzer Körper erhob, seine Schaufeln in Angriffsstellung brachte und Tom zu Boden stieß.

Was war passiert? Im Laufen hatte Tom einen vierjährigen Elchbullen gesichtet, der uns längst, gut getarnt, gewindet hatte. Leesk stoppte, schlug das Gewehr an…, ein Schuss krachte, der Elch fiel. Tom stürmte weiter, nur noch wenige Meter trennten ihn von seiner Beute. Da richtete sich der Bulle auf – der Trapper hatte sein Gewehr in alter Gewohnheit im Laufen durchgeladen und konnte aus der Hüfte feuern, bevor sich der Elch auf ihn stürzte. Der Schuss war tödlich, aber der Bulle lag fast mit seinem ganzen Gewicht auf Tom.

In heller Aufregung kam die Familie angerannt. Mit vereinten Kräften wurde der Bursche auf den Rücken gewälzt. Gemeinsam versuchten wir, ihn im Gleichgewicht zu halten. Tom zog sein Jagdmesser und brach ihn mühelos auf. Rasch war der

Bulle aus der Decke geschlagen, zwei Stunden später ausgeweidet, die Keulen abgetrennt. Leber, Herz, Lunge, Hirn, Talg und Fett aus den Därmen sammelte Helen in Eimern, die sie sogleich zur Hütte schleppte. Ich hatte mit Axt und Jagdmesser so an den Knochen des Elchs »gewütet«, dass ich gar nicht mehr an Jim und den Rückflug dachte.

Wir schufteten bis spät in die Nacht, um den Elch zu bergen. Endlich gönnten wir uns Ruhe; das Fleisch lag im Vorratshaus. Tom erklärte, dass pro Monat das Gewicht einer Person an Fleischration zu veranschlagen sei. Das sind gewaltige Mengen bis zur Schneeschmelze Anfang Juni.

»Noch vier Elche, dann werden wir Karibufleisch essen, wenn die Tiere dem Wechsel am East Fork treu bleiben! Die Pipeline hat alles durcheinander gebracht. Früher zog eine zehntausend Tiere starke Splittergruppe der Porcupine-Herde zwanzig Meilen südöstlich von hier ins Chandalar-Gebiet. Das kann sich aber in diesem Jahr ändern.«

Erstmals fror ich nachts erbärmlich. Das war auch kein Wunder bei meiner Sommerausrüstung! Klappernd und steif gefroren, wünschte ich mir nichts sehnlicher als das Erscheinen von Jim. Aber er kam nicht. Auch am folgenden Tag blieb er aus. Ich war nun ziemlich sicher, dass ihm etwas passiert war. Vielleicht hatte er sich im White Out, dem tückischen Eisnebel Alaskas, verirrt, war an der Brooks-Kette zerschellt oder einfach mit Motorschaden abgestürzt.

Eines Morgens war das Flüsschen fast verstummt. Tief im Bett murmelte es leise, oben hatte sich eine blanke, stahlblaue Eisschicht gebildet. Ich schwankte zwischen Wut und Angst vor der arktischen Falle. Mit Jim konnte ich nicht mehr rechnen. Die Familie Leesk musste mich aufnehmen, ob sie wollte oder nicht, ich war ihr ausgeliefert. Tom reagierte ziemlich gefasst und

Tom hat ein Loch in die Eisdecke geschlagen, um die Wasserversorgung sicherzustellen

kramte mir fürs Lager zwei Felldecken aus dem Bestand. In den Nächten konnte ich es vorerst aushalten. Doch draußen? Mein Parka war so dünn, dass ich nur für den Innendienst zu gebrauchen war.

Seit einigen Stunden schneite es wieder. Bis auf Tom hielten wir uns in der Blockhütte auf. An der Außentür klopfte es. »Herein!«, rief Helen verwundert. Die Dielen knarrten, dann wurde die zweite Tür aufgestoßen. Auf der Schwelle standen zwei junge Männer, untersetzt und breitschultrig – Indianer. Einer von ihnen hielt ein veraltetes Jagdgewehr in der Hand. An den Augenbrauen und unter den Nasen hatte sich Eis gebildet. Ihre braune Gesichtshaut war fleckig, eingefallen und mit Frostbeulen bedeckt. Die Burschen machten einen ziemlich erschöpften Eindruck. Mit den Indianern war die Kälte als weißer Dampf in die Stube getreten. Helen stand eilig auf und schloss die Türen hinter ihnen. An den Füßen der Athapasken schmolz der Schnee und gab Mokassins aus weich gegerbter Elchhaut mit Perlenstickerei frei. Die Hosen waren aus Wildleder mit langen Fransen, der Parka schien zwar aus Wolle zu sein, war aber für die Kälte viel zu dünn.

Helen bot ihnen Platz an und servierte ihnen heißen Kaffee und Chili. Gierig aßen und tranken die beiden. Es dauerte eine geraume Zeit, bis sich ihr Drang, Nahrung aufzunehmen, beruhigt hatte. Nun saßen sie ruhig da und starrten verlegen auf die Tischplatte. Sehr gesprächig waren sie nicht. Mit Mühe bekamen wir heraus, dass sie vom Stamm der Kutchakutchin waren und von Westen, aus dem Chandalar-Reservat, kamen. Weder Helen noch Tom, der kurz nach ihnen eintrat, kannte sie. Der Wintereinbruch schien sie auf der Jagd überrascht zu haben. Ihre ganze Ausbeute waren vier Schneehasen, die ihnen um die Hüften baumelten. Tom stellte noch einige Fragen, wurde aus den Antworten aber nicht recht schlau.

»Die beiden Burschen haben sich noch nie aus dem Reservat getraut und durch den Schnee augenscheinlich die Orientierung verloren. Sie müssen zum Christian River zurück, das sind siebzig Meilen westlich von hier. In ihrem Zustand schaffen sie es nie!«, berichtete Leesk.

Helen bot den Indianern eine Ecke in der Hütte an. Sie streckten sich aus und waren augenblicklich eingeschlafen.

Am nächsten Morgen gab ihnen Tom zwei kindskopfgroße Fettklöße, einige Pfund Elchfleisch und zwei Paar Schneeschuhe mit. Dann machten sich die beiden auf den Weg, fünfzig Meilen südöstlich den Wind River hinab, dann zwanzig Meilen direkt nach Osten an den Christian River.

»Mit etwas Glück schaffen sie es«, meinte Tom, »nur darf die Temperatur nicht weiter fallen.«

Die Indianer winkten dankbar und entfernten sich mit kurzen, schnellen Schritten. Tom schaute ihnen lange nach, dann ging er nachdenklich zur Hütte zurück und verkroch sich oben im Schlaftrakt, wo er vorerst nicht wieder herauskam.

Am nächsten Tag hackten Norman und Oliver Löcher in das Flusseis und hielten Angelhaken an einer Schnur ins Wasser. Eisfischen nennt man diese von den Eskimos übernommene Methode, sich Fische aus zugefrorenen Gewässern zu fangen. Gerade als Norman ein ordentliches Exemplar aus dem Loch zog, geschah ein Wunder, das sich als fernes Brummen ankündigte, dann zum Knattern und schließlich zu einem unverkennbaren Flugmotorenlärm anschwoll. Ich stürzte hinaus und reckte den Hals. Barnisters blau-weiße Cessna 180 kam aus Richtung Brooks Range im Tiefflug über den Wald gerauscht. Zum Zeichen, dass er uns entdeckt hatte, wackelte er mit den Tragflächen. Ein Teufelskerl, dieser Jim, dachte ich. Nichts hält ihn zurück. Hoffentlich kommt er gut runter.

Das Fahrwerk steckte in langen Schneekufen. Die Maschine

beschrieb eine Schleife und setzte zur Landung auf dem Fluss an. Zu sehen war sie nicht mehr, nur mächtiges Schneegestöber, einer Explosion gleich. Kurz darauf war wieder Ruhe in die Arktis eingekehrt. Die Kinder warfen die Angeln weg und rannten Jim über den Fluss entgegen. Helen schlüpfte aufgeregt in ihren Parka mit Wolfsfellkapuze. Tom stieg schweren Schrittes die Treppe hinab. Es war ihm anzusehen, dass er von Depressionen gepeinigt wurde. Der Anblick dieses zerfurchten, mürrischen Gesichtes mit den flackernden Augen ließ mich schaudern. Armer Tom, was ist wieder los mit dir? Ein Anflug von Wahnsinn sprach aus diesen Augen wie schon einmal … Damit muss er selbst fertig werden, dachte ich, meine Zeit ist um, ich haue ab, bevor es mich erwischt.

Mit dem Rucksack auf dem Rücken stampfte ich durch knietiefen Schnee zum Fluss. Helen begleitete mich zur Maschine. Tom folgte unentschlossen. Auf halbem Weg kam uns Jim auf Schneeschuhen entgegen und zog einen Schlitten hinter sich her, der mit allerlei Paketen vollbeladen war. Seine Augen waren hinter schwarzen Gläsern verborgen, sein Mund lachte breit, und er begrüßte mich mit ausgebreiteten Armen.

»Biber, alter Junge, hast mich wohl nicht mehr erwartet, was? Wirf den Rucksack in die Maschine, und dann sollten uns die Eisblumenkinder mal einen guten Kaffee vorsetzen.« Damit zog er weiter zur Hütte. Trotz der strahlenden Laune, die Jim mitbrachte, wollte nur gequälte Wiedersehensfreude aufkommen. Tom war einfach nicht aufzumuntern. Barnister wusste, dass der einsame arktische Winter höchste Gefahr für den Geisteszustand eines Mannes wie Tom bedeutete. Er ließ sich aber in seinem Bemühen, Fröhlichkeit zu verbreiten, nicht beirren. Ganz nebenbei erzählte er, dass er in Fairbanks einen Schaden am Leitwerk hatte beheben lassen. Das war offenbar die Erklärung für seine Verspätung. Genauer wollte er sich nicht darüber auslassen.

»So, Kinder«, damit klopfte er sich auf die Schenkel, »es wird Zeit; wenn's irgend geht, will ich morgen Mittag in Anchorage sein. Da wartet einer aus San Francisco, der in die Wrangell will. Stellt euch vor, ein Bürohengst aus Kalifornien will im Winter in der Wrangell Wölfe jagen! Das kann ja verdammt heiter werden.« Lachend spuckte er in den Ofen und stand auf. Wir folgten.

Schlitten und Schneeschuhe überließ Jim den Leesks. An der Maschine umarmten wir uns herzlich. Tom drückte mir zum Abschied fest die Hand, aber der Ausdruck seiner Augen war Furcht erregend.

»Viel Glück, Tom«, würgte ich heraus.

Wir nahmen Kurs auf Süden und flogen über eine in Schnee und Frost erstarrte Landschaft.

»Es steht nicht gut um Tom«, meinte Barnister nach langem Schweigen. »Ging das so die ganze Zeit?«

»Mal besser, mal schlechter«, sagte ich.

»Er muss raus aus der Wildnis, sonst gibt's ein Unglück. Besonders der Winter macht ihn fertig«, bemerkte Jim.

Die Cessna glitt über das verästelte, riesige Yukon-Knie, das unter dem Weiß des Schnees einen regelrecht geordneten Eindruck machte. Planmäßig landeten wir in Fairbanks. Jim musste mich aus seinem ungeheizten Vogel förmlich heraustragen, so steif war ich gefroren. Pünktlich zur Mittagszeit trafen wir am nächsten Tag in Anchorage ein, wo es noch erstaunlich warm, außerdem schneefrei war. Jim blieb am Flugplatz, um seinen nächsten Passagier zu empfangen.

»So long, Biber«, sagte er. »Und wenn's wieder irgendwo hingehen soll, meine Frau ist über Funk immer erreichbar.« Damit drückte er mir seine Visitenkarte in die Hand.

Ich nahm mir ein Taxi und fuhr vom Merrill-Field-Flugplatz direkt in die C-Street, ins Roland Low. Als ich mich an der Rezeption nach Litla erkundigte, brachen die Eltern in ein jämmerliches Schluchzen aus: Peter Neumann hatte Litla nach Deutschland mitgenommen. Er wollte sie heiraten! Mit wehklagender Stimme verfluchten die Eltern das Unglück, das sie heimgesucht hatte.

Ich ließ die Eskimos mit ihrem Schmerz allein und ging auf mein Zimmer, um einige wichtige Telefongespräche zu führen. Nach zwei Telefonaten erfuhr ich, dass Bruce Dobler noch in Valdez war und erst übermorgen an die Prudhoe Bay fahren würde. Da hatte ich wirklich großes Glück gehabt, ihn trotz der Verspätung noch zu erreichen! Mit ihm wollte ich nämlich an der Pipeline entlang 1500 km mit dem Lkw nach Norden an den arktischen Ozean fahren.

An diesem Abend ging ich ins Nugget Loan in der Third Avenue. Ich wollte das traurige Kapitel von den Smoke Mountains abschließen und feiern, dass ich heil aus dieser verdammten Ecke zurückgekehrt war. Jetzt, da alles vorbei war, kam es mir vor wie ein böser Traum. Barkeeper Peer Olson, ein blonder Nordmann schwedischer Abstammung, hatte den 20-Meter-Tresen seiner Bar unter Kontrolle. Das war nicht einfach, denn was man da an Bier und Whisky in sich hineinschüttete, konnte einem Horrorfilm entsprungen sein. Es war eine Sammlung der wildesten Typen, die mir je untergekommen waren: Goldsucher, Pipeliner, Eisbärenjäger, Fallensteller, Walfänger, Schlittenführer, zerzauste Eskimos, verkommene Indianer. Der Qualm war beißend, der Spektakel ohrenbetäubend und die Bude zum Bersten voll gestopft. Ich drängte mich zum Ausschank und brüllte: »Bier!« Anders konnte man sich in diesem Höllenlärm nicht bemerkbar machen. Ein klein geratener Eskimo mit viel zu großer Fellkappe schrak zusammen, lallte etwas und schnarchte weiter.

Eine alte Indianerin mit Stirnglatze kippte ununterbrochen Schnaps in sich hinein. Nun wandte sie sich mir zu, um mir etwas Wichtiges zu berichten. Ich verstand nichts. Sie versuchte es wieder. Hoffnungslos. Schließlich griff sie sich in den Mund und holte ihr Gebiss heraus, das sie an den Glasrand hängte. Jetzt glaubte die Alte, sich deutlicher artikulieren zu können, und beugte sich ganz dicht an mein Ohr. Aus dem Schwall feuchter, übel riechender Worte hörte ich nur »Shit« heraus, und das gleich viele Male. Mit einem Mal wurde ihr Kopf schwer und rutschte auf die Theke. Peer Olson räumte das Glas mit der einen Hand ab, mit der anderen drückte er ihr das Gebiss zwischen die Kiefer.

»Auf meine Gäste lass ich nichts kommen, die sind alle in Ordnung«, sagte er. »Nur mit dem Alkohol können sie halt nicht umgehen. Für Indianer und Eskimos artet alles in einen Wettkampf aus, und zwar geht's darum, wer zuerst voll ist.«

Valdez: Nach Norden in die Zukunft

Auf dem Merrill Field schlug schon knatternd der Propeller des Hubschraubers der »Alyeska Pipeline Service Company«. Ich zeigte ein Empfehlungsschreiben der BP London, eilte gebückt zum Cockpit und hievte mich mit prall gefülltem Rucksack auf den Copilotensitz hinauf. Die Tür wurde zugeschoben. Wir hoben mit dem Heck zuerst ab und stiegen in die klare Luft der Bergwelt Alaskas auf. Zehn Minuten später tauchten wir östlich von Anchorage in die atemberaubende Gletscherregion der Chugach-Berge ein, huschten schroffe Felswände entlang, glitten durch enge Täler, jagten über zackige Felswipfel oder tanzten über endlose Gletscherzungen, die irgendwo in viertausend Meter Höhe begannen, durch Täler wanderten und in den Prince William Sound stürzten. In den Chugach Mountains schieben sich die mächtigsten Gletscher der Welt abwärts. Der Malaspina allein ist größer als die Schweiz! Wir drehten nach Süden ab, an die Eiskante des Columbia Glacier. Ich glaubte, das Bersten und Krachen der kalbenden Gletscherzunge zu vernehmen. Eisblöcke, groß wie Mehrfamilienhäuser, donnerten ins Meer – entfesselte Urnatur!

Wenig später überflogen wir den tiefblauen Fjord »Valdez Arm« und die ersten Häuser des kleinen Fischerortes Valdez, dem spanische Seefahrer seinen Namen gegeben haben. Die Szenerie beherrschend: das Ölterminal. Noch war es im Bau. Es wird das größte und modernste werden. Ich zählte 18 gewaltige Rohrtanks, in zwei Ebenen in den blanken Felsen gesprengt, von denen, Riesenfingern gleich, vier Piere in den Fjord ragten, mit

Barrow
NORDPOLARMEER
Prudhoe Bay
Deadhorse
Franklin Bluffs
Colville River
Sagavanirktok River
Happy Valley
Toolik
BROOKS RANGE
Galbraith
Atigun
Chandalar
Dietrich
Coldfoot
Polarkreis
Prospect
Fort Yukon
KANADA
Old Man
Yukon River
Five Mile
Tanana
Livengood
Yukon River
Fairbanks
Nenana
TRANS-ALASKA-PIPELINE
Ort Bau-Camp
Pipeline:
unterirdisch
überirdisch
Fluss
Grenze
N
0 50 100 Meilen
0 50 100 150 km
Mount Mc.Kinley 6187 m
Delta
Tanana River
Dawson
ALASKA RANGE
Isabel Pass
Glennallen
Palmer
Tonsina
CHUGACH MOUNTAINS
Anchorage
Valdez
Verlade Station
Cordova
Seward
Cook Inlet
Golf von Alaska

jeweils quer liegenden Kopfstationen für mindestens ebenso viele 200 000-Tonnen-Tanker. Hier endete also die Alaska-Pipeline, der Welt spektakulärstes und teuerstes Bauvorhaben. Das Jahrhundertwerk der Ölmultis. In nicht allzu ferner Zukunft wird eine Ölboa pro Tag 2 Millionen Barrel (ca. 320 Millionen Liter) schwarzes Gold aus der polaren Tundra in die Leiber der Supertanker speien! Aber noch war es nicht so weit, noch war alles eine gigantische Baustelle, auf der Kolonnen von Baufahrzeugen wühlten und turmhohe Kräne kreisten. Ein größerer Gegensatz zu dem Alaska, das ich bei Tom Leesk kennen gelernt hatte, war kaum vorstellbar.

Ganz betäubt von dem Lärm und dem Krach auf der Großbaustelle, betrat ich die Kantine des Camps, die gut tausend Leute fasste. Bruce Dobler saß inmitten einer Gruppe abenteuerlicher Gestalten und säbelte an einem mächtigen Steak herum. Im Nacken hing ihm ein schwarzer Cowboyhut.

»Prima«, schmatzte er vergnügt, »du bist also der Verrückte, der mit mir nach Deadhorse will?« Die Gruppe feixte und lachte.

»Haste auch dein Testament gemacht, Cheechako?«, frotzelte einer mit einem roten Bart wie Rübezahl und zog sich mit dem Messer ein Stück Fleisch durch die Zähne.

»In einer Stunde geht's los, am besten lädst du dir am Büfett ein paar Teller voll. Ich kann nicht garantieren, dass es bald wieder was gibt«, rief mir Bruce zu.

Gehorsam steuerte ich die Essensausgabe an und staunte nicht schlecht, denn was dort an die Pipeliner verteilt wurde, war lukullisch: Suppen als Vorspeise, zum Hauptgang Rindfleisch, Geflügel, Schinken, Schweinebraten, Gemüse aller Art, zum Nachtisch Torten. Mir lief das Wasser im Mund zusammen.

Mit einem randvoll gefüllten Teller, der mehr eine Schüssel war, setzte ich mich zu der Gruppe. Langsam bekam ich heraus,

In den Chugach Mountains schieben sich die mächtigsten Gletscher der Welt abwärts

Die Kantine in Valdez konnte sich sehen lassen

was die Typen so trieben. Billy, der mich gerade Grünschnabel genannt hatte, war Schweißer und kam aus Oklahoma. Als es vor zwei Jahren an der Pipeline richtig losging, zwängte er sich in seinen alten Buick, ließ Frau und Kinder allein und verdingte sich bei der »Gesellschaft«, das war die Alyeska, die mittlerweile 25 000 Arbeiter verpflichtet hatte. An der Pipeline gehörte er mit den Drillern, Drivern und Fittern (Rohrzusammensetzern) zu den Großverdienern. 100 000 Dollar im Jahr war keine Seltenheit. Billy hatte Geld praktisch gegen Familie getauscht. Ruth, seine Frau, war im letzten Jahr mit ihrem Friseur durchgebrannt. Gerade prahlte er mit seinen Erlebnissen auf Hawaii, wo er zwei Wochen Urlaub gemacht und mit den Mädchen 30 000 Dollar auf den Kopf gehauen hatte: »Ob ihr's glaubt oder nicht, Billy Gummer war vierzehn Tage und ebenso viele Nächte der uneingeschränkte Inselfürst. Da konnte nicht mal der Gouverneur dran klingeln!«

Ron Baxter war Driver und preschte noch vor drei Monaten den *kamikaze trail,* so wurde die Schotterstraße entlang der Pipeline genannt, rauf und runter. Er war der Schnellste. In 28 Stunden jagte er einen mit Stahlrohren beladenen 40-Tonner vom Isabel-Pass bis Franklin Bluffs über zwei Gebirge – und das im Winter. Wenn es um Zeit ging, wurde Ron gerufen. Erst als er den zweiten Truck in den Abgrund schickte, war er für die Piste zu teuer geworden. Jetzt spielte er in Valdez Stapelfahrer und war todunglücklich.

»Ich gäb 'ne Menge dafür, wieder 'n ordentlichen Bock unterm Hintern zu haben«, jammerte er. »Diese Stapler sind die reinsten Spielzeuge.«

Bruce lachte und stieß mich an. »Weißt du, was die Spielzeuge packen, Biber? Ein ganzes Haus, wenn's sein muss!«

Thomas Smith, ein deutschstämmiger Bursche mit Stiernacken, war der ruhigste in der Runde. Er hatte Glück im Unglück gehabt. 1969 hatte er sich mit Frau und Kind im Wohnwagen von den Appalachen nach Alaska aufgemacht und war einer der ersten an der Pipeline gewesen. Dann kamen die Umweltschützer auf den Plan, und auf richterlichen Beschluss wurde der Pipelinebau gestoppt. Smith wurde arbeitslos und hielt sich mit Gelegenheitsjobs über Wasser. Wenn er nichts verdiente, mussten sie sich mit ein paar Tellern warmer Suppe von der Heilsarmee begnügen. Mehr als einmal war er drauf und dran, abzuhauen. Endlich, vier Jahre später, ging es weiter. Die Alyeska rief zur Mobilmachung auf und warf 25 000 Arbeiter an die Pipeline. Smith war dabei. Für einen Traumlohn von 18 Dollar pro Stunde trieb er bei minus 60 Grad Celsius den Meißel ins Ölfeld und büßte dabei zwei Finger ein. Für das gleiche Geld setzte er im Camp *Happy Valley,* nördlich der Brooks, Rohre zusammen, wobei sein linkes Ohr abfror. Thomas Smith war schweigsam geworden. Er wusste, was es heißt, nördlich des Polarkreises zu arbeiten, wenn der Atem zu Eis gefror. Das sauer verdiente Geld wurde auf die hohe Kante gelegt. »Wenn der Rummel hier vorbei ist, werde ich Cathy und Little Joe in den Wagen laden, und ab geht's nach Kalifornien, wo ich mir ein Häuschen mit Garten kaufe. Keinen Tag länger bleibe ich in dieser verdammten Ice-Box Alaska«, schwor er.

Bruce Dobler war Junggeselle, 40 Jahre alt, etwa 1,85 Meter groß und massig gebaut. Sein Gesicht war kantig, mit wachen Augen und festem Blick. Trotz des harten Zuges um die Mundwinkel verriet sein Gesicht eine gewisse Sensibilität. In den Camps hieß er schlicht der »Schreiber«. Er sprach nie über sich. Man erfuhr über ihn nur etwas aus der Presse oder auf Empfängen, wenn er einen neuen Roman vorstellte. Er hasste es, aus seinem Leben zu erzählen. Ich hatte gelesen, dass er aus New York stammte, Philosophie und Geschichte studiert hatte und ein recht erfolgreicher Schriftsteller war. Er gab sein geregeltes Stadtleben von einem Tag auf den anderen auf, als am 13. März 1968 Öl im Eis entdeckt wurde. Mit dieser Entdeckung stand Alaska an der Schwelle einer Revolution, die das Land endgültig und brutal aus seinem Dornröschenschlaf reißen sollte. Da prallten Gegensätze wie nirgends auf der Welt aufeinander: Exxon, Arco, BP – die mächtigen Ölmultis – auf die Friends of the Earth und den Sierra Club – die einflussreichsten Umweltschutzverbände Amerikas –, in einem Land wie Alaska, das ökologisch so erschreckend leicht »umkippen« konnte. Das war Konfliktstoff, das war gesellschaftspolitisches Dynamit, das den engagierten Zeitgenossen Bruce packte. Er musste hautnah dabei sein. Er musste den »Gefechtslärm« hören und den »Pulverdampf« riechen. Das konnte er nur vor Ort, wo er sich als Fahrer verdingte. Sein erstes Buch brachte ihm fast den Rausschmiss ein. Das zweite, kritisch, aber objektiv, fand Anerkennung in allen Lagern: bei den Managern, den Umweltschützern, den Arbeitern, den Eskimos und Indianern. Bruce hatte sich den Ruf eines ehrlichen Maklers erschrieben. Das grenzte in der gereizten Atmosphäre, in der sich die Kontrahenten nur über Rechtsanwälte unterhielten oder im Gerichtssaal trafen, an ein Wunder. Für mich war Bruce Dobler der richtige Mann, um im Lkw der Pipeline bis an den Anfang, bis ans Polarmeer, zu folgen. Über die »Gesellschaft« machte ich ihn ausfindig, und jetzt war ich mitten in seiner Welt.

Bruce stieg mit mir eine Anhöhe hinauf, von der man einen Teil des Ölhafens überblicken konnte. Hier trat der Lärm als rauschende Kulisse in den Hintergrund.

»350 Hektar ist das Gelände groß. Klimatisch zwar ein idealer Platz, denn der Alaska-Strom sorgt dafür, dass der Prince William Sound das ganze Jahr eisfrei bleibt, aber seismologisch ein hochaktives Gebiet. Hier ist mit Erdbeben von Stärke 8,5 auf der Richterskala zu rechnen. Die Tankbatterien da links, mit je 70 000 Tonnen Fassungsvermögen, wurden 170 Meter über der Bucht auf Fels verankert. So sollen sie den Erdbeben widerstehen und für Flutwellen unerreichbar sein. 1964, beim stärksten Beben Nordamerikas, schleuderten Flutwellen von zwanzig, dreißig Meter Höhe bei Valdez Schiffe aufs Land. Der Ort selbst wurde regelrecht weggewischt. Und in Seward, 150 Meilen südwestlich von hier, zerrissen Öltanks, und der Hafen verschwand in einer riesigen Spalte. Das Öl fing Feuer – Stadt, Küste und Wasser verwandelten sich in ein loderndes Flammenmeer. So etwas darf sich niemals wiederholen!«, schloss Bruce.

Wir schauten zur anderen Seite hinüber, zum ursprünglichen Valdez. »Da ist auch nicht alles beim Alten geblieben«, erklärte er. »Schau dir die Wohnwagensiedlungen an. Valdez musste einer Einwohnerexplosion von 1200 auf 6000 Herr werden. In sechs Jahren 400 Prozent! Fast im gleichen Maße stiegen Krimi-

Bruce Dobler, Schriftsteller und »Aussteiger«

nalitäts- und Inflationsraten – die Pipeline hat verdammt dunkle Schatten auf dieses Land geworfen!«

Zum Nachdenken gab es keine Zeit, denn schon waren wir wieder mitten im Gewühl und der Hektik fieberhafter Bauaktivität. Der Baustopp hatte die Konzerne Milliarden gekostet. Wenn nicht bald das Öl floss, würden selbst Ölriesen wie BP und

Ölhafen Valdez im Bau

Standard Oil of Ohio ins Wanken geraten. Zinsen und Investitionen verschlangen Unsummen. Zu Beginn war das Projekt auf 900 Millionen Dollar veranschlagt worden. Wenn es fertig ist, wird es 9 Milliarden kosten! Kein Bauvorhaben der Welt hat bisher solch einen Kostenanstieg zu verzeichnen gehabt. In Valdez kämpften 6000 Bauarbeiter in Tag- und Nachtschichten darum, den Terminplan einzuhalten. Muldenkipper, Radlader, Bulldozer – von allem das Größte – wühlten sich durch schlammige Baustraßen. Ein Fahrzeugverkehr wie im Zentrum einer mittleren Großstadt, der sich nur durch Ampelanlagen und Verkehrsposten regeln ließ. Gerade stoppte ein fesches Mädchen mit rotem Helm inmitten einer Kreuzung vier Meter hohe Kipper, um auch einmal Schwächere weiterzulassen. Geschweißt und montiert wurde überall. Da blitzten die Elektroden an den letzten

Tanks, da sprühten die Funken an 1,20 Meter dicken Pipelinerohren, die sich nach und nach zu einer 1300 Kilometer langen, eisernen Schlange zusammenfügten.

Bruces Laster war ein Dodge mit 450 PS und sieben Achsen, beladen mit 30 Tonnen, das sind drei Pipelinerohre. Das ganze Führerhaus war mit Fotos von kurvenreichen Pin-up-Girls beklebt. Die Pferdestärken heulten ungeduldig auf, als er das Gas kitzelte. Langsam drehte der Truck seine Runde zur Ausfahrt. Unter der Last knirschte der Kies. Schon ein erhebendes Gefühl, so hoch und frei über dem Highway auf dem Bock zu sitzen.

Schon lag das Camp Valdez hinter uns. Bruce steuerte sein Fahrzeug mit ziemlichem Tempo nach Norden, direkt in die Chugach-Berge. Soweit möglich, folgten wir der Pipelinetrasse. *Sheep Creek* sollte die erste Station sein, ein Camp am Rande des Keystone Canyon. Ich brauchte keine halbe Stunde, um zu erkennen, dass Bruce Dobler ein raubeiniger Klotz mit feinfühligem Kern war. Er war ein Mensch, der alles beobachtete, registrierte und darüber nachdachte. Als Intellektueller unter einem aus aller Welt zusammengewürfelten Haufen bärbeißiger Typen

Schweißer bei der Arbeit an der Pipeline

Diese 450 PS starken Laster schaffen den Nachschub für die Pipeline heran

hätte er, ohne ihre Umgangsformen anzunehmen, keine Chance gehabt. »Muttersöhnchen«, »Stubenhocker«, in diese Kategorie wurde er in den ersten Wochen bei den Pipelinern eingestuft. Und er konnte sich erst Respekt verschaffen, als er einigen Anführern die Visagen polierte, beim Pokerspiel zwei Monatslöhne setzte, soff und hurte wie ihresgleichen und wie ein Ochse schuftete. Von Bruce erzählte man sich, dass er zwischen Galbraith und Atigun als Aushilfsmonteur bei minus 40 Grad 48 Stunden geschuftet hatte. Als er ins Camp zurückwankte, erfuhr er, dass die »Rote Conny« mit ihrer Truppe im mobilen Freudenhaus eingerollt war. Für ihn gab es kein Halten. Im Nu brachte Bruce den durchgefrorenen Laden in Hochstimmung. Eine Leistung, die ihn zum Nordlandhelden machte; und es gab keinen mehr, der Bruce nicht ernst genommen hätte.

»Wie geht's Tom?«, fragte er auf einmal ins monotone Brummen hinein.

Ich stutzte. »Du kennst ihn?«, fragte ich erstaunt.

»Wer kannte ihn nicht? Er hatte an der Baustelle was zu sagen«, erwiderte Bruce.

»Ehrlich gesagt – es geht ihm nicht gut.«

»Ich werde ihn mal besuchen.«

»Ich fürchte, da musst du dich beeilen!«

»Armer Teufel, der Tom«, bemerkte Bruce nachdenklich. »Das hat er alles seiner Frau zu verdanken.«

»Seiner Frau?« Ich sah den Fahrer neugierig von der Seite an.

»Helen war Wortführerin bei den Friends of the Earth in Anchorage«, erklärte Bruce. »Sie sah alles nur durch die grüne Brille der Umweltschützer. Fanatisch und einseitig, weißt du. Sie hat ihren Alten so lange traktiert, bis er sich vor lauter Gewissensbissen in die Wildnis flüchtete. Damit der Schritt auch endgültig war, setzte sie durch, dass alle irdischen Güter unter den Hammer kamen. Sie sah sich als verkappte Heilige, deren Reich nicht von dieser Welt war.«

»Und das alles ließ der starke Tom mit sich geschehen?«

»Tom war nicht stark«, widersprach Bruce, »ganz im Gegenteil – ein ruheloser Schwächling ohne Standpunkt. Eine Null ohne seine Frau und ohne den ›Apparat‹ der Gesellschaft.«

»Merkwürdig, aber heute muss ich dir Recht geben; vor ein paar Jahren noch hätte ich dich ausgelacht.«

»Helen ging mit einer penetranten Hartnäckigkeit vor. ›Ihr mit eurer Giftschlange teilt Alaska in zwei Hälften. Sollte sie jemals fertig werden, so habt ihr zigtausend Tiere und das letzte Naturparadies der Erde auf dem Gewissen. Und beim ersten Erdbeben reißt die Schlange, und das Öl wird sich wie ein Giftteppich über das Land ergießen …‹«

»Ist doch was Wahres dran?«, unterbrach ich.

»War etwas dran! Lass dir das erklären. Ursprünglich bin ich nach Alaska gekommen, um das ›Monster‹ zu bekämpfen, wie Helen. Ich sah, wie die Bohrgesellschaften in der Arktis wüteten.

Da wurden Tiere abgeknallt, Unrat wahllos vor die Tür geworfen und kreuz und quer über die Tundra gefahren und der Pflanzenbewuchs für Jahrzehnte zerstört. Das Pipelinekonzept war auf ökonomischen Nutzen ausgerichtet, ohne die Eigentümlichkeiten Alaskas zu berücksichtigen. In der Tat hätte es die Wechsel der Karibus zerschnitten, hätte das nächste größere Erdbeben das Röhrenwerk zerfetzt und die schwarze Pest über das Land gebracht…«

Bruce schaltete in einen niederen Gang, die Piste wurde steiler. Außerdem schneite es große, nasse Flocken. In den Kehren kamen die Felswände immer schroffer und näher an die Fahrbahn heran.

»… und dann ist da ein Ölfeld, eines der mächtigsten der Erde, mit rund 50 Milliarden Barrel – wenn nicht mehr! Nur ein Narr kann ernstlich glauben, dass diese Energiemenge brachliegen kann – in unserer rohstoffhungrigen Welt!«

Bruce schob seine spiegelnde Sonnenbrille auf die Stirn und warf mir einen eindringlichen Blick zu. »Es galt, Wege zu finden, die eine Gewinnung unter größtmöglicher Sicherheit mit den schonendsten Mitteln ohne Rücksicht auf kommerzielle Interessen garantierte und durchsetzte. Ich glaube, man hat sie gefunden. Du wirst es selbst sehen. Dabei haben die Umweltschützer entscheidend und verantwortungsvoll mitgewirkt.«

»Du meinst, die Aufgabe der Verbände bestand darin, dafür zu sorgen, dass das Öl auf umweltfreundlichste Art und Weise gefördert und quer durch das Land gepumpt werden würde?«

»Genau. Und es ist ihnen gelungen! Ich würde nicht länger für die Gesellschaft arbeiten, wenn ich an der Zerstörung Alaskas beteiligt wäre. Erstmals in der Welt haben es Verbände geschafft, die Konzerne auf ihrem unaufhaltsamen Weg ans Öl zu stoppen, und haben sie gezwungen, über Umweltschutz, ökologische Zusammenhänge, sanfte Technologien nachzudenken.

Technischer Fortschritt und Erhaltung der Natur haben sich in Alaska erstmals vereinbaren lassen

Das war eine Sensation! Die Resultate haben unheimliche Summen verschlungen, die kein Geschäftsmann bereit wäre, freiwillig auszugeben!«

Die Serpentinen der Schotterstraße wurden enger. Von Steinschlägen herrührend, lagen bisweilen kartoffelsackgroße Felsbrocken herum. Bruce konzentrierte sich auf die Fahrbahn.

Durch die Chugach Mountains

Keystone Canyon: Die Piste gewährte einen Blick in eine Landschaft von Fels, Stein und Schluchten. Eine Rinne, in den Fels gefressen, zeigte die Trasse der Rohrleitung. Hier stieg sie im Winkel von 52 Grad an und verschwand im Canyon. Hubschrauber knatterten in der Luft wie Riesenvögel; an Stahltrossen hingen Bulldozer. Ein Lärm, der sich an den Wänden hundertfach brach, ließ die Luft erzittern. An anderen Trossen schwebten Rohre, Baumaterial. Dutzende von Monteuren und Schweißern hingen an Seilen – arbeiteten zwischen Himmel und Erde. Es war ein Wettlauf mit der Zeit. Es galt, die letzten Meter vor dem Einbruch des arktischen Winters zu verlegen und zu hinterfüllen. Immerhin wirbelten schwere Flocken und breiteten sich hartnäckig als weißes Tuch aus.

»Dieser Abschnitt ist eine Herausforderung an die Technik«, meinte Bruce. »Eine unterirdische Verlegung, die mit tonnenschweren Ankern erdbebensicher gemacht wird. Im Frühjahr kommen dann die Botaniker und werden die aufgerissene Narbe, sofern sie bewachsen war, mit Bäumen, Gras und Buschwerk unkenntlich machen.«

In einem Kessel lag Sheep Creek, ein Camp für 1000 Mann. Beim Eintreffen stob der Schnee so dicht, dass man kaum zwanzig Meter weit sehen konnte. Während die Rohre abgeladen und auf eine riesige Halde gestapelt wurden, gönnten wir uns in der Kantine eine Tasse Kaffee.

Pipeliner, die freihatten, vertrieben sich die Zeit mit Billard oder Tischtennis. Andere saßen am runden Tisch und schmetter-

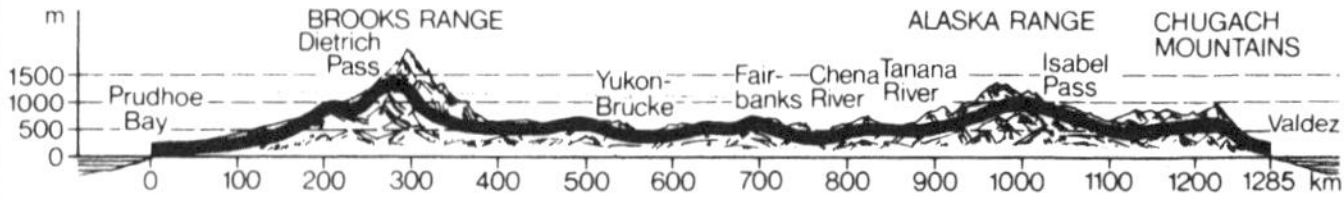

Das Profil der Alaska-Pipeline:

1285 km über 400 Flüsse und von 0–1400 m Höhe
Temperaturunterschiede: Winter – 65 bis –3° C
Sommer +8 bis –25° C

ten Karten. Bruce wurde mit Hallo begrüßt und erfuhr das Neueste aus dem Camp: »Joe Coller haben sie gefeuert, wurde mit Hasch erwischt. Das hat vielleicht einen Wirbel gemacht. Die Bullen haben alle Spinde auf den Kopf gestellt!«

»Auch das noch! Reicht es euch nicht, ewig besoffen zu sein?«, lachte Bruce.

»Den alten Jimmy hat's oben am Pass erwischt; ein Stahlseil hat ihn in zwei Teile zerschnitten.«

»Der alte Jimmy, verdammt, das hat er weiß Gott nicht verdient. «

Bruce ging hinüber in den Fitnessraum, hängte sich an die Sprossenwand und zog sich mit angewinkelten Beinen zwanzigmal hoch. Anschließend setzte er sich fünf Minuten an die Rudermaschine. Wir schritten wieder hinaus in das Schneegestöber, als uns einige tief vermummte Pipeliner entgegenkamen.

»Ein Sauwetter!«, fluchten sie. »Oben am Pass herrscht ein Sturm von Stärke acht, da kommt jetzt keiner mehr raus.«

Gebückt, uns gegen Wind und Schnee schützend, liefen wir zu unserem Truck. Auf der Ladefläche lag jetzt Bauholz für Delta Junction, ein Camp 200 Meilen nördlich, am Tanana-Fluss.

Ob klirrender Frost oder Schneesturm, die Arbeit muss weitergehen

»Das kann ein lausiger Winter werden«, meinte Bruce, als er die Bremse löste. »Und eine lausige Fahrt an die Bay. Hoffentlich bist du gut ausgerüstet. Der Winter hier hat schon so manchen auf dem Gewissen. Überleg dir gut, ob du nicht doch lieber kehrtmachst.«

»Red keinen Quatsch, Bruce, und fahr los. Wenn's sein muss, schlaf ich bei minus 40 Grad draußen«, gab ich großspurig zurück.

Bruce lachte mitleidig. »Bei minus 30 Grad wirst du steif wie ein Brett und erfroren sein. So viel Schnee kannst du gar nicht auf dich draufpacken, um warm zu bleiben.«

Wir nahmen den Nordausgang und fuhren eine Viertelmeile an kistenförmigen Wohnkabinen, den vorgefertigten Unterkünften, vorbei. Die Kisten waren kasernenmäßig akkurat ausgerichtet. Fehlte nur, dass ein Feldwebel »Raustreten!« brüllte.

Kurz vor Tonsina begann die Ebene mit dem Copper-River-Tal. Das Schneegestöber hatte sich gelegt, und ich sah erstmals ein fertiges Stück Pipeline, das sich mal unter, mal über der Erde silbrigglitzernd dem Horizont entgegenschlängelte. In der Tat wie ein Reptil mit hohen, spitzen Stacheln.

»Im Zickzackkurs durchs Erdbebengebiet«, sagte Bruce. »Erdstöße können durch diese Konzeption abgefangen werden. Außerdem liegen die Rohre auf flexiblen Stützen, sodass sie in der Vertikalen und Horizontalen um einige Meter ausschlagen können. Das System ist eigens für Alaska entwickelt worden. Die Stacheln an den Stützen sind Verdampfer eines Gefriersystems, welches verhindert, dass der Permafrost taut und dadurch die Stützen versacken lässt.«

»Und die silbrige Verpackung?«

»Das Öl kommt 80 Grad heiß aus dem Boden. Bis Valdez kühlt es auf 20 Grad ab. Damit es nicht noch mehr abkühlt, wird das Röhrenwerk in eine zehn Zentimeter dicke Isolierschicht

Im Zickzackkurs wird die Pipeline durch das Erdbebengebiet geführt

Auf 1285 km Länge windet sich die Pipeline durch Alaska

mit Aluminiummantel gepackt. Wenn die Temperatur des Öls unter 10 Grad fällt, verliert es nämlich seine Pumpfähigkeit.«

Nun bearbeitete Bruce das Gaspedal, und mit hohem Tempo rauschten wir durch die mit vielen kleinen Seen bedeckte Hochebene. Im freien Lauf der Pferdestärken machte der Turbolader ein Geräusch, das wie eine Mischung aus Düsenantrieb und Teekesselzischen klang. Zerzauste Fichten standen vereinzelt in braunem, hart gefrorenem Sumpf und huschten wie Schatten vorbei. Wieder stieg das Gelände an. Über die Passstraßen klettern war wie fliegen: Zeitweise hingen wir mitten in dicken Wolkenbergen. Dann war die Sicht wieder frei auf Berggipfel oder tiefe Taleinschnitte, die sich irgendwo verloren. In dem fahlen Licht der Dämmerung nahmen die Berge eine violette Färbung an; die Piste war nur noch zu ahnen.

»Warum, um Himmels willen, fährst du ohne Licht?«, fragte ich Dobler.

»Weil ich möglichst keinen Elch vorm Kühler haben will«, antwortete Dobler, ohne den Blick von der Fahrbahn zu nehmen. Die Piste hatte sich zu einem Kiesdamm entwickelt, der etwa zwei Meter über gefrorenes Moor führte.

Kurz vor 22 Uhr trafen wir in Delta Junction ein. Ich war hundemüde, duschte und kroch in meinen Schlafsack, den ich auf einer Kantinenbank ausrollte. Bruce machte es sich in seinem Notbett im Führerhaus bequem.

Der Yukon

Um fünf Uhr rüttelte mich Bruce wach. »Auf geht's, wir haben wieder Rohre für Five Mile geladen.« Schlaftrunken wankte ich aus der Kantine. Draußen wurde ich sofort hellwach. Ein eisiger Wind blies mir ins Gesicht und ersetzte das Waschen. Noch in der Dunkelheit brausten wir über den Tanana, einen der großen Nebenflüsse des Yukon, in Richtung Fairbanks. In Wainwright, einem kleinen Camp, kehrten wir ein und machten uns mit schwarzem Kaffee munter. Neben uns hatte sich Fred Akujac niedergelassen, den Bruce natürlich kannte. Fred war ein zierlicher Mann mit breitem Gesicht und schulterlangem, blauschwarzem Haar. An der Pipeline hatte er schon in den verschiedensten Jobs gearbeitet. Anfangs führte er ein Jahr lang Schwertransporte durch: Baumaschinen oder Rohre für die Camps. Das hatte ihm am meisten Spaß gemacht. Dabei fühlte er sich frei und leicht, als würde er durch die Wälder am Yukon pirschen. Fred war nämlich Indianer aus Stevens Village. Während des Baustopps bekam er einen Pinsel in die Hand gedrückt, um die Rohre zu streichen – die er zuvor transportiert hatte –, damit sie nicht rosteten. Hin und wieder fuhr er Lkws oder war Handlanger bei Montagen. Inzwischen hatte er einen Schweißerlehrgang absolviert und gehörte somit zur Elite der Pipeliner.

Fred nickte eifrig, während Bruce erklärte, welchem Umstand er seinen Aufstieg zu verdanken hatte: Durch Ölvorkommen und Pipelineplanung mobilisiert, hatten die Indianer und Eskimos vor dem Obersten Gerichtshof in Washington einen Entschädigungsprozess angestrengt und ihn auch gewonnen. Der

Native Claims Settlement Act sicherte den Ureinwohnern 162 000 qkm Land zu, das sind mehr als 11 Prozent der Gesamtfläche, sowie eine Entschädigungssumme von einer Milliarde Dollar. Mit diesem Kapital beteiligten sich die Indianer und Eskimos auch an Unternehmen, die sich um die Ausbildung der Ureinwohner kümmerten.

»Die Transportgesellschaft, für die Fred fährt, gehört zum Beispiel einer Indianervertretung«, schloss Bruce.

»Nur wenige von meinen Brüdern haben Arbeit«, sagte der Indianer. »Viele tausend strömen aus den Wäldern und meinen, leichtes Geld bei der ›Gesellschaft‹ machen zu können. Aber die ›Gesellschaft‹ braucht niemanden mehr. Anstatt in ihre Jagdgründe zurückzukehren, bleiben sie in den Städten und werden Sozialfälle, die der Alkohol restlos kaputtmacht!«

Nun ging's den Elliott Way in nordwestlicher Richtung hinauf zum Yukon. Vor zwei Jahren noch war der sechzig Meilen lange Sommerweg bis Livengood das unwiderruflich letzte Stück Weg nach Norden in Alaskas Wildnis. Nach diesen sechzig Meilen gab es kein Weiterkommen mehr.

Als der Startschuss für das Projekt im Januar 1974 fiel, stampfte die »Gesellschaft« mit viertausend Arbeitern und fünf Baufirmen in fünf Monaten eine Baustraße von 585 Kilometer Länge aus dem jungfräulichen Boden. Selbst für amerikanische Verhältnisse eine Rekordzeit! Zweck der Unternehmung war, eine ganzjährig befahrbare Nachschub- und Versorgungsader zwischen den Ölfeldern an der Bay und dem Ende des Alaska-Highways parallel zur Pipeline zu schaffen.

Die Landschaft wurde nun schlagartig anders: unberührter, bedrohlicher… menschenfeindlich. So weit das Auge reichte, erstreckte sich froststarrer Urwald. Hier draußen wurde der Kampf ums Dasein noch in der Brutalität vergangener Zeiten ausgetragen. Nicht die Menschen, sondern die Natur machte die

Gesetze! Und die Gesetze waren hart und grausam. Jetzt begann das Land, wo die Wölfe das Karibu rissen, wo ein hungriger Grizzly Angst und Schrecken verbreitete wie schon vor hundert und aberhundert Jahren. Aber die Straße, auf der wir dahinbrausten, führte in eine neue Zeit – ins technische Zeitalter, in dem auch der letzte ursprüngliche Winkel aufgestöbert wurde.

Zwei Stunden später erreichten wir das Einzugsgebiet des Yukon.

»Jetzt fahren wir über einen der wenigen ungebändigten Flüsse der Erde«, rief mir Bruce zu. »Erst vor drei Jahren wurde die erste Brücke über ihn geschlagen. Im Winter davor, als die Straße schon fertig war, unterbrach der Yukon den Nachschub für Bohrmaterial, Wohneinheiten, Generatoren – Güter, die ungeduldig in der Arktis erwartet wurden. Was tun? Mit Feuerwehrschläuchen spritzte man Wasser auf die natürliche Eisdecke. Das Eis des Flusses baute sich drei Meter dick auf. Im Winter '74 bildete die Eisbrücke über den Yukon eine strategische Schlüsselfunktion, über die 1350 Lkws mit über 40 000 Tonnen Material rollten.«

Staunend blickte ich den majestätischen Fluss entlang. Er war nicht mehr der Unbezwungene. Sieben Stahlstelzen mit bugförmiger Rammverstärkung aus Beton und Eisen – zum Abfangen tonnenschwerer Treibeismassen, die im Frühjahr jeden Fremdkörper abzuscheren trachteten – trugen die Straße, die parallel zur Pipeline verlief, errichtet mit einem Kostenaufwand von 250 Millionen Dollar.

Das Gelände fiel ab und öffnete sich nach Norden zu einer weißen Ebene, in der eine kleine planquadratische Insel am Horizont die Monotonie der Landschaft unterbrach. Unsere Kiesdammpiste, sie mochte hier zwei Meter hoch und acht Meter breit sein, führte schnurgerade auf diese Insel zu. Sie bestand aus einer schwarzen Fläche und ordentlich aufgereihten weißen

Wir fahren direkt auf Camp Five Mile zu

Kästen. Nun machte ich exakt abgestellte Fahrzeuge in Spielzeuggröße aus. Eine halbe Stunde später fuhren wir durch das Tor von Camp Five Mile.

Die erste Schicht hatte Feierabend. Arbeiter aller Berufsgruppen versuchten, aus der Zwangsgemeinschaft das Beste zu machen. Es gab Musikgruppen, Lesezirkel oder Gymnastikkurse. Die Campleitung organisierte sportliche Veranstaltungen. Aber nicht alle nahmen die Angebote wahr. Sie verlegten sich lieber aufs Spielen, Raufen oder heimliches Trinken.

Bude 582 wurde erst aufgeschlossen, nachdem Bruce dreimal heftig, zweimal sanft geklopft hatte. Der Mann, der die Tür öffnete, murrte unwillig, als er mich sah. Doch Bruce machte verständlich, dass ich »sauber« sei. Daraufhin durften wir in das verqualmte Zimmer eintreten. Auf einem runden Tisch stand eine halb volle Whiskyflasche, von der sich jeder bediente, der gerade Lust auf einen Schluck hatte. Fünf Gestalten, deren Köpfe durch Rauch und Schatten kaum erkennbar waren, saßen um den Tisch. Konzentriert und regungslos. Erst als die Deckenlampe etwas ins Schaukeln geriet, sah ich die angespannten Gesichter, in denen jede Regung krampfhaft unterdrückt wurde. Keiner sprach. Die Stille war elektrisch geladen. Plötzlich griff eine Hand zur Flasche. Es gluckste mehrfach – dann herrschte wieder völlige Ruhe. Einige Dollarnoten flogen auf den Tisch, und der »Topf« wuchs zu einem noch größeren Haufen hingeworfener Banknoten. Pokerface, ein schmächtiger Bursche, rechts von mir, stieß drei Karten ab und kaufte sich drei neue. Lässig zog er sie an sich und schob sie zwischen die anderen. Ich traute meinen Augen nicht, das war ja ein … Alle Achtung, der Bursche hatte sich in der Gewalt, kein Blitzen in den Augen, kein Grinsen – seine Gesichtszüge verrieten nicht die geringste Regung. Tonlos sagte ein Spieler an, und noch mehr Dollars flogen in die Mitte. Im Camp war heute Zahltag gewesen. Bob Summer, der Pokerface gegenübersaß, warf seinen ganzen Wochenlohn auf den Tisch: 1390 Dollar! Als er die Karten sah, wurde er blass. Sein »Full Hand« stand gegen den »Royal Flush« von Pokerface, der genüsslich den Topf einstrich. Mit zittriger Hand griff Bob zur Flasche und nahm einen mächtigen Beruhigungsschluck, dann schlüpfte er durch die Tür nach draußen. Kurz darauf kehrte er mit 1000 geliehenen Dollar zurück und rief halblaut in die Runde: »So, ihr miesen Typen, jetzt werd ich euch zeigen, was 'ne richtige Pokerhand ist. Und euch beiden«, dabei deutete er provozierend auf uns, »rate ich, mitzumachen oder abzuhauen!« Ich hätte mich verdammt noch mal von Herzen gerne verdrückt, aber als ich Anstalten machte, packte mich Bruce am Kragen. »Hier geblieben, Biber – wer wird denn kneifen?«

Man rückte zusammen, um uns Platz zu machen. Während ich meine fünf Karten sortierte, spürte ich ein dumpfes Klopfen in der Magengegend. Die Kerle ruinieren dich, ging es mir durch den Kopf. Die ziehen dir den letzten Cent aus der Tasche, dass du am Ende nicht mehr nach Hause kommst. Mein Blatt war mit »Two Pairs« unter ferner liefen. Ich kaufte drei neue Karten und besserte das Blatt zu einem »Straight« auf. Bob war nervös und eröffnete mit 200 Dollar. Alle zogen mit. 400 Dollar. Ich stieg aus. Sechshundert. Bruce gab auf. Bob schleuderte den Rest seiner 1000 Dollar in den Topf und passte. »Let's see, bastard!«, zischte er. Pokerface breitete seelenruhig seine Karten aus… Unglaublich: »Straight Flush«, wieder das beste Blatt.

»Das Schwein betrügt!«, brüllte Bob, stand auf und schlug Pokerface mit einem Schlag k. o. Nach drei Minuten kam Baxter, wie das Pokergesicht hieß, zu sich und meinte: »Das war mir 2390 Dollar wert!« Dann verschwand er.

Langsam löste sich die Spielhölle auf. Wir schlenderten zwei Block weiter zu einer Fruchtsaftbar – offiziell war Alkohol streng verboten – und schoben anschließend ein paar Mal lustlos die Bowlingkugel. Morgen lag ein schwieriger Abschnitt vor uns: Tundra bis zum Koyukuk River – und die Brooks Range! Wenn alles planmäßig verlief, müssten wir es noch am gleichen Tag bis Galbraith schaffen. Allerdings verhieß der Wetterbericht nichts Gutes.

Tundra und Gebirge

Das Thermometer stand auf minus dreißig Grad Celsius. Bloße Hände und Ohren starben im Nu ab, wurden weiß und, wenn man nicht aufpasste, schwarz. Die trockene Kälte war schmerzlos, aber gefährlich und gründlich wie der Tod! Wir hatten Mühe, den Motor zu starten. Nach ordentlichem Vorwärmen gelang es schließlich. Bruce meinte, dies sei die letzte Nacht, in der wir den Motor abstellen könnten. Oben in der Bay sei es sogar lebensgefährlich und verboten. Zu viele Arbeiter waren in ihren Fahrzeugen erfroren. Als wir uns wieder auf die Piste begaben, war die Luft klar und kalt. Am Horizont zeigte sich die Sonne als gelbe Kugel. Doch kraftlos und kalt wie der Mond.

In der Tundra kamen die Bären. Der mittelgroße Schwarzbär hatte hier sein Reich. Aufgeschreckt machte einer rechts, einer links einen wilden Satz oder versuchte tollpatschig, einige Meter mitzurennen. Bis Galbraith mochten es 250 Meilen sein. Mit Sicherheit eine Tagesreise, denn der Abschnitt durch die Brooks versprach, beschwerlich zu werden. Außerdem hatten wir Wohncontainer geladen, und um sie nicht als Kleinholz abzuliefern, musste Bruce vorsichtig fahren.

Zusehends wurde die Piste schwieriger: stellenweise spiegelblanke Eisflächen, auf denen der Wind schlangenförmig Schnee mit sich riss. Dann tief ausgefahrene Spuren und Schlaglöcher, tückischerweise mit weichem Schnee verweht, einen halben Meter tief. Bisweilen brausten wir durch Verwehungen, die uns für Sekunden die Sicht nahmen. Ein Pkw hätte schon längst aufgegeben oder wäre hoffnungslos stecken geblieben. Plötzlich schlug ich mit dem Schädel gegen das Dach. Dreißig Tonnen Nutzlast gerieten bedrohlich ins Schwanken, wir sackten vorn weg. Bruce brachte den schweren Laster gerade noch vor dem Abgrund zum Stehen. Kein Zweifel: Panne! Vorne rechts war der Reifen geplatzt…

Bruce fluchte wie ein Vollmatrose und pfiff mich an: »Nicht aussteigen! Warte erst ab, ob wir nicht Besuch bekommen.«

Richtig, es dauerte keine fünf Minuten, da lösten sich die ersten schwarzen Punkte im Schnee und bewegten sich auf uns zu: neugierige Schwarzbären!

»Eigentlich ziemlich scheue und harmlose Burschen. Aber die Straßenbauer haben sie gefüttert, und als sie dann damit aufhörten, wurden die Bären bösartig. Ich hab von Fällen gehört, wo Arbeitern Arme und Beine zerfleischt worden sind.«

»Kein geeigneter Platz zum Reifenwechseln«, bemerkte ich, als sich zwei schwarze Gesellen bettelnd an der Tür aufrichteten.

»Warten wir's ab!«

»Wie weit ist Camp Old Man?«

»Vierzehn Meilen vielleicht.«

»Willst du nicht funken und Hilfe anfordern?«

»Wegen einer Reifenpanne?«, fragte Bruce mitleidig.

Ich fand die Idee nicht so schlecht; schließlich wurden wir von hungrigen Bären belagert. Sagte aber nichts mehr. Nach zwei Stunden fing es an zu schneien. Dazu peitschte ein heftiger Sturm über die Tundra. Die Flocken stießen waagerecht gegen die Scheiben. Die Bären verschwanden – einer nach dem anderen. Bruce griff nach hinten in die Schlafkoje, brachte ein Gewehr zum Vorschein und reichte es mir.

»Biber, pass auf, dass mich die Bären in Ruhe lassen.«

Jetzt stülpte er sich eine Wollmütze über die Ohren, schlüpfte in seinen Parka, schaltete die Scheinwerfer auf Fernlicht und sprang hinunter auf die Piste. Mit dem Gewehr im Anschlag saß

Ein ausgewachsener Schwarzbär trollt sich wieder

ich an der Tür und hoffte, dass die Bären fern blieben. Bei meinen Schießkünsten hätte ich sie höchstens verletzt, und dann sähe es für Bruce schlecht aus. Doch alles blieb ruhig.

Nach einiger Zeit klopfte Bruce an die Scheibe und winkte mir zu. Ich stieg aus, und gemeinsam wuchteten wir den Ersatzreifen an die Achse.

Wir fuhren weiter. Bruce steuerte sein Ungetüm von Lkw so vorsichtig, als hätte er rohe Eier geladen. Schnee fiel aus milchigem Dunsthimmel; Piste und Landschaft verschmolzen in eine konturenlose Waschküche. Obgleich die Straße auf einem Damm von mindestens zwei Meter Höhe entlangführte, waren die Seiten der Fahrbahn kaum wahrzunehmen. In jeder Kurve sah ich uns geradewegs den Abhang hinabrollen. Aber noch hatte Bruce seinen Dodge unter Kontrolle.

Wir schlichen an Old Man und später an Coldfoot vorbei, Namen, die an den Wilden Westen und den Goldrausch erinnerten. Die Piste stieg merklich an; wir näherten uns den Ausläufern der

Brooks. Vor uns musste der Dietrich-Pass sein. Das Schneetreiben wurde heftiger. Es war längst dunkel geworden. Warum nur wollte Bruce nicht eines der letzten Camps anlaufen? Die Fahrt über den nächtlichen Pass – bei diesem Wetter! – konnte gefährlich werden und ins Verderben führen. Ich atmete auf, als Bruce den Lkw auf eine Ausbuchtung der Piste steuerte und bremste.

»Wollen das Schicksal nicht herausfordern«, meinte er und grinste. »Gleich kommen ein paar Kehren und Abhänge, die wir uns lieber bei Tage ansehen sollten.«

Aus einer Thermosflasche gossen wir uns schwarzen Kaffee in Becher und säbelten einen Streifen zähes Elchfleisch vom Stück. Bruce kaute endlos und genüsslich darauf herum. Zwischendurch erzählte er, dass der getrocknete Elch von einem Indianer aus Stevens Village stamme. In den Camps sei so eine »Delikatesse« nicht zu bekommen. Aber mit den zähen Fasern zwischen den Zähnen konnte ich keinen Genuss empfinden. Bruce rollte seinen Schlafsack in der Bettnische aus, während ich mich auf den Sitzen ausstreckte.

Der Truck brummte die ganze Nacht hindurch. Einige Male schreckte ich auf, da ich von dem Albtraum verfolgt wurde, der Lkw brause führerlos durch die Brooks. Im Gebirge wütete der Frost. Es knallte und donnerte, als explodierten Sprengladungen. Dann polterten Felsbrocken und loses Gestein in die Tiefe. In den Tälern hallte das Echo wie Schüsse nach.

»So modelliert der Frost auf seine Weise das Gebirge«, bemerkte Bruce.

Der Morgen war klar. Die schroffen Berge der Brooks wirkten wie Kulissen – unwirklich nah. Ich musste mich immer wieder umschauen, um zu begreifen, dass wir uns mitten in der Brooks Range befanden, dem am wenigsten erforschten Gebirge der Erde! Unmittelbar vor dem Dietrich-Pass, rund 80 Meilen nördlich des Polarkreises. Östlich von uns, im Tal, zog eine kleine

Karibuherde an der Pipeline entlang. Dort bot sich kein Übergang. Nur an bestimmten Stellen nämlich wurde die Rohrleitung im Boden verlegt und künstlich eingefroren, damit sie nicht versackte, oder auf Stelzen geführt, damit sie keine unüberwindliche Barriere für das Hochwild darstellte. Die Zoologen hatten die Wechsel über Jahre beobachtet und alle Übergänge nach Anzahl und Länge bestimmt.

Kehre für Kehre arbeiteten wir uns den Pass hinauf, stiegen parallel zu blanken Wänden über 2000 Meter hinauf und schlängelten uns ins nächste Tal. Ein kurvenreiches Auf und Ab. An stark vereisten Partien mahlten die Räder, und der ganze Zug drohte nach hinten zu rutschen. Noch fassten die Winterreifen, wenn Bruce es in einer anderen Spur versuchte. Kurz vor dem Atigun-Pass fanden die Räder keinen Halt mehr. Wir glitten bei jedem Versuch, vorwärts zu kommen, weiter nach hinten.

»Mach die Tür auf, Biber«, rief Bruce, als der Truck weiter und weiter in Abhangnähe rutschte, »und spring ab, wenn der Bock nicht mehr zum Stehen kommt!«

Er kam zum Stehen, viel fehlte aber nicht mehr, und wir hätten springen müssen.

»Jetzt wartet ein schönes Stück Arbeit auf uns«, sagte Bruce ärgerlich. »Hoffte, es bliebe uns erspart.«

Ich konnte mir denken, was er meinte. Trotzdem fragte ich: »Ketten aufziehen?«

»Genau! Zugmaschine und Hänger, anders kommen wir nicht weg. Und fass um Gottes willen das Eisen nicht mit bloßen Händen an, das kann dich alle Finger kosten. Hier oben dürften es mehr als 40 Grad minus sein!«

Mit fellgefütterten Fäustlingen Schneeketten auf Zwillingsreifen von Lkws montieren zu müssen möchte ich niemandem wünschen. Es war ein schier hoffnungsloses Unternehmen.

Hinzu kam, dass der Zug unglücklich stand und die Kälte wie eine Kneifzange zubiss.

»Geh ins Führerhaus und wärm dich auf«, riet mir Bruce nach einer halben Stunde, als er mir ins Gesicht schaute. Für Nase und Lippen wurde es höchste Zeit. Sie waren eisverkrustet und gefühllos. Auch die Hände steckten schneeweiß und abgestorben in den Handschuhen und ließen sich kaum bewegen. Im Führerhaus fauchte die Heizung. Ich rieb und knetete aus Leibeskräften, bis das Blut prickelnd und pochend, dann unter stechenden Schmerzen in die kalten Adern zurückschoss.

Als ich wieder an den Ketten herumhantierte, meinte Dobler: »Arbeite nicht so hastig, und zieh dir eine Wollmaske übers Gesicht.«

Er hatte Recht. Bei diesen Temperaturen darf man nicht ins Schwitzen geraten. Außerdem nicht durch den Mund atmen, denn die eisige Luft entzündet sofort die Lungen.

Nach einer Stunde sah es so aus, als wollte uns das Aufziehen von Schneeketten nicht gelingen. Bei einem vorsichtigen Start, auf die Ketten zu fahren, rutschte der Truck sogar noch einige Zentimeter weiter in Richtung Abhang. Resigniert stieg Bruce hinters Steuer und versuchte, Camp Galbraith anzufunken. Wahrscheinlich standen wir so ungünstig zwischen den Bergmassiven, dass er keinen Kontakt herstellen konnte. Ich kroch neben ihn ins Führerhaus und lauschte seinen Sprechfunkversuchen: »Charly 23 an Zentrale Galbraith, bitte kommen!« Rauschen und Knacken im Äther. Da, Wortfetzen: »Gal… trale –… ist los?… ant…«

»Hier Charly 23, stehen am Abhang kurz vor dem Atigun-Pass, brauchen Hilfe. Kommen.«

Stille. Entschlossen versuchte es Bruce noch einige Male. Leider ergebnislos. Schließlich hängte er das Mikrofon mürrisch in die Gabel. »Wir probieren es noch mal. Vielleicht haben sie uns ja auch verstanden.« Damit verschwand er wieder unter dem Motorwagen.

Mit Bremsklötzen sicherten wir den Hänger, dann koppelten wir den Motorwagen von der Zugmaschine ab, hackten das Eis etwas griffiger und schoben Ketten unter die Vorderräder. Beim ersten Versuch wurden die Schneeketten vom Reifenprofil erfasst und nach hinten geschleudert. Aber schließlich gelang es, die Räder standen richtig auf den Eisen, sodass die Kettenenden verschraubt werden konnten. Vor unseren Gesichtern stand weißer Atemdampf. Ich fühlte, dass ich schwitzte und wie sich im gleichen Augenblick zwischen Rücken und Hemd eine Eisschicht bildete. Egal, Hauptsache, wir kamen endlich von diesem verdammten Abhang weg! Gegen Mittag schob sich der Zug Zentimeter für Zentimeter auf die Fahrbahnmitte zu. Die Angstpartie war überstanden.

Im Schneckentempo krochen wir den Atigun hinauf. Wenige Meilen hinter dem Pass stießen wir auf eine Gruppe Indianer. Sie waren bewaffnet und schienen auf etwas zu warten.

»Wollen die etwas von uns?«, fragte ich besorgt.

Bruce lachte. »Im Winter stehen sie immer hier. Seit Generationen zog an dieser Stelle eine Karibuherde nach Süden. Die Indianer schossen sich ihren Fleischvorrat heraus. Seit es die Pipeline gibt, kommen die Karibus nicht mehr. Die Jäger haben sich noch nicht damit abgefunden.«

Traurig, dieser verlassene Haufen enttäuschter Jäger, dachte ich. Sie werden endlos warten müssen, vielleicht bis sich ein verirrtes Stück Wild einfindet. Oder sie werden aufgeben, in die Städte der Weißen ziehen und beim Whisky an die reichen Jagdgründe von Atigun denken … Vorsichtig »stiegen« wir den Nordhang der Brooks hinab, durchfuhren einen vom ewigen Bodenfrost in alle Richtungen versprengten Fichtenbestand, einen typischen »Drunken forest«.

Fremdkörper inmitten unberührter Natur

Da entdeckte ich im Tal eine riesige schwarze Fläche, die sich wie ein kurioser Fremdkörper inmitten unberührter Natur ausnahm: das Galbraith Camp, Herberge für 3000 Pipelinearbeiter. Noch trennten uns zwei gefährliche Kurven und fünf Meilen vom Lager. Bruce drosselte den Motor und steuerte im Schritttempo in die Serpentinen. Trotzdem knirschten die Ketten und rutschten.

»Die Todeskurve«, sagte Bruce. »Wenn die Trucks nicht immer gleich abgeräumt werden müssten, lägen mindestens fünfzehn an diesem Hang. Einer war der von Ron Baxter, dem König des *trail.*«

Schließlich rollten wir im Camp ein. Das Management war in heller Aufregung. Man hatte zwar bruchstückhaft mitbekommen, dass mit einem Lkw etwas nicht in Ordnung war, sich aber keinen rechten Vers auf den Wortsalat machen können. Normalerweise hätte man einen Hubschrauber auf Erkundungsflug geschickt, doch der war im Einsatz. In der Nacht hatten sich nämlich zwei hässliche Unfälle zugetragen. Für das Leben in der Arktis nichts Besonderes. Wohl auch nicht für das Projekt, das seit Beginn den Tod von 604 Arbeitern zu beklagen hatte. Schließlich kämpften 25 000 Männer in menschenfeindlicher Natur! Wenn es um den Fortschritt geht, wenn es ums Öl geht, darf man nicht zimperlich sein – da ist Sentimentalität fehl am Platze, besonders jenseits vom Polarkreis! Verdammt, ich hatte die raue Schale der Nordmänner nicht, und was da in der Nacht passiert war, ging mir unter die Haut.

Don Butt hieß der eine. Er war gerade 19 Jahre alt und stammte aus Kanada. Sein Vater war ein leitender Mann bei Exxon und verschaffte seinem Sohn ein Praktikum in Alaska; Don wollte Ingenieur werden. Er war ganz begeistert von seinem Einsatz in Galbraith. In der letzten Nacht war er mit seinem Ford unterwegs gewesen, als der Wagen plötzlich bockte und stehen blieb. Als Don ihn nicht mehr in Gang bekam, beschloss er wohl, zu Fuß zum Camp zu gehen. Er konnte die Lichter sehen, sie waren keine zwei Meilen entfernt. Dann zog Nebel auf – Don verirrte sich. Und am nächsten Morgen fand man ihn, hundert Meter vom Fahrzeug entfernt. Steif wie ein Brett und tot.

Bob, das zweite Opfer, galt als hervorragender Monteur. Er stammte aus Florida, wo er seine Frau mit den beiden Töchtern zurückgelassen hatte. Um 18 Uhr kam er mit dem Bus von der Pipeline, wusch sich wie gewöhnlich, aß mit seinem Freund und Stubengenossen Peter Stone zu Abend und ging früh auf seine Bude, da es ihm angeblich nicht gut ging. Um 22 Uhr stellte Stone fest, dass er gar nicht im Bett lag. Bis ein Uhr morgens machte er sich keine Gedanken. Dann allerdings wurde er misstrauisch und verständigte die Lagerleitung, die Bob ausrufen ließ. Ergebnislos. Morgens stand fest: Bob Crocker hatte sich heimlich aus dem Camp gestohlen und war in einem Anfall von Depression – ohne Kopfbedeckung, ohne winterfeste Kleidung – in die Tundra marschiert. Hinaus in die tödliche knochentrockene Luft. Drei Meilen nördlich des Camps wurde er entdeckt. Er war im Stehen gestorben, aufrecht wie ein Baum, bis zu den Hüften in einer Schneewehe steckend.

Lagerchef Arthur Brown beobachtete schon seit längerem – genauer: mit Hereinbrechen des Winters – eine merkwürdige Krankheit, die viele »Camper« befiel. »Camp-Happiness« oder Polarkoller hieß dieser psychische Schaden. Die isolierten Camps nördlich des Polarkreises waren durch Eintönigkeit, Enge, Ausgehverbot nach Feierabend und lange Phasen der Dunkelheit besonders gefährdet. Brown wusste das genau, und seine Aufgabe bestand darin, in dem freiwilligen Gefängnis für Abwechslung zu sorgen. Doch die Fälle von Aggression und sonderbarem Verhalten stiegen von Tag zu Tag: Als verträglich und freundlich bekannte Mitarbeiter droschen grundlos auf ihre Stubenkameraden ein. Glücklich verheiratete Familienväter wurden beim Anblick eines Rockschoßes unberechenbar wie Bullen in der Brunftzeit. »Nur vor diesem Hintergrund ist das Verschwinden von Bob Crocker zu verstehen«, meinte Brown.

Während ich dem nüchternen Bericht des Lagerleiters zuhörte, erinnerte ich mich an den Leidensweg eines Erfrierenden, den Jack London beschrieben hat: »…Es war windstill, deshalb bemerkte er nicht, wie kalt es wirklich war. Als er ausspuckte, gefror sein Speichel zu Eis. Er fragte sich, ob der nachlassende Schmerz in Händen und Füßen Wärme oder Kälte signalisierte. Wo er es am wenigsten vermutete, brach er ins Eis. Schuhe gefroren, Strümpfe wurden zu ›eisernen Röhren‹. Jetzt wurde ihm klar, dass es nicht mehr um abgestorbene Gliedmaßen ging, sondern um Leben und Tod. Er geriet in Panik. Rannte, strampelte, brüllte, stolperte, raffte sich wieder auf, fiel … Der Schnee war weich und warm wie Watte. Müdigkeit überkam ihn. Und während sein Blut und sein Fleisch zu Eis erstarrten, träumte er von Freunden, die ihn fanden …«

Hatte so das Ende von Bob Crocker ausgesehen?

»Man wird abergläubisch hier draußen in der Arktis«, hörte ich Brown auf einmal sagen. »Vor einigen Monaten irrte ein Hercules-Transportflugzeug, bis zum Kragen mit Sprit, im ›White Out‹ über uns herum, raste aufs Camp zu und explodierte schließlich wenige hundert Meter weiter am Gebirge. Kurz darauf brach ein Großbrand aus, der fast ein Viertel der Baracken in Flammen aufgehen ließ. Fast könnte man glauben, auf Galbraith laste ein alter Athapasken-Fluch!«

Bruce Dobler verzog sein Gesicht zu einer Grimasse, schob mich aus dem Raum und steuerte die »alkoholfreie« Bar an. Am Tresen stand jemand, der mich aus glasigen Augen wie aus weiter Ferne ansah. Alkohol? Haschisch!, schoss es mir durch den Kopf.

»Peter Stone heiße ich, mein Junge. Komme aus Santa Barbara, Kalifornien.«

Peter Stone?, überlegte ich. Herrje, der Freund des Verunglückten! Es musste ihn schwer getroffen haben.

»Kennst du Santa Barbara? Natürlich nicht! Weder die grüne Küste, den warmen Sommer, den lauen Winter. Gar nichts kennst du … Ich war überall. Bei der Armee, bei den Drillern.

Man hat mich überallhin gestoßen, ein paar Mal um den Erdball. Jetzt hocke ich an der Pipeline. Mitten in der Tundra in dieser elenden Kälte. Handlanger. Als dämlicher Handlanger, mit 'nem Haufen Kies. Für wie lange? Keine Ahnung. Seit ich mir die Hosen anziehen kann, bin ich vor mir weggelaufen. Hab mich hinter der Flasche versteckt … Ich bin einsam. Seit heute verdammt einsam sogar! Bob Crocker. Weißt du, wer Bob Crocker ist? Ich meine, war? Ich seh's dir an, du weißt gar nichts. Bob war der beste Kumpel im Camp. Verstehst du das, der beste Kumpel unter dreitausend dämlichen Strolchen! Und heute Nacht haut der Kerl plötzlich ab. Mir nichts, dir nichts – weg … Wenn er bloß was gesagt hätte. Ich hab die Schnauze schon lange voll! Einmal, das schwöre ich dir, da haue ich ab von hier – nach Hause. Nach Kalifornien. Zu Mam nach Santa Barbara – falls sie noch lebt.«

Nachts schreckte ich auf, weil ich glaubte, den Lautsprecher zu hören, der Peter Stone ausrief. Aber ich musste mich getäuscht haben, denn wir trafen Stone am nächsten Morgen beim Frühstück in der Kantine.

North Slope, auf Deutsch: nördlicher Abhang, ist Tundra in Reinkultur. Seit zwei Stunden haben wir uns aus der Brooks herausgearbeitet und sind hinab in eine grandiose Weite »gestiegen«. Keine Erhebung, kein Baum, kein Strauch belebt den Horizont dieser Öde. Es ist, als blicke man in eine Unendlichkeit, die alles zu verschlingen droht. Der Truck kroch – gleich einer Ameise auf einer Autobahn –, mit Stahlrohren beladen, die Piste entlang.

»Eine Landschaft, in der man vor Melancholie und Traurigkeit sterben könnte«, sagte Bruce Dobler.

Der Slope ist im Winter eine weiße Wüste und im Sommer ein riesiges, auf einige Zentimeter aufgetautes Matschloch, durchfurcht von unzähligen kleinen und großen, flachen und tiefen Wasseradern, Millionen Seen und Tümpeln. Kurzum – eine labyrinthische Landschaft, fast so groß wie die Bundesrepublik. Die Heimat einiger Bären, Elche, Wölfe, Polarfüchse, Karibuherden und ein paar tausend Menschen, meist Eskimos. Gegen Mittag erreichten wir den Pipelinebauabschnitt in Sektion 1. Trotz grimmigster Kälte herrschte erstaunliche Aktivität. Am Kopf der Baustelle jonglierten Kräne, die Stahlrohre in ein mehrere Meter breites und tiefes Bett legten, das zuvor mit Presslufthammer und Dynamit in den ewigen Frost getrieben worden war. Die Pipeline musste auf einige hundert Meter unterirdisch verlegt und mit einem Salzwasser-Leitungssystem künstlich eingefroren werden, damit sie nicht versackte. Eine Konzession an die Umweltschützer, die darauf bestanden hatten, dass hier und an einigen anderen Stellen die Wildwechsel nicht gestört wurden. Atemberaubend, was sich da inmitten unberührter Einöde tat: Motoren fauchten, zischten und donnerten; Schweißgeräte jagten grelle Blitzstrahlen in die Luft; gewaltige Öfen, die für etwas Wärme sorgten, bollerten. Scheinwerfer durchdrangen Dampf und Nebel. Da formierte sich eine Abteilung Seitenbaumlader, die einen neuen Abschnitt, gut 150 Meter geschweißter Rohre, versenken wollten. Sie packten zu: Stahlrohre bogen sich wie Bindfäden – wurden abgesenkt – hielten! Eine Gruppe Schweißer bestimmte das Tempo dieser Sektion. Sie lagen, standen, hingen an den Stößen der Rohre und ließen das Schweißmaterial blitzen wie Wunderkerzen. Pausenlos, rund um die Uhr, im Schicht- und Akkordbetrieb. Im Wettlauf mit dem Terminplan. Der Vorschub war gewaltig: 100 Stöße, das sind 3200 Meter Pipeline, in 24 Stunden! »Happy Valley«, wie diese Gegend hieß, war kein glückliches Tal mehr, wo sich »Fuchs und Hase gute Nacht sagten«; dieser Landschaft hatte der Mensch – die Technik – unveränderbare Narben eingebrannt.

Im Wettlauf mit dem Terminplan wird die Pipeline Stück für Stück vorangetrieben – 3200 Meter in 24 Stunden

Wir ließen abladen und rollten am Camp Franklin Bluffs vorbei, immer nach Norden, der Prudhoe Bay am Polarmeer zu. Hinter uns stand, noch viele Meilen weit sichtbar, weiß-grauer Dampf über dem Bauzelt. Dampf, der von schwitzenden, arbeitenden Menschen und Maschinen herrührte und bedrohlich in den Himmel ragte wie eine Rauchfahne.

Prudhoe Bay: Industriezentrum im Eis

Die Prudhoe Bay war eine Ecke Alaskas, die selbst von Eskimos gemieden wurde. Das Ende der Welt! Von Bären wurde die Öde selten durchstreift. Allenfalls ließen sich Karibus und Polarfüchse blicken. Diese wohl traurigste Bucht Amerikas wurde 1826 von Sir John Franklin, einem britischen Seefahrer, entdeckt – und wieder vergessen. Genau 142 Jahre später wurde dieses Niemandsland zum Mittelpunkt internationaler Konzerne. Das geschah am 13. März 1968, als Atlantic Richfield und kurz darauf die BP das größte amerikanische Ölfeld anstießen. Schätzungsweise 50 Milliarden Barrel Öl sollten in rund 3000 Meter Tiefe unter dem Permafrost lagern. Eine Menge, die unter den energiehungrigen Multis einen wahren Ölrausch in der Arktis auslöste.

Mit unglaublicher Vehemenz stampfte man ein Industriezentrum aus dem Eis, das auf der Welt seinesgleichen sucht. Pausenlos kämpften sich Lkw-Konvois aus dem Süden heran. In generalstabsmäßigen Blitzaktionen wurde Bohrgerät an die Bay »geworfen«, zu Lande, zu Wasser, per Luftfracht. Geld spielte keine Rolle, nur die Zeit – und die galt es einzuholen, denn im Winter blieb die weg- und steglose Bay vorerst unerreichbar. »North to the future!«, rief man sich im Süden zu. Es war wie in Zeiten des Wilden Westens, des Goldrauschs, wo die alten Tugenden wie Pioniergeist, Mut, Zähigkeit, Aufopferung und harte Arbeit in Glück und Erfolg umgesetzt wurden. Dann aber kam der Schock, von dem sich die Ölmultis erst vier Jahre später erholten. Etwas Unglaubliches war passiert: Umweltschützer hatten erreicht, dass alle Aktivitäten ein Ende fanden! Gesetze wurden erlassen, die die arktische Landschaft – so gut es ging – erhalten sollten. Strenge Gesetze, die es nicht erlaubten, kreuz und quer über die Tundra zu fahren. Die es bei hohen Strafen verboten, Abfälle oder Unrat wegzuwerfen. Die absolutes Jagdverbot verhängten. Die die Reinhaltung der Flüsse und Seen garantierten. Die die Kiesentnahme für den Straßenbau nur an vorher festgelegten Stellen erlaubten. Keine Waffen, kein Alkohol, keine Frauen!

Dobler sagte einmal: »Wer sich nicht wie auf Strümpfen über die Tundra bewegt, der wird gefeuert!« Dazu konnte schon ein achtlos weggeworfenes Stück Papier beitragen. Was nicht an Ort und Stelle vernichtet werden konnte, wurde per Flugzeug weggeschafft. Auch Fäkalien!

Im Nahen Osten tobte der Jom-Kippur-Krieg. Die Araber setzten ihr Öl als Waffe ein. In Alaska waren die Umweltschutzgesetze unter Dach und Fach. Die Welt schrie nach dem Blut des Industriekreislaufs: Rohöl. 50 Milliarden Barrel konnten nicht länger im Boden bleiben. Richard Nixon gab schließlich den Startschuss, und der zweite Rush aufs schwarze Gold hob an. Mit Bruce Dobler auf dem Weg an die Bay war ich mittendrin.

Die Kiesdammpiste beschrieb einen weiten Bogen und verschmolz mit dem Fluggelände Dead Horse. Gerade war eine Boeing 707 gelandet. Ihrem Leib entstiegen Ölmänner, Driller, Monteure, Ingenieure. Wer sich nicht bis über den Kopf zugeschnürt hatte, sprang entsetzt zurück ins warme Innere des Rumpfes.

»Verdammt kalt heute«, meinte Bruce und ließ seinen Zug an die Zapfsäulen zum Tanken rollen. Während die Passagiere nach und nach in den wartenden Autos verschwanden – zu Fuß ging niemand, es war verboten und lebensgefährlich –, machte sich ein schwerer Knicklader am hinteren Teil der umgebauten Boeing zu schaffen. Aus den Luken wurden Staugut und Proviant gehievt. Wir fädelten uns in die so genannte Spine Road ein, die das zweigeteilte Explorationsgebiet als Stichstraße verbindet. Der Verkehr, der uns aufnahm, war beeindruckend. Wir fuhren an Materiallagern, Fabrikationsstätten, einem Elektrizitätswerk, Raffinerien, der Pumpstation für die Pipeline, Bürocamps und Baumaschinenparks – kurz, an einem regelrechten industriellen Ballungszentrum – vorbei in Richtung Westen zum Zentralcamp von Arco/Exxon. Auf dem Bauhof des Camps ließ Bruce drei Generatoren abladen, die hier überholt werden sollten. Wir meldeten uns bei der Lagerverwaltung und suchten erst einmal die Kantine auf.

»Morgen kümmert sich Bob Hartzler, ein PR-Mann von BP, um dich. Außer essen und aufs WC gehen darfst du an der Bay nichts alleine machen!«, erklärte mir Bruce mit ernstem Gesicht.

Das Essen war wieder hervorragend; ein gutes Hotel könnte nichts Besseres liefern.

»Auch das noch!«, brummte ein Pipeliner neben mir. »Morgen könnte ich endlich hier raus – nach 12 Wochen und täglich 14 Stunden Schufterei –, endlich Urlaub. Und da sagt der Wetterbericht Schneesturm an!« Der Mann, der seinen Urlaub gefährdet sah, hieß Owen Morgen. Angeblich etwas über zwanzig Jahre alt. Aber er sah aus wie über dreißig! Blass, hager, eingefallenes Gesicht – bei der Verpflegung! Ein Mann, der den Einsatz in der Arktis nicht vertrug. Die Eintönigkeit schien ihn krank zu machen. Dabei stand das Schlimmste, der dunkle Winter, erst noch bevor.

Owen wollte längst abmustern, aber 6000 Dollar Monatslohn waren zu verlockend. »Noch einen Winter, dann lass ich mich nieder – irgendwo in der Sonne… Das Wetter verpatzt mir jedes Mal das bisschen Freizeit«, knurrte er.

Vor sechs Wochen stürmte es eine Woche lang, keiner konnte ausfliegen, und die Ablösung kam auch nicht heran. Vor lauter Wut hängte er noch mal fünf Wochen dran. Diese fünf Wochen, immer ohne Sonntag, versteht sich, hatten Owen zermürbt.

Plötzlich schlug er mit der Faust so wütend auf den Tisch, dass uns der Kartoffelsalat im Gesicht hing.

»Ich will hier raus, verdammt noch mal!«, brüllte er in den Saal. Dann stürzte er sich quer über den Tisch auf Bruce und packte ihn am Revers. »Hörst du, ich will hier raus! Wenn es morgen nicht klappt, haue ich den Laden zusammen!«

»Alles klar, Owen«, antwortete Bruce und drückte ihn in aller Ruhe auf seinen Platz. Doch bei Owen war die Sicherung durchgebrannt, er randalierte und tobte, bis ihn zwei Kollegen schnappten und hinauszerrten. Wieder ein Fall von Polarkoller, dachte ich.

»Das Geld ruiniert sie alle!«, schimpfte Bruce. »Keiner verlangt, dass sie 12 Wochen 14 Stunden malochen. Satz sind 6 Wochen, bei 12 Stunden täglich, das kann man schon durchhalten.«

Ich verbrachte meinen letzten Abend mit Bruce. Um den Abschied gebührend zu feiern, schlichen wir uns zu Jerry Max in die Bude. Wir hatten erfahren, dass er noch einige Flaschen eingeschmuggeltes Bier besaß. Wir hockten in der engen, warmen Bude auf den Betten und genossen Budweiser Bier. 8 Dollar die Flasche – aber es schmeckte köstlich! Bruce wird in zwei Tagen mit seinem Truck und neuer Fracht auf der gleichen Strecke nach Süden brummen. Wie es bei mir weiterging, war noch ungewiss. Geplant waren einige Tage an der Bay und, wenn es das Wetter zuließ, ein Abstecher 250 Meilen weiter nordwestlich, nach Barrow, dem nördlichsten Eskimoort Alaskas. Doch ob ich wirklich dorthin kam, stand in den Sternen, denn unsere Wohnkabine wurde gerade heftig von Sturmböen gerüttelt. Hoffentlich hielt dieser plötzliche Wetterumschwung nicht zu lange an, sonst saß ich in Prudhoe ganz schön fest.

Um zehn Uhr bollerte Bob Hartzler an die Tür. Draußen war es dunkel. Der Sturm heulte und blies feinen, trockenen Schnee über die Niederung. Bob hatte seinen Wagen unmittelbar am Eingang abgestellt, doch obwohl es nur ein paar Schritte zum Wagen waren, bekamen wir die volle Wucht des schneidenden Windes zu spüren. Ein Lautsprecher sagte die Kälte in Fahrenheit an. Ich rechnete um und kam auf minus 80 Grad Celsius. Bob hatte mir nämlich erklärt, dass man den »Chill-factor« berücksichtigen muss. Das heißt, den Minusgraden bei Windstille wird die Hälfte der Windgeschwindigkeit hinzugezählt, also: minus 30 Grad plus die Hälfte von 100 km pro Stunde ergab 80 Grad minus! Windfrost war gefährlich: Er unterkühlte den Körper in Minuten, trieb Tränen in die Augen, die zu Eiskristallen gefroren und zur Erblindung führten, oder er jagte in die Lungen und entzündete sie. In Bobs Ford »tasteten« wir uns hinüber zum Operationsgebiet der BP. Wie es sich für einen guten PR-Mann gehörte, überschüttete er mich während der Fahrt mit Informationen. Länge des Straßennetzes: 160 Meilen, Größe des Explorationsgebietes: 200 Quadratmeilen. Die Gesellschaften und ihre Anteile am Prudhoe-Bay-Ölfeld – ich vergaß sie wieder.

Wie von Geisterhand wurde die Dunkelheit weggewischt, und der Slope präsentierte sich grau in grau. Jetzt konnte man genau sehen, wie der Sturm den Schnee in Böen vor sich herpeitschte. Von Zeit zu Zeit wurden die Regulierkreuze – Insider nennen sie des bizarren Aussehens wegen »Christmas trees« –, mit denen die Ölförderung reguliert wird, sichtbar. Und dann, mehr oder weniger suppig vom Nebel umhüllt, exakt ausgerich-

Nur diese Vermummung bietet Schutz vor der todbringenden Kälte

tet, die himmelhohen Bohrtürme der Drilling Companys: Nabors, Challenger, Gebrüder Schlumberger. Firmen, die von den Ölfeldern der ganzen Welt zusammengetrommelt worden waren, um sich der Arktis – der letzten großen Herausforderung – zu stellen. Aus dem Dunst schälte sich nun ein Gebilde, aus dessen bauchiger Kapsel ein trapezförmiger Stahlarm ragte. Eine Unterkunft für Marsmenschen? Ganz im Gegenteil!

»Prudhoe-Bay-Hilton«, erklärte Bob stolz. »Die Käseschachtel hat 21 Millionen Dollar gekostet. Es ist das Operationscenter von BP/Sohio – mit allen Finessen ausgestattet.«

Über die Treppe mit anschließender Luftschleuse erreichten wir das Hochparterre. Kaum hatte sich die Tür hinter uns geschlossen, befanden wir uns in einer neuen, unwirklichen Welt! Künstliches Licht, künstliche Klimatisierung – der ganze Komplex machte den keimfreien Eindruck eines Operationssaals oder eines Raumschiffs. Leben auf dem Mond in naher Zukunft, kam es mir in den Sinn, von der Außenwelt hermetisch abgeschlossen. Wer hier durch das Foyer schritt, auf weicher Auslegeware an großen Fenstern vorbei, an denen ein halbes dutzend Geologen, Ingenieure, Wissenschaftler in komfortablen Cocktailsesseln gelangweilt über die sturmgepeitschte Tundra schauten, glaubte, dem arktischen Abenteuer abgerückt wie bei der Betrachtung eines Films zu begegnen. Alle Wände der Räume waren in poppigen Mustern und grellen Farben gestrichen. Die Geräusche schienen unnatürlich gedämpft. Schritte waren nicht zu hören. Stimmen rieselten monoton dahin. In einem temperierten Lichtschacht gediehen wirkliche Schnittblumen und drei Tannenbäume; das frische Grün unterstrichen Punktstrahler.

»Der botanische Garten«, verriet Bob. »Er soll auf die Psyche der Männer beruhigend wirken. Besonders, wenn später eine acht Wochen lange Nacht einsetzt und niemand ohne Auftrag einen Schritt vor die Tür machen darf.« Zur Zerstreuung sollen auch Fernsehen, Tageszeitungen, der Billardsalon, Tischtennis, der künstliche Rasen für Volleyball, Sauna, ja selbst ein Swimmingpool beitragen. Ganz gelingt es nicht, denn »Capsule living«, ein Leben in der Kapsel, die totale Isolation von der Außenwelt, birgt psychische und physische Gefahren. Der

Während der zwei eisfreien Sommermonate legen hier Leichter an

Noch in der Luft gefriert das Wasser aus dem Schlauch

Regulierkreuze über dem Ölfeld, so genannte Weihnachtsbäume

Mensch braucht wechselnde Witterungseinflüsse: Sonne, Regen, Wind, Temperaturunterschiede. Im Grunde ist das Arbeiten im Freien eine gesunde Sache hier oben. Die Eskimos werden steinalt.

Nach einem Rundgang wurden wir von Paul Textor, dem Campmanager, ins Kasino zum Essen gebeten. Ein Blick auf die Karte ließ mich staunen. Sauerkraut mit Eisbein, Rouladen mit Pellkartoffeln und Gemüse oder Sauerbraten mit Klößen.

»Natürlich gibt's auch Steaks, dreimal in der Woche«, bemerkte Bob.

»Aber die Gerichte heute, die sind doch urdeutsch!«, stellte ich fest. Zwei Minuten später, als sich ein freundlicher Mann in mittleren Jahren an unseren Tisch setzte, war das Rätsel gelöst. Er hieß Hermann Starke und kam aus Karlsruhe. BP hatte ihn vor zwei Jahren als Küchenchef engagiert. »Die Jungs sind mit meinen Kochkünsten zufrieden«, lachte er. »Abwechslung muss sein, das gilt besonders beim Essen!«

Als der Nachtisch kam, beugte sich Paul Textor zu mir herüber. »Wir reden nicht gern darüber, aber ›Capsule living‹ treibt sonderbare Blüten. Die einen wollen plötzlich abhauen, die anderen überhaupt nicht mehr raus. Urlaub – das Leben und Treiben unter unbekannten Menschen – wird zum Schreckgespenst. Gefährliche Spinner haben wir selten, denn bei den leisesten Anzeichen sonderbaren Verhaltens verordnen wir Zwangsurlaub. Im Winter sollte man spätestens alle sechs Wochen freinehmen, sonst kann's einem wie John ergehen. Er war Junggeselle und glaubte sich immun gegen den Polarkoller. Nach vier Wochen verfasste er Briefe an Frau und Kinder. Als er schließlich an sich selbst schrieb, brauchte er Luftveränderung. Oder Max, der Musiker. Er spielte Klavier an der Tischkante. Stundenlang, bis ihm sein Stubenkamerad auf die Finger klopfte, aber so heftig, dass sie brachen. Eine wirklich tragische Figur war Joe, der eines Morgens am Fensterkreuz baumelte … Indianer und Eskimos können das abgeschiedene Leben am besten ertragen. Sie sind von Natur aus duldsam. Wenn's sein muss, glotzen sie drei Wochen die Wände an. Ich habe noch keinen erlebt, der durchdrehte. Das Leben in der Einsamkeit haben sie wohl auf ihren langen Jagden gelernt.«

Wir stiegen wieder in den Ford, und Bob fuhr mich ein Stück hinaus in die Tundra, dorthin, wo das eigentliche Zentrum der imposanten Industrieanlage stand: Bohrtürme, die das Ölfeld durch immer mehr und immer neue Löcher anstachen. Auf Turm »18E« wurde gebohrt. Die Arbeitsplattform war restlos eingekleidet, und heißer Dampf blies in den Verschlag. Doch die Driller flüchteten vor der grimmigen Kälte alle 20 Minuten in die Baracken, um ihre klammen Finger aufzutauen, die kalte Unterwäsche zu wechseln oder ein Paar Socken überzuziehen.

Bohrturm 18E an der Prudhoe Bay

»Roughnecks«, Raunacken, hießen die Männer, die am Slope wahre Knochenarbeit leisteten. Die neue Besatzung, aus vier Mann bestehend, kam die engen Stiegen herauf. Einer rot, drei weiß behelmt. Im Turmunterbau herrschte ein Höllenlärm. Stahlrohre schlugen aneinander. Winden ächzten und kreischten. Am Flaschenzug hing ein Bohrgestänge. Die Männer packten zu und schwenkten ein 30 Meter langes Rohr zum seitlichen Abstapeln und schlugen Eisenkeile an den nächsten Stumpf. »Attention!«, brüllte der Bohrmeister und riss mich zur Seite.

Wie ein Geschoss zischte ein Stück Stahl durch die Luft. Bei dieser Kälte wird jedes Metall spröde und splittert, mit dem Hammer traktiert, wie Glas. Es hieß Bohrgestänge ziehen. Eine verteufelte Arbeit. Der Bohrer war mal wieder abgebrochen, in 2000 Meter Tiefe, für die Bohrmannschaft ein Albtraum.

»Bohren in der Arktis, Gentlemen, ist das Härteste überhaupt!«, sagte Bohrmeister Bill Congdon später in der Baracke. Bill war Boss einer 35 Mann starken Crew. Ein Oldtimer, die Fünfzig knapp überschritten, aber eine unangefochtene Autorität. Keine Schreckensnachricht brachte ihn aus der Ruhe, weder ein »Blow out«, bei dem das Öl explosionsartig aus der Erde schießt, noch Blizzards, die den Turm wegzufegen drohten. Sein Optimismus hatte schon manche Panik verhindert, wie ich von Bob erfuhr.

Bill feuerte seinen Helm in die Ecke und schälte sich aus dem Parka. »Kaffee!«, donnerte seine Stimme durch den Mannschaftsraum. Dann steckte er sich eine von den dicken Havannazigarren zwischen die Zähne. Beim Sprechen schob er das Superding von einem Mundwinkel in den anderen.

»Ich hab an allen Ecken der Welt gebohrt. Unter Kopfjägern am Amazonas, im Fiebersumpf von Nigeria, im Wüstensand von Arabien und weiß der Himmel wo noch. Meine Heimat ist der Bohrturm. Ich geh dahin, wo gedrillt wird. Mir war immer egal, wo ich bohrte. Nur hier ist es mir nicht egal. Das ist wie eine Strafversetzung! Hier herrschen neue Gesetze. Hier rennen wir jedem Stück Papier nach. Schleichen quasi auf Socken durch die Wildnis. Nur ja keinen Grashalm zertreten, sagt die Gesellschaft. Wir könnten in halber Zeit und mit einem Bruchteil an Geld die Arbeit schaffen. Das ist, verdammt noch mal, eine ganz neue Art zu bohren!«, beklagte sich Bill und spuckte zur Bekräftigung auf den Dielenboden. »Und dann das Budenleben in Kälte und Dunkelheit. Wochenlang ohne Frauen und

Colonel Norman Vaughan

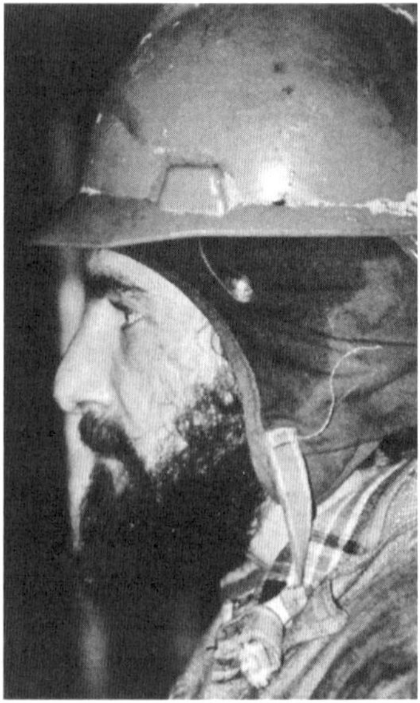

Drillerchef Bill Congdon

Brandy – das ist grausam! Da sind die Jungs wie Tiger im Käfig«, fuhr er fort.

»Schichtwechsel! Auf, ihr lahmen Krücken!«, feuerte Bill nach einer Pause seinen Haufen an. Auch wir brachen auf. Der Sturm riss mir die schwere Eisentür aus der Hand, als wir aus der Baracke traten. Es schneite nicht mehr. Kaum zwanzig Meter vom Bohrturm rannte eine versprengte Gruppe Karibus davon, Haken schlagend, gerade wie es dem Leittier einfiel. Auf dem Weg zum Wagen scheuchten wir einen Polarfuchs auf, der im Windschatten des Fahrzeugs Schutz gesucht hatte.

Heute Nacht war ich Gast im BP-Camp. Der unwirkliche Komfort der »Raumstation« verschlang uns förmlich, wie die Sessel vor dem Fernsehapparat, in die wir versanken. Steven, ein junger Wissenschaftler, stand nach einer Weile auf und öffnete lustlos einen Kühlschrank, starrte hinein, rief dann verzweifelt über die Schulter: »Verdammt, wer kann mir sagen, was ich eigentlich will?« Schallendes Gelächter, weil seine Bemerkung die Situation, die geistige Öde nach Feierabend, so trefflich wiedergab. Mit einer Dose Orangensaft schlurfte er zurück und ließ sich kopfschüttelnd in den Sessel fallen. »Keiner wird mir sagen können, was ich wirklich will«, murmelte er. »Heute arbeite ich für die Multis, gegen die ich gestern noch demonstriert hab!«

Schlagartig verflog die gelangweilte Stimmung, als die Pendeltür aufgestoßen wurde und zwei Männer in den Raum traten. Einer davon war blass und der Kleidung nach ein Ölmann. Der zweite aber, eine auffallende Erscheinung, hatte ein wettergebräuntes Gesicht, das vom Wolfsfell der Parkakapuze eingerahmt war.

»Hey!«, grüßte der Fremde mit tiefer Stimme und streifte mit Schwung die Kapuze vom Kopf. Eine ungeheure Tatkraft und Energie ging von diesem Burschen aus. Alle Männer im Raum standen auf und drückten ihm die Hand. Für die Männer vom BP-Camp war der Fremde ganz und gar nicht fremd. Kaum jemand in Alaska, der Colonel Norman Vaughan nicht kannte! Der Siebzigjährige mit den stahlgrauen Augen galt als wandelnde Legende. 1928–30 war er Mitglied der erfolgreichen Antarktisexpedition unter Richard E. Byrd gewesen. Und als Veteran alljährlich Gesprächsthema, wenn er seine Huskys im »Iditarod«, dem sagenhaften Hundeschlittenrennen, von Anchorage nach Nome trieb. Jetzt stand er im »Prudhoe Hilton«, wo er irgendwie nicht hinzupassen schien, und musste erzählen, wie seine Pläne aussahen.

»Was treibt dich nach Prudhoe, Vaughan?«, fragte Bob.

»Gar nichts. Nach Barrow soll's gehen, aber das schlechte Wetter … Ich zog es vor, eine Nacht bei euch abzuwarten.«

Fischfang vom Flugzeug aus am Yukon River

Der Autor im Land des
Abenteuers – Alaska

Wale-Watching – ein 30 Tonnen schwerer Buckelwal katapultiert sich im Prince William Sound aus den Fluten

Die schwersten Schaufeln schiebt der Alaska-Elch über die Lichtung

Zentralalaska fasziniert im Winter durch seine froststarren Landschaften

Alaska – Ein Paradies für Ornithologen

Der Weißkopfadler,
der Wappenvogel der USA

Der seltene
Papageientaucher

Possierliche Seeottern waren eine begehrte Beute der russischen Pelztierjäger in Südalaska

An der Westküste befinden sich die grössten Walross-Kolonien

Wenn die Lachse steigen,
quellen manche Flüsse schier über…

…dann stehen auch die Bären im Wasser und »catchen«

Glasier Bay ist für seine kalbenden
Eiszungen berühmt

An der Prudhoe Bay bietet nur eine Gesichtsmaske Schutz vor der
grimmigen Käkt

Ein Ölturm über dem ergiebigsten
Ölfeld Amerikas am Nordrand Alaskas

Mal überirdisch, mal unterirdisch windet sie sich durch den 49. Staat –
die Pipeline, einst das Jahrhundert-Bauwerk der USA

Karibus am Ölfeld der North Slope –
Natur und Technik haben sich arrangiert

In Lagernähe ein aufgebrachter Timberwolf

Aurora borealis – Nordlichtschleier tanzen über dem nächtlichen Himmel

Mit dem Eskimo Jackson Walluk auf Eisbärenjagd

Auf dem Iditarod-Trail…

...Einsamkeit und Kälte begleiten
die Teams

Mit dem Pick-up werden Schlittenhunde an den Start gebracht

Zuerst werden die Hunde versorgt, dann denkt der Musher an sich selbst

Heute ein Vergnügen, einst Notwendigkeit, um die Eisgrenze auszumachen – das Trampolinspringen der Eskimos

Hundebooties für den Harschschnee

Ein Totempfahl – das Wahrzeichen des Indianerdorfes Nikolai

Stolz präsentiert Indianer Nick seine Elchschaufel

Eine Eskimofrau beim Eisfischen

Die Front Street, Nomes Saloon-Straße

Der Goldbagger ist heute außer Betrieb…

…dafür kreisen die Waschpfannen der Hobby-Digger.
Dieser Nugget dürfte 2000 Dollar wert sein

»Barrow? Was, um Himmels willen, willst du um diese Jahreszeit in Barrow?«

»Immer dasselbe, Bob – du weißt doch, wenn ich irgendwo einen ordentlichen Hund entdecke, muss ich ihn haben.«

»Im nächsten Jahr wieder auf dem Trail?«, fragte Warden.

»Wenn ich das richtige Team zusammenkriege – sicher! Jim Akkuput züchtet in Barrow herrliche Eskimohunde. Ich werde mir einen neuen Leithund aussuchen.«

Und dann redeten wir bis tief in die Nacht von Huskys, Schlitten und der mörderischen Jagd nach Nome: 1200 Meilen durch die Eis- und Schneewüsten Alaskas. Das war Männerabenteuer! Der Oberst erzählte von Kälte, Einsamkeit, vom Heulen hungriger Timberwölfe, angriffslustigen Elchen, vom Hecheln abgehetzter Huskys auf ihrem endlosen Weg an den Polarkreis. Erinnerungen an die sagenhaften Zeiten des Goldrausches lebten auf. Wenn Vaughan sprach, hatten harte Männer das Wort, unbeugsame Schlittenfahrer aus der Welt des Nordens. Im Camp – isoliert vom wirklichen Ungemach der Arktis – ging etwas Seltsames vor: Die Herzen der Männer schlugen höher, und die Gesichter glühten vor Sehnsucht danach, allein, auf sich gestellt, in rauer Natur zu bestehen.

»See you on the trail. Wir sehen uns auf dem Trail!« Damit erhob sich der Oberst und fragte nach seinem Nachtlager.

Barrow: Am nördlichsten Punkt Alaskas

Drei Tage waren vergangen. Lange Tage des Wartens, bis sich endlich der Sturm gelegt hatte, die Sicht klar wurde und die Sonne im flachen Bogen über den Horizont wanderte. Wir starteten auf Skiern. Das heißt, Vaughans Piper lief auf Skiern. Ursprünglich hatte ich vorgehabt, eine Maschine der Polar-Air für die 250 Meilen – Kurs Nordwest, die Küste entlang – nach Barrow zu nehmen. Doch die mehrsitzigen Maschinen flogen diese Strecke wegen der tückischen Blizzards und Eisnebel nur bis Oktober. Als einzige Möglichkeit blieb noch eine Reise per Hundeschlitten. Mit einem Team in guter Verfassung mochte es etwa zwölf Tage dauern. Bob, dem ich meinen Plan offenbarte, hielt mich für verrückt. Seine Zweifel an meinem Geisteszustand störten mich wenig, vielmehr die Tatsache, dass es Wochen dauern konnte, bis ein Eskimo Prudhoe Bay besuchte und ausgerechnet nach Barrow weiterzog. Colonel Vaughan kam deshalb wie ein Geschenk des Himmels. Noch am Abend seiner Ankunft bot er mir an, mich an den nördlichsten Punkt Alaskas mitzunehmen. Natürlich sagte ich begeistert zu. So begeistert, wie es eben ein Greenhorn tut, ohne zu ahnen, was auf ihn zukommt. Heute würde ich die nächste Maschine nach Anchorage nehmen, um das, was ich in Barrow erlebte, nicht noch einmal durchmachen zu müssen.

Erst in der Luft wurde mir die Dimension von Weite und Endlosigkeit richtig bewusst. Hinter uns verschwand das Industriezentrum im weißen Nichts. Die Prudhoe Bay. Nüchtern, unsentimental. Interessant und abstoßend zugleich. Das Resultat intensiver Ölsuche. Keiner liebte den Ort. Weder die Arbeiter und Manager noch die Natur- und Umweltschützer. Ein neues Krebsgeschwür der Zivilisation. Aber man hatte sich arrangiert und zusammengerauft, weil es sein musste, weil der Fortschritt davon abhing.

Vor uns verschmolz das Weiß des North Slope mit dem des Polarmeers zu einem konturenlosen Einerlei. Lediglich die Brooks im Süden halfen dem Piloten, sich vage zu orientieren. So flogen wir am blauen Himmel und im gleißenden Licht der Arktis nach Westen und hatten, gänzlich ohne Bezugspunkte, den Eindruck, nicht einen Meter voranzukommen. Nach 30 Minuten kam etwas Leben in die kalte und unnahbare Landschaft: der Colville River mit seiner verästelten Seenplatte. Der Sturm hatte blankes Eis freigefegt, das nun in der Sonne wie Spiegel blitzte. Dann machten wir eine Ansammlung vieler tausend dunkler Punkte aus. Zweifellos eine besonders große Karibuherde. Norman ging tiefer … Jetzt erkannten wir, dass die Herde in wilder Flucht nach Süden hetzte. Auch das Polarmeer wurde mit einem Male interessanter. Angestrengt suchte ich die Eisflächen der Smith Bay ab. Aus unserer Flughöhe von 6000 Fuß war nichts weiter als Schatten und abgestuftes Weiß zu entdecken. Im Norden unterbrachen dunkle, zackige Adern weiße Flächen, und noch weiter draußen wurden die Adern zu Fahrrinnen, in denen Eisschollen schwammen. Die Eisgrenze!

Das Eis faszinierte mich.

»Norman«, bat ich den Piloten, »kannst du nicht etwas tiefer fliegen?«

Er tat mir den Gefallen, drückte die Piper herunter, und dann brausten wir in hundert Meter Höhe über die Eisfläche. Die dunklen Adern nahmen das Blau des Meeres an – tatsächlich, es war offenes Wasser! Landwärts boten die Packeismassen eine einzigartige Form- und Farbkomposition: turmhohe Quadrate,

Pyramiden, Obeliske – was die Geometrie zu bieten hatte. Jedes einzelne Gebilde leuchtete im Licht der Sonne von blendend Weiß über Blass-Blau zu einem schillernden Meergrün. Da lagen Eisberge im Packeis vor Anker, da stapelten sich Eisschollen wie Schichtkäse. Der Oberst zog seine Piper nach steuerbord, direkt in nördliche Richtung.

»Jetzt fliegen wir auf Nordpolkurs; von hier wären es knapp zweitausend Kilometer«, erklärte er mir.

Unter uns segelte das Treibeis durch Wasserrinnen und Kanäle, früher die Lebensader der Eskimos im Winter. Beute auf schwankendem, knackendem Eis machen ist ein lebensgefährliches Unternehmen. An der Grenze zwischen festem Eisschild und treibenden Schollen wurden Robben, Fische, Eisbären und Walrosse gejagt. Wir flogen immer noch Richtung Pol. Die Wasserstraßen zwischen den weiß glitzernden Feldern nahmen zu. Vaughan zeigte mir den Unterschied zwischen alten und neuen Eisfeldern. Alte erkennt man an den Aufbrüchen ihrer Ränder. Robben bevölkern vorzugsweise altes Treibeis.

Norman schaute angestrengt aus seinem Seitenfenster in die Tiefe und schien etwas zu suchen. Als ich ihn fragte, brummte er vor sich hin. Nun zog er die Piper höher. Was hatte er bloß? Mir taten allmählich die Augen weh vom ewigen Herabstarren auf die grell flimmernden und schnell dahingleitenden Eisflächen. Plötzlich schien der Oberst entdeckt zu haben, wonach er die ganze Zeit Ausschau gehalten hatte. Er drehte eine Runde und legte die Maschine über die Flügelspitze nach backbord.

»Da, Biber, auf dem großen Feld!« Ich starrte auf die Fläche, konnte nichts entdecken – doch jetzt, da bewegte sich etwas! Tatsächlich, das waren ja … Ich sah meine ersten Eisbären in ihrer ursprünglichen Umgebung! Norman flog zweimal über die Bären hinweg. Ich nahm jede Bewegung, jede Einzelheit der Tiere auf: das zottige, gelblich weiße Fell, die schwarze Schnau-

Der Fluglärm macht den Nanoqs gar nichts aus

zenspitze. Sie trollten an den Mulden und Ausbuchtungen eines niedrigen Eisbergs entlang. Der Fluglärm schien sie überhaupt nicht zu stören. *Nanoq* nennen die Eskimos den König der Arktis; ihn zu erlegen gelingt nur den besten Jägern! Das einmalige Bild wurde noch durch den Kontrast des tiefblauen Polarmeers unterstrichen. Wir drehten schließlich bei und folgten dem ursprünglichen Kurs nach Barrow.

»Nanoq ist schneeweiß und damit vorzüglich getarnt. Sein einziges Handikap ist die schwarze Nase. Weißt du, wie er sich an die Robbe anschleicht? Er hält sich eine Vordertatze vor die Schnauze«, klärte Norman mich auf, was mir aber sehr wie Jägerlatein vorkam.

Eine knappe Stunde später lag Barrow, der nördlichste Punkt des amerikanischen Kontinents, unter uns. Ein großflächiger, weit auseinander gestreuter Ort. Mit über 2000 Bewohnern ist Barrow Alaskas größte Eskimosiedlung. Zwischen den chaotischen Packeisformationen in Strandnähe suchten wir uns einen ebenen Streifen und landeten. Der Ort glich einem Camp aus alter Zeit, weiß und starr vor Frost. Im North Slope, ob an der Prudhoe Bay oder hier in Barrow, überraschte mich die dünne Schneedecke. Abgesehen von meterhohen Verwehungen, musste der Slope auch im Winter eine niederschlagsarme Wüste sein. Wir schulterten unser Gepäck und wanderten hinüber ins Dorf, das seinen Namen dem englischen Weltreisenden und Schriftsteller Sir John Barrow verdankt, einem Millionär, der, als er selbst nicht mehr unterwegs sein konnte, eine Reihe von Nordpolarexpeditionen finanzierte. Auch die des Sir John Franklin, der als erster Europäer die Prudhoe Bay anlief.

Wir erreichten die ersten Häuser, die zum Teil aus Holz, zum Teil aus Stein bestanden. Blechdächer deckten sie fast alle. Auffallend klein waren die Fenster und die robusten Türen.

»Wenn nur der furchtbare Dreck nicht wäre«, klagte Norman, als wir an weißen Hügeln von ein, zwei Metern Höhe vorbeistampften. »Schau dich um, überall Abfallhaufen. Wenn der Schnee schmilzt, kann dir bei all dem Unrat schlecht werden!«

Die Gebilde, an denen wir jetzt vorüberkamen, schienen das Winterlager umherziehender Eskimos zu sein oder aber die Slums von Barrow: aus Treibholz flüchtig zusammengenagelte »Gehäuse«, windschief, mit noch schieferem Ofenrohr durchs flache Dach geführt, das mit Resten von Dachpappe versehen war. Auch ein aufs Land geschleppter ausgedienter Fischkutter – weiß der Teufel, wer den nach Barrow entführt hatte – stellte eine winterfeste Behausung dar und stand, mit einer Holztreppe versehen, zwischen anderen hausähnlichen Gebilden, wie beispielsweise einer abstrakten, auf Kante gestellten Transportkiste. Nicht zu glauben, was alles als Unterkunft bei arktischen Kältegraden dienen konnte!

Endlich wurden die Häuser wieder ansehnlicher. Auf einem

Barrow, der nördlichste Punkt des amerikanischen Kontinents

sanft ansteigenden Gelände stand ein recht schmuckes Haus, mit sauber gespundeten Brettern verkleidet. *Brower's Café* stand über dem Eingang.

»Das ist das nördlichste Café Amerikas«, sagte der Oberst und deutete auf das Gebäude. »Dem Namen Brower wirst du hier überall begegnen. Charles Brower war nämlich der Herr der Arktis. Ein Teufelskerl! Sohn dänischer Eltern, in New York geboren. Auf Walfangschiffen kreuzte er auf allen Weltmeeren herum, bis er schließlich in Barrow hängen blieb. Er liebte die Arktis über alles. Als er starb, hinterließ er fünfzehn Kinder, die er mit verschiedenen Eskimofrauen gezeugt hatte. Charles wurde über Alaskas Grenzen hinaus bekannt durch sein Buch ›Fünfzig Jahre unter null‹. Forscher und Globetrotter holten sich bei Charles Rat, wenn es um die Tücken des Polarmeers ging.«

In dem Ort war wenig los: Einige Männer reparierten Dächer,

Snowmobiles haben den Schlitten verdrängt

andere bastelten an Schlitten herum. Manchmal kam uns eine Gruppe Kinder entgegen, verpackt in bunte Parkas. Hier und da kläfften und heulten Hunde aus Hinterhöfen. Snowmobiles hatten längst den Nordrand der Welt erobert. Eskimojungen in wattierten Overalls und mit riesigen Sturzhelmen auf dem Kopf knatterten zuweilen über Kreuzungen oder benutzten die Dorfstraße als Rennpiste, den »Easy Riders« oder »Hell's Angels« der unteren Staaten um nichts nachstehend.

Der Oberst hielt vor einem Haus an, das an Stelle eines Türgriffs ein Prachtexemplar von Walrosszahn besaß. Zwei schwere Überlandschlitten staken aufrecht in einer Schneewehe. Urplötzlich hob ein ohrenbetäubender Hundespektakel an. Das Gesicht eines Mannes erschien am Türfenster, gleich darauf wurde der Eingang geöffnet. »Hey, Colonel«, grüßte der Eskimo und forderte uns auf, einzutreten. Ich stolperte über einige Töpfe, dann stand ich in dem einzigen großen Zimmer, das mir wahnsinnig überheizt vorkam. Augenblicklich stand mir der Schweiß auf der Stirn, und meine Augen tränten infolge des beißenden Rauchs, der im Raum stand. Aber das Schlimmste von allem war der Gestank, der mir fast den Atem nahm! Ich schaute mich im Halbdunkel um. Neben einem alten, weißhaarigen Eskimo, der missmutig auf den Boden starrte, spielten zwei halbwüchsige Kinder mit kleinen Hunden. Mitten im Geschehen kniete eine rundliche Frau und weidete gerade eine aufgetaute Robbe aus. Innereien drapierten den Fußboden. Ein Bottich mit heißem Wasser stand in einer Blutlache. Endlich wusste ich, wo der penetrante Gestank herrührte!

Langsam gewöhnten sich meine Augen an das Dämmerlicht und nahmen weitere Einzelheiten auf: noch mehr Blutpfützen und ein Baby, das freudig darin herumplantschte. Im Moment war es gerade dabei, mit roten Fingern abstrakte Bilder auf den Fußboden zu malen. Neben dem Stillleben standen zwei randvolle Nachttöpfe, deren Inhalt unmöglich allein von dem Baby stammen konnte! In einem verbeulten Aluminiumtopf brodelte Wasser; Fleischschwarten mit Büscheln langer Borsten hingen halb aus dem Topf heraus.

Ein hinterer Winkel des Zimmers war mit Karibufellen ausgelegt. Gewöhnlich schien man auf Kisten zu sitzen und gemeinsam in einem wirren Haufen von Pelzen zu schlafen. Oberhalb des Nachtlagers hingen Postkarten, bunte Bilder und allerlei Ausschnitte von Illustrierten. Als Kontrast ein Foto aus Nevada: Kakteen, verbrannte Erde, rote Felsen. Ein rostiger Kanonenofen bollerte böse, er erzeugte die ungewohnte Hitze. Trotz der abstoßenden Umgebung strahlte die Hütte eine sonderbare Gemütlichkeit aus.

Harry Akkuput, so hieß der Mann, der uns geöffnet hatte, stellte uns seine Familie vor. Norman und Harry kannten sich

Der alte Jim Akkuput

seit der gemeinsamen Zeit bei der Armee. Der Eskimo hatte es im Regiment des Obersts in kurzer Zeit zum Unteroffizier gebracht. Doch nach dem Koreakrieg trieb es ihn wieder nach Hause, nach Barrow. Er liebte die Jagd und das Schlittenfahren, was die Armee ihm nicht bieten konnte. Auch Jim, sein weißhaariger Vater, der immer noch vor sich hin starrte, war, bevor ihn der Alkohol zerstört hatte, ein großer Jäger gewesen. Er hatte seine Harpune vom Kajak aus mit tödlicher Treffsicherheit geschleudert und war der unbestrittene König der Walfänger gewesen. Doch das war lange her. Seit die Regierung ihm Geld bezahlte – viel mehr Dollar schenkte, als er je erjagen konnte! –, ohne dass er Angst überwinden musste, ohne dass er dem Tod ins Angesicht sehen musste, verstand er sein Dasein nicht mehr. Und weil die Leere seines Lebens nicht mehr zu ertragen war, füllte er sie mit Whisky aus – so wie viele seiner unerschrockenen Jagdgefährten in Barrow. Natürlich trank auch Harry, aber nicht so exzessiv, nicht so regelmäßig wie sein Vater. Noch ging er gerne auf die Jagd. Bisweilen stellte er sogar Nanoq nach, bis weit hinaus an die Eiskante. Oder er suchte den Zweikampf mit der Natur auf beschwerlichen Jagdausflügen. Aber wie lange noch?

Wenn Harry nicht unterwegs war, widmete er sich anderen Aufgaben: dem Schnitzen von *Billikens*, faustgroßen Elfenbeinfiguren aus Walrosszähnen. Seine Kunstwerke stellten Fabelwesen aus der Sagenwelt seiner Vorfahren dar: Zwerge, Meermännchen, Gnome. Jeder Jäger trug früher diese seltsamen Gebilde als Glücksbringer bei sich. Heute produziert Harry die Figuren während der Wintermonate und liefert sie an Souvenirläden, die sie im Süden Alaskas an Touristen verkaufen. Seine Hauptbeschäftigung bestand jedoch in der Aufzucht von Schlittenhunden. Der Oberst meinte, dass er sich um Harry keine Sorgen machen brauchte, solange sein Leben von Hunden bestimmt wurde. Hoffentlich!

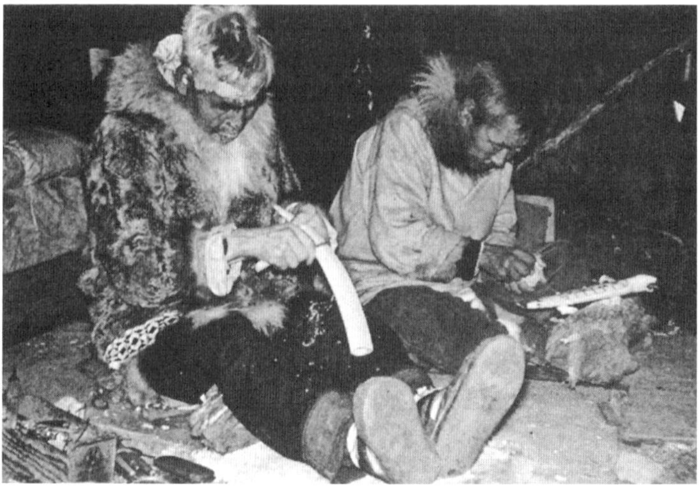

In seiner Freizeit schnitzt Harry Elfenbeinfiguren

Nach einer guten Tasse Kaffee führte uns Harry hinter sein Haus, um uns voller Stolz seine Zucht zu zeigen. Etwa dreißig Eskimohunde, an kleinen Hütten angebunden, rannten hektisch hin und her und machten dabei einen Heidenlärm. Ein stattliches Tier, das abseits der Rotte angekettet war, heulte und jaulte nicht mit. Der Bursche machte mich neugierig, und ich näherte mich ihm auf einige Schritte. Ein wirklich seltsames Tier, dieser Polarhund. Er war größer als seine Kameraden, sein Fell zottiger, zu den Flanken hin grau-braun in der Färbung. Er musterte mich aus einem braunen und einem hellbraunen Auge. Ich trat noch einen Schritt näher. Zwar hatte ich manches über die unberechenbare Wildheit der Eskimohunde gelesen, die, waren sie einmal in Rage gekommen, einen Menschen zerfleischen konnten. Wenngleich dieser fest angekettet war, so erschrak ich doch über die Wildheit seines Ausdrucks.

Harry musste mich beobachtet haben, denn er rief: »Keinen Schritt näher, Biber! Olo ist unberechenbar, wenn er sich losreißt, hängt er dir an der Gurgel!«

Trotzig hielt Olo meinem Blick stand, mit einem Mal sträubten sich seine Haare auf Rücken und Schulter. Die dünnen, schwarzen Lippen seiner mächtigen Schnauze spannten sich und entblößten die grausam drohenden Reißzähne. Und aus dem zähnefletschenden Maul drang ein hasserfülltes Knurren von solcher Bösartigkeit, wie man es sonst nur von Wölfen kennt. Richtig, Wölfe! Olo musste ein Wolf sein, zumindest die eine Hälfte davon. Wieder knurrte er gefährlich, zog die Eisenkette stramm und stemmte sich mit den Vorderbeinen in den Schnee, bereit, sich auf mich zu stürzen und mich zu Boden zu reißen. Dann aber legte er den Kopf in den Nacken und heulte mit offenem Rachen schaurig in den Tag.

Harry und Norman Vaughan traten neben mich. Gemeinsam lauschten wir den Urlauten der Arktis. »Olo ist ein Prachtexemplar, ein geborener Leithund. In ihm haben sich die besten Eigenschaften der Polarhunde und Wölfe vereinigt«, sagte Harry.

»Und du willst ihn mir wirklich verkaufen?«, fragte Norman vorsichtig.

»Nur einem Hundekenner wie dir kann ich ihn anvertrauen. Es wird schwer sein, ihm den Willen des Menschen aufzuzwingen, ohne seine Kampfkraft zu zerstören.«

»In der Tat, ein Bursche wie geschaffen für den Iditarod Trail!«, meinte der Oberst anerkennend.

Mit der Axt in der Hand ging Harry zu einem steif gefrorenen Elchkadaver und trennte mit einigen Hieben ein ordentliches Stück ab. Er warf einen Blick auf Olo. Der Wolfshund konzentrierte sich mit Furcht erregender Intensität auf Harrys Bewegungen. Er öffnete das Maul, ließ die scharlachrote Zunge heraushängen – gierig troff der Geifer. Endlich flog der Brocken vor seine Pfoten. Mit Wucht schlug er die Fänge in das eisenharte Fleisch.

»Hunde sind wie Menschen, du kannst sie mit der Stimme beherrschen«, sagte Harry und richtete nur ein einziges Wort an die wie toll kläffende Hundemeute – sie verstummte. »Wer das nicht kann, sollte sich aus dem Geschäft raushalten.«

»Und wenn sie nicht parieren?«, fragte ich.

»Es kann schon passieren, dass du sie schlagen musst – aber hüte dich davor, deine Hunde zu treten! Wichtig ist, dass es ihnen gut geht, dass sie richtig gefüttert und vor allem hart trainiert werden. Dann sind sie treue Kameraden, bei jedem Wetter, in jeder Situation.«

Noch einmal rief Harry etwas in Richtung Gehege ... Die Hunde verzogen sich in ihre Hütten.

»Du darfst sie aber auch nicht ewig anbrüllen, das verstört sie, und wenn's drauf ankommt, machen sie, was sie wollen, und deine Autorität ist für immer verspielt.«

Harry ging mit uns vors Haus zu den Schlitten. »Für uns ist der Hund ein Partner«, fuhr er fort, »ein Kamerad, dem wir nicht selten unser Leben anvertrauen. Tiere, die richtig erzogen wurden, wissen das und lassen den Menschen niemals im Stich!«

Norman wuchtete einen Schlitten aus dem Schnee.

»Feine Arbeit! Dem Gewicht nach Birkenholz«, urteilte er.

»Aus junger Birke werden die besten Schlitten gebaut«, erwiderte Harry, »elastisch und leicht. Rahmen aus Hickory, Eiche oder Esche sind zu starr und zu schwer. Als Kufen nimmt man Holzleisten, für Rennschlitten Eisenbänder, ein Viertelzoll stark.«

»Ich hab mir Kunststoffkufen aufgezogen, die sind recht brauchbar«, bemerkte Norman.

»Kunststoff«, wiederholte Harry verächtlich, »dann lieber Knochen.«

Wir gingen wieder in die Hütte und machten es uns auf den Treibgutkisten so bequem wie möglich. Hunde und Schlitten blieben das beherrschende Thema. Für den echten Alaskaner ein nie endender Gesprächsstoff!

Doch dann wurden die Geschichten der Männer unterbrochen. Mary, die Frau des Eskimos, stellte schwungvoll den Aluminiumtopf mit den heraushängenden Schwarten auf den Tisch. Mir wurde schlagartig übel. Der Dampf, der mir in die Nase stieg, roch nach einer Mischung von Blut und Urin. Widerwärtig! Ich konnte nicht an mich halten. Norman beobachtete mich amüsiert. »Spätestens übermorgen hast du dich daran gewöhnt, Biber, und stürzt dich wie hungrige Huskys auf Walrossfleisch!« Niemals – dachte ich beim Hinausrennen.

Im Türrahmen stehend beobachtete ich den Schmaus der Sippe. Den Gesten nach musste das Walross zäh wie Gürtelreifen sein. Mit riesigen Messern säbelten sich die Eskimos kleine Fleischstücke unmittelbar vor dem Mund ab. Auch der Oberst

Mary, die Frau von Harry Akkuput

passte sich den Eskimositten an. Ich staunte, mit welcher Kraft sein altes Gebiss die »Schuhsohlen« bearbeitete.

Der zweite Gang, Seehundfleisch, war zarter. Das Besteck bestand aus den zehn Fingern. Als der Tran troff und die Finger laut schmatzend abgeleckt wurden, konnte ich nicht länger zusehen. Den Nachtisch, eine dunkelbraune, dickflüssige Brühe, besser gesagt Blutsuppe, bekam ich nicht mehr mit – erst wieder das laute Rülpsen, wie aus Walrosskehlen abgelassen, zum Zeichen, dass es vorzüglich geschmeckt hatte und alle satt waren. Nach dem Essen schwelgten die Männer in Erinnerungen an bestandene Abenteuer. Harry ließ die Zeit seiner endlosen Schlittenreisen lebendig werden, berichtete von gefährlichen Jagdausflügen an die Eisbarriere, um Walrosse und den Nanoq zur Strecke zu bringen. Die Jagd auf den Eisbären ist die Herausforderung, ist die Krönung des Jägerlebens.

Nahe den Plover Islands war Harry mit drei Jägern den Eisbären auf der Spur. Die Verfolgung dauerte bereits vierzehn Tage. Da der Proviant zu Ende ging, beschlossen sie umzukehren.

Da stand er plötzlich vor ihnen! Er war aus einer Eisberghöhle herausgekommen. Aufgerichtet maß er mehr als drei Meter und erteilte den Hunden, die an ihm hochsprangen, tödliche Ohrfeigen.

»Ich kam im zweiten Schlitten«, berichtete Harry, »und hatte schneller das Gewehr an der Schulter als die Beine vom Schlitten. Ich zielte auf das Schwarze im Gesicht des weißen Riesen und drückte ab. Der Karabiner knallte zweimal gegen meine Backe. Als die Schüsse verhallten, stürzte der Riese in sich zusammen. Drei Huskys begrub er unter sich. Skooper, Freds Leithund, hatte er den Unterkiefer bis an den Hals abgeschlagen. Der Hund jaulte mit halbem Rachen wie ein Baby. Kaum hatten wir den Bären aus der Decke geschlagen, fegte ein Blizzard übers Eis, der uns vier Tage am Eisberg gefangen hielt. Vor Hunger aßen wir rohes Bärenfleisch.

Endlich wurde es wieder klar. Wir wollten die Hunde anschirren und nach Barrow zurückfahren, da merkten wir, dass die Wucht des Sturms das Eis aufgebrochen und im Süden eine breite Rinne gerissen hatte. Wir mussten nordwärts fahren, mit den erschöpften Gespannen über Treibeisschollen setzen … Von den vierunddreißig Hunden waren noch sechzehn am Leben, als wir Barrow erreichten.«

In der Eskimohütte wurde es schummriger. Schließlich stellte Mary eine Tranfunzel auf den Tisch. Und Harry erzählte unentwegt aus seinem abenteuerlichen Leben in der Arktis. Als das Licht erlosch, rollte ich mich müde und auch hungrig in den Haufen stinkender Felle. An Schlaf war nicht zu denken; mit offenen Augen lag ich da und starrte in die Finsternis. Die Arktis hatte mich »gebissen«, sie forderte mich heraus – ich musste sie erleben! Mit allem, was sie bot: ihrer Kälte, ihrem Sturm, dem tückischen Eis an der Barriere und den wallenden Schleiern des Nordlichts.

An den folgenden Tagen sollte sich Olo an seinen neuen Herrn gewöhnen. Das war ein mühseliges Unterfangen. Aber schließlich hatte ihn Norman Vaughan für tausend Dollar gekauft und wollte ihn im nächsten Iditarod-Rennen als Leithund in seinem Team einsetzen. Eine etwas ungewöhnliche Entscheidung, denn Leithunde sind selten jünger als acht Jahre. Vorher haben sich die Instinkte für Gefahren – unsichtbare Löcher im Eis aufspüren, den verwehten Trail wittern, sich auch bei Nacht im dichtesten Schneegestöber orientieren – sowie die Fähigkeit, die Meute beieinander zu halten und als Autorität anerkannt zu werden, nicht gänzlich entfaltet. Doch Harry und Norman waren sich einig, dass Olo mit seinen drei Jahren eine Ausnahme bildete. Er besaß bereits die Reife eines erstklassigen Leithundes. In ihm schlummerten die Instinkte alaskanischer Timberwölfe. Und dann erfuhr ich Olos Geschichte:

Vor drei Jahren war Harry einige Meilen südlich in Richtung Scott Plateau gezogen. Ihm war nicht ganz wohl bei seinem Vorhaben; immerhin handelte es sich um seine beste Zuchthündin. Dennoch, er wollte es wagen – das eine oder andere Mal war es ja gut gegangen. An einer günstigen Stelle des Plateaus angekommen, rammte er einen Pfahl in das Eis und band die Hündin daran fest. In der folgenden Nacht kam es darauf an, ob die umherziehenden Wölfe seine Polarhündin rissen – oder deckten. In den frühen Morgenstunden trieb Harry seinen Schlitten an die Stelle, wo die Hündin befestigt worden war. Sie lebte und stand unverletzt im Schnee. Vierundsechzig Tage später warf sie drei wilde, widerstandsfähige Welpen, unter denen Olo der Edelste war …

Olo wurde ab jetzt nur noch von Norman gefüttert. Als der Oberst ihn endlich streicheln durfte, ohne böse angeknurrt zu werden, war die schwierigste Hürde überwunden. Denn an der Spitze eines Teams arbeitete Olo schon regelmäßig unter Harry Akkuputs Leitung. Bald war es dann soweit. An einem frostklaren Morgen schirrten die beiden Männer zwölf Hunde, mit Olo an der Spitze, vor den Schlitten. Der Oberst beschloss, zwanzig Meilen nach Westen, ans Dease Inlet, zu fahren und möglichst am gleichen Tag wiederzukommen. Vorsichtig fragte ich an, wie er sich die nächsten Tage in Barrow vorstellte. »Ich werde Olo erst einmal auf Herz und Nieren prüfen, bis er hundert Meilen an einem Stück marschiert. Als Training für den Iditarod Trail, verstehst du? Schätze, in einer Woche ist er soweit; dann wird er zu Hause mit meinem Team trainiert. Das wird eine ziemliche Umstellung für ihn sein. Die Wärme in Palmer könnte ihm stark zu schaffen machen.«

»Prima!«, sagte ich. Nun wollte ich endlich in Angriff nehmen, was ich schon die ganze Zeit vorhatte. Norman stellte sich auf die Kufen und rief seinen Huskys, die aufgereiht an der Zugleine standen, zu: »Hike! Hike!« Der Zug setzte sich knarrend in Bewegung, erklomm eine Bodenwelle – und verschwand dahinter samt Norman Vaughan.

Eine Wettfahrt

Es klappte besser, als ich zu hoffen gewagt hatte. Da Harry keine Zeit zu einem Jagdausflug hatte, hörte er sich im Dorf um. Mittags erschien er wieder und meinte, es sehe schlecht aus. Für große Fahrten sei das Wetter zu unbeständig, erst wieder im Frühjahr würden ein paar junge Burschen an der Eiskante jagen. Nur vom alten Jackson habe er gehört, dass er hinauswollte.

»Ausgezeichnet, wo wohnt dieser Jackson?«

»No, Biber, den kann ich dir nicht empfehlen... Der bringt dich in Teufels Küche. Sicherlich ein guter Jäger, aber ein noch besserer Säufer, Raufbold, Schläger und einiges mehr, musst du wissen.«

»Adresse, Harry – auf der Jagd wird er nicht trinken«, beharrte ich.

»Weiß man's?«

»Sag mir, wo er wohnt, schnell!«

»Auf deine Verantwortung. Frag unten an der Mole nach Jackson Walluk.«

Ich ging ins Haus und stopfte das Nötigste in meinen Rucksack; frisches Heu für die Schuhe hätte ich fast vergessen. Sonst noch etwas?, überlegte ich. Mir fiel aber nichts weiter ein.

Am Eingang rief ich Harry »so long« zu, und: »Grüß Norman! In zwei, drei Tagen bin ich wieder da!«

»Dass ich nicht lache«, sagte Harry ernst. »Der alte Jackson ist unberechenbar. Gesessen hat er auch schon, unten in Kotzebue!«

Schnellen Schrittes schlug ich den Weg zur Mole ein, ohne

den Miesmacher Harry einer Antwort zu würdigen. Es dauerte nicht lange, bis ich Jacksons windschiefe Bude fand, die er alleine bewohnte. Er machte sich gerade an seinem Schlitten zu schaffen. Ein großer Kerl war er, mindestens sechzig Jahre alt.

»So, mit mir auf Robbenjagd willst du. Kann dich aber nicht gebrauchen!«, knurrte er muffig, nachdem ich ihm mein Anliegen vorgetragen hatte. Sein Englisch war kaum zu verstehen. Er wollte mich partout nicht dabeihaben, wohl aus Angst, ich könnte ihm zur Last fallen. Oder gab es andere Gründe?

Ich ließ aber nicht locker und hielt ihm zu guter Letzt einige Dollars unter die Nase. Er schaute auf. Sein Gesicht war gelbbraun und verwittert wie ein schrumpeliger Apfel, der Mund eingefallen, fast zahnlos. Beiläufig fragte er: »Hast du noch mehr davon?«

»Wenn du mich heil zurückbringst, gibt's noch ein paar mehr!«, versprach ich ihm.

»Meinetwegen also. Aber wenn du Theater machst, lass ich dich draußen liegen, ist das klar?« Jackson sprach die letzten Worte sehr eindringlich, ich roch seinen süßsauren Atem. Betrunken schien er heute nicht zu sein. Schließlich war der schwere Überlandschlitten gepackt, und Jackson richtete sich auf, um seine Pfeife zu stopfen – für viele Eskimojäger ein unerlässliches Zeremoniell. Ohne sich weiter um mich zu kümmern, ging er ums Haus und zog seine Huskys am Brustgeschirr vor den Schlitten. Immer paarweise band er sie an so genannte Verbindungsleinen und diese mit Karabinerhaken an die Zugleine. Die Meute war gut: Sie bestand aus Siberian Huskys und Malamuten, insgesamt vierzehn Tieren. Sie witterten, dass es auf eine längere Fahrt ging. Temperamentvoll zerrten sie an den Leinen und stampften im Schnee. Sie waren aufgeregt und brannten darauf, endlich auf die Piste zu kommen. Im Schlittenkorb war noch etwas Platz, sodass ich zwischen Kocher, Axt,

Widerwillig erklärt sich Jackson Walluk bereit, mich auf die Jagd mitzunehmen

Schlafsack, Zelt, Verpflegung und Schneeschuhen mein Gepäck unterbrachte. Ich setzte mich obendrauf und klemmte das Gewehr zwischen die Beine.

»Yake! Let's go! Los, vorwärts!«, rief Jackson seinem Team zu. Vierzehn Hunde legten sich ins Geschirr, sechsundfünfzig Beine

Die Jagd geht los

stemmten sich in den Schnee. Unter Jacksons anfeuernden Rufen stob das Team davon.

Fahren mit dem Hundeschlitten ist eine Kunst. Wenn der Leithund nicht funktioniert, die Meute verrückt spielt, ist der Musher – der Schlittenführer – aufgeschmissen. Im Nu wird nämlich das geordnete Team ein kläffendes, um sich beißendes Knäuel, dem keine Richtung zu geben ist. Da hilft nur, den Karabiner dazwischenhalten oder zu Fuß nach Hause gehen. Es gibt keine Zügel und keine Peitsche. Gelenkt wird der Schlitten durch Zurufe und Gewichtsverlagerung. Der Schlittenführer muss sein Team auf sich einschwören, und Jackson war auf seine Huskys eingeschworen! Mit frischer Kraft glitt der Schlitten dahin. Gleichmäßig wirbelten die Hundeläufe. Eisiger, tränentreibender Fahrtwind rieb die Haut wie eine Feile. Ich zog mir das

Biberfell an den Hals. Der Himmel war bedeckt, ab und an brach milchiges Licht durch die graue Wolkendecke. Als ich mich aufrichtete und nach Süden in die Sonne blinzelte, die wie eine schwache Taschenlampe schien, fiel mir siedend heiß ein, was ich vergessen hatte: meine Schneebrille! Welch ein verhängnisvoller Leichtsinn! Das diffuse Licht konnte sich im Handumdrehen in ein gleißendes, grelles Strahlen verwandeln und die Augen schmerzhaft blenden. Weg mit den trüben Gedanken! Ich wollte diese Schlittenfahrt genießen, diese erste herrliche Fahrt auf blanken Kufen. Der Leithund spitzte die Ohren, schaute sich nach seinem Gefolge um, dann heulte er ausgelassen und führte den Tross an Bodenwellen, Eisbrocken vorbei in offenes Gelände.

In der Meute wurde es plötzlich unruhig; Swing-, Team- und Wheel-dogs rissen nervös an den Strängen, reckten die Hälse und schnauften, einen langen Kondensstreifen gefrorenen Atems hinter sich herziehend. Ab und an schnappten sie jetzt nach den Hinterbeinen ihrer Vordermänner. Der Leithund verstand, was gemeint war. Er streckte sich, und mit ihm warfen sich vierzehn Huskys in straffe Leinen. Das Gespann schoss vorwärts – die Hunde flach über dem Boden. Wie eine Postkutsche, im gestreckten Galopp, rauschten wir dahin. »Hike! Hike!«, peitschte Jackson das rasende Team auf. Durch Elson Lagoon, dann hinüber zu den Tapkaluk-Inseln sollte die Fahrt gehen. Ich schob mich waagerecht in den Korb, denn der Schlitten tanzte bisweilen aus der Spur und legte sich wie ein Segelboot auf eine Seite, wobei er auf nur einer Kufe ratterte. Schnee wirbelte auf. Barrow verschwand irgendwo hinter uns.

Vor uns die Arktis in Reinkultur: gräuliches Weiß, selbst die Eisberge verloren an Kontur – was blieb, war die menschenfeindliche Parodie einer Landschaft! Es war trocken und schaurig kalt. Längst hatte sich die Nase mit Eis zugesetzt. Nur eine wollene Gesichtsmaske schützt den Reisenden vor Erfrierun-

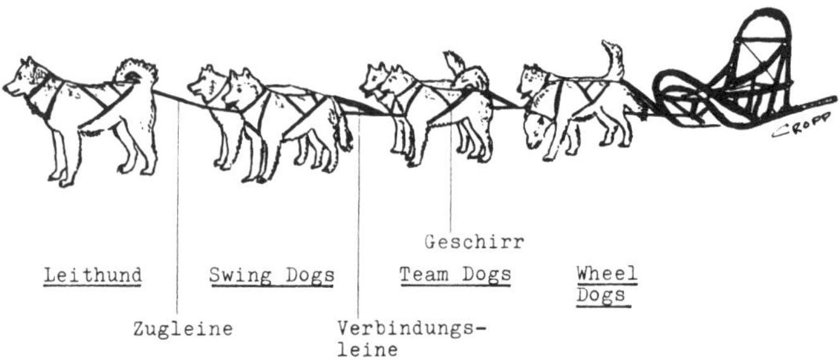

Hundeschlitten-Gespann

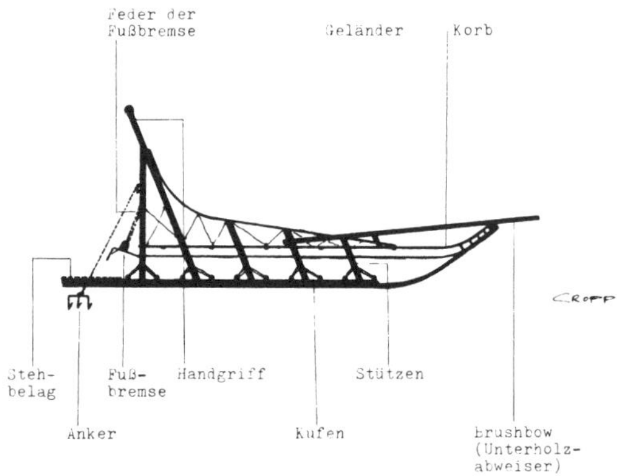

Hundeschlitten

gen ... Jacksons Vorderseite war bald von Kopf bis Fuß mit einer dicken Eiskruste überzogen – aber unter dem Eis grinste er, auch ihm gefiel die Jagd an den arktischen Ozean! Schneller und schneller trieb er sein Team, durch Schneewehen, in denen die Hunde schier wegtauchten, über freigewehte, spiegelblanke Eisflächen, auf denen die Stahlkufen wie MG-Feuer hämmerten. Ein römischer Streitwagenlenker, dieser Jackson! Wenn gefährliche Eisbrocken auftauchten, verlagerte er sein Gewicht, warf sich auf eine Kufe, ließ den Schlitten in atemberaubendem Tempo um Klippen schleudern – und blieb dabei wie festgewachsen auf den Kufen stehen. »Gebt mir Winter, gebt mir Hunde – alles andere könnt ihr behalten!« Knud Rasmussen hatte das einst gesagt; es gilt für jeden Eskimo. Und Jackson war das beste Beispiel dafür; er war in seinem Element.

In angstvollen Minuten hatte ich mich oft gefragt: Warum bist du nicht zu Hause bei deiner Familie und gehst deinem zivilen Beruf nach? Doch nun, im dahinsausenden Schlitten, auf hämmernden Kufen, den beißenden Fahrtwind im Gesicht, überkam mich wieder die Lust, die mir wie Fieber ins Blut schoss: Abenteuer, dabei sein, kosten, was die Natur abseits der Zivilisation zu bieten hatte. Noch! Und jetzt war ich dabei, mit Jackson, dem Jäger, unterwegs. Ich bin kein Jäger, mich packt kein Jagdfieber – der älteste und stärkste Trieb menschlichen Daseins, den die viel zu kurze Zeit der Zivilisation im Großstädter nur scheinbar verdrängt hat. Für mich war es der Rausch der Weite, der unbändigen Freiheit, wie sie früher vielleicht die Seeleute empfunden haben, wie sie heute noch Zigeuner und Nomaden kennen.

Am weißen Horizont wuchsen Punkte, vier an der Zahl. Schnell wurden sie größer und wollten sich mit Gejaule in unsere Flanke schlagen. Hundeähnliche Räuber, für Wölfe zu klein und zu hell geraten, denke ich und krame das Gewehr heraus. Keine Minute zu früh, denn schon schickte sich einer der wilden Hunde an, die Läufe unserer Huskys zu packen. Zwei Schüsse klatschten übers Eis, zwei der Räuber stürzten in den Schnee. Die beiden anderen hetzten davon – der Spuk war vorbei. Jackson klopfte mir auf die Schulter; das war zweifellos Anerken-

Ein römischer Streitwagenlenker, dieser Jackson!

nung. Einen Jäger kann man auf diese Weise beeindrucken, und das galt besonders für Jackson, der von mir ja nichts zu halten schien.

Die Schlittenjagd ging weiter. Der Eskimo steuerte direkt auf die Tapkaluk-Inseln zu, die wie eine Eskaladierwand aus dem Eis ragten. Allmählich spürte ich die Kälte in meinen Körper kriechen. Wo sie sich festsetzte, starb das Fleisch ab und wurde taub. Von meinen Zehen spürte ich längst nichts mehr. Bei dem Gedanken, sie zu verlieren, packte mich panische Angst. Hastig zog ich die Beine an und versuchte, sie durch die Schuhe hindurch zu kneten. Ob es etwas half, wusste ich nicht, trotzdem massierte ich mit ganzer Kraft und ohne Pause, kämpfte um jeden Blutstropfen, den ich in die Zehen pressen konnte. Jackson um eine Pause zu bitten, damit ich mir die Beine vertreten konnte, schlug ich mir aus dem Kopf. Das würde er nie tun; und wenn ich mich hinunterfallen ließe, würde er weiterfahren. Eskimos warten niemals. Hier gilt das Gesetz des Überlebens, frei von Sentimentalität. Wenn ich die Zehen nicht bis zur Rast – irgendwann in drei, vier Stunden, bei Dunkelheit – mit einem Minimum an Blut versorgen konnte, war ich sie los. Das war das erbarmungslose Gesetz der Arktis!

Und die Kälte kroch weiter … Ich merkte, wie sie sich immer näher zum Herzen fraß, mich immer steifer werden ließ, immer mehr Körperteile gefühllos machte, außer den Zehen auch noch die Hände und das Gesicht. Erstmals befiel mich Entsetzen vor dieser unaufhaltsamen Kälte, die nicht eher ruhen würde, bis alles die gleiche Temperatur hatte: mindestens dreißig Grad minus, das wusste ich ohne Thermometer. Stumm leiden, dachte ich. Um Himmels willen nicht schreien, nicht durchdrehen! Noch ist Leben in dir und etwas Wärme. So schnell krepiert man nicht! O doch! Ich hatte von Nordlandmännern gehört, die stehend auf ihren Schlitten erfroren waren, stocksteif den Griff umklammert hatten und von ihren Teams Hunderte von Meilen als Leiche transportiert worden waren. Noch war meine letzte Stunde nicht gekommen, denn im selben Moment, in dem mich Gedanken über ein wahrscheinliches Ende quälten, rauschte der Schlitten in ein gewaltiges Tiefschneefeld. Hunde samt Schlitten hatten sich hineingerammt. Durch das plötzliche Stoppen flog ich vor bis an den Brushbow. »Bloody shit!«, fluchte Jackson und trieb das Team mit Flüchen an. Nichts half mehr. Die Hunde japsten, strampelten auf der Stelle, bekamen keinen festen Boden unter die Pfoten und wühlten sich immer tiefer. Bei den ersten schlug der Schnee schon über den Köpfen zusammen. Ich fiel aus dem Schlitten, wollte aufspringen, doch die Froststeife ließ mich zusammensacken. Der Eskimo half mir auf die Beine; als ich wieder umkippte, massierte er mich mit schmerzhaften, aber wirkungsvollen Schlägen – bis es dann doch wieder ging. Wir zerrten und zogen an dem Schlitten. Er kam nicht flott, ließ sich einfach keinen halben Meter mehr bewegen. »Abladen!«, entschied der Eskimo. Ohne Hast machten wir uns daran, die Ladung vom Schlitten zu nehmen. Dann gruben wir ihn frei und versuchten das Gespann rückwärts aus dem Schneefeld zu ziehen. Doch die Hunde konnten nicht helfen, ihre Beine mahlten ohne Widerstand. Wir schirrten aus und spannten das Team auf dem festen Schnee wieder ein, wobei wir ziemlich aus der Puste gerieten. Nun hieß es wieder aufladen.

»Der Schnee ist zu weich und zu tief für die Huskys, schätze zwei Meter. Zieh dir die Schneeschuhe an und tritt den Trail fest. Anders kommen wir nicht durch«, befahl Jackson.

Ich tat, was er sagte, und trat den Trail quer zur Fahrtrichtung. Von strapaziösen und gewagten Schlittentouren hatte ich viel gehört, manches gelesen. Eine richtige Vorstellung davon hatte ich mir jedoch nie machen können. Die folgenden Stunden jedoch werde ich so bald nicht vergessen.

Nach den ersten dreißig Metern Schnee treten wurden die Beine schwer wie Mühlsteine, nach weiteren fünfzig brannten sie, als träte ich barfuß in glühende Kohlen. »Weiter, weiter, du trauriger Schlappschwanz«, feuerte ich mich an, »was ein richtiger Musher ist, der tritt den Trail tagelang und zieht außerdem ein müdes Team samt Schlitten hinter sich her!« Die Verwehung war etwa dreihundert Meter lang und zog sich sichelförmig von Westen nach Osten. Während ich wie ein Roboter Schritt um Schritt setzte, hatte Jackson alle Mühe, Hunde, Schlitten und sich selbst durch das Feld zu bugsieren. Oft sackte er durch und saß bis zu den Oberschenkeln fest. Den Hunden erging es nicht besser. Besonders für die schweren Malamuten war der Trail eine Qual. Bei jedem Schritt versanken sie bis Bauch und Brust. Irgendwann aber wurde der Schnee wieder hart – erschöpft ließ ich mich auf den Schlitten fallen. Der Eskimo rannte noch einige Schritte neben dem Zug her, dann sprang er auf die

Mühsam trete ich mit Schneeschuhen den Trail fest

Kufen. Und mit »Hike! Heh-o-o!« trieb er sein Gespann aus dem letzten Flugschnee. Das Knirschen und Stöhnen unter den Kufen klang beruhigend und untermalte das monotone Keuchen der Huskys.

»Los, Langohr, Tempo!« Jackson brachte seinen Leithund in Gang. Der Schlitten bäumte sich auf, machte einen Satz, wir brausten eine Senke hinab, rasant wie ein Express. Nachmittags hieß es wieder abladen, ausschirren und den Schlitten mit aller Vorsicht den schneefrei gefegten Südhang einer der Tapkaluk-Inseln hinaufzuhieven. Jenseits befand sich der Ozean, und viele Meilen nördlich die Eiskante. Die Insel hatte die Form eines Walrückens und erlaubte einen Rundumblick. Zur Seeseite, fast in gleicher Höhe mit uns, zog ein anderes Team nach Osten. Jackson winkte und rief etwas übers Eis, dann trieben wir unsere Hunde hinunter zu den Fremden.

Zwei jüngere Eskimos, ziemlich verwegen aussehende Gesellen, mit einem Team in unserer Stärke, warteten an einem Packeisblock.

»Auf Jagd, Jackson?«, fragte der Schlittenlenker in Eisbärfellhosen.

»Richtig, Steve. Und du, wo soll's hingehen?«

»Zu den Plover-Inseln.«

»Da fahren wir auch hin.«

Nun tauschten die Eskimos Tabak aus und stopften ihre Pfeifen.

Man unterhielt sich in Englisch, redete dies und das, und ich erfuhr, dass die beiden aus Nuwuk, einer winzigen Siedlung bei Point Barrow, kamen. Der Mitfahrer, er hieß Warner, war offensichtlich ein Bruder von Steve. Sein pockennarbiges Gesicht mit den spärlichen Barthaaren verlieh ihm ein ziemlich wildes Aussehen. Auch sein Charakter schien wild und kampflustig zu sein, denn plötzlich bemerkte er: »Deine Hunde, Jackson, solltest du besser in den Schlitten laden und sie mit dem Weißen zurück nach Barrow ziehn, die sehen verdammt schlecht aus!«

Jackson stutzte, richtete sich auf, ging auf Warner zu. »Wetten, dass ich vor euch auf Cooper Island bin!«

Hastig mischte sich Steve ein: »Die Wette gilt. Zweihundert Piepen, dass wir die Ersten sind!«

Die Rast war vorbei. Jetzt ging es um das Messen der Kräfte zweier ungleicher Teams: ein alter Trunkenbold mit einem Greenhorn im Schlittenkorb gegen zwei stramme Burschen um die Dreißig. Leicht verdiente Dollars, überlegte ich. Jackson klopfte die Pfeife aus. Wie auf Kommando kam Leben in seine Huskys, sie spürten, dass es nun drauf ankam. Jetzt lief alles ab wie im Zeitraffer. Wie von Geisterhand wurden Karabinerhaken geprüft, die Ladung verzurrt. Jackson stieß einen mörderischen Schrei aus, grell, als zerteile ein Peitschenhieb die Luft. Der Schlitten sprang vor, ich wurde nach hinten gepresst. Die Jagd hob an.

Fast gleichzeitig stieß Steve seinen Schlachtruf aus, und sein Gespann schoss mit uns auf gleiche Höhe.

»Heh-o-o!«, grölte Jackson. »Ab geht's, Langohr! Renn – oder ich zieh dir das Fell ab!«

Mit dem Wind im Rücken flogen wir nur so über den Schnee, und der Schlitten schwankte wie eine Fregatte in der Dünung. Wehen tauchten auf, tief wie Schlaglöcher. Torpedos gleich zischten die Hunde hindurch. Wir wurden durch explodierende Schneemassen gerissen, als hingen wir im Innern einer Lawine – dann wieder fuhr uns der Fahrtwind schneidend ins Gesicht.

»Runter!«, schrie Jackson. Ich rutschte flach in den Schlitten. Die Spur war knapp einen halben Meter breit; wenn der Schwerpunkt nicht so tief wie möglich gehalten wurde, schlug der Schlitten um. Die Kufen zischten über den Schnee, holperten und schlugen über eingefrorene Eistrümmer, krachten von einer

Seite auf die andere und rammten einen Eisblock. Ich flog nach vorn, klammerte mich, fast außenbords, an der Verstrebung fest … Wie eine Geröllhalde war die Piste mit Schollen und Brocken übersät. Ein Chaos an Eisabraum! Durch einen Kraftakt auf tanzenden Kufen zog ich mich in den Schlitten zurück und schob mich wieder flach in den Korb. Jackson beherrschte das Kurvenlenken wie ein Slalomfahrer und umschiffte souverän die meisten Hindernisse.

Zwanzig Meter links von uns »peitschten« Steve und Warner ihr Gespann zum Äußersten. Mit derben Flüchen brüllten sie auf ihren Leithund ein: »Pack sie, renn sie in Grund und Boden, du alter Sauzahn!« Krampfhaft versuchten sie, uns abzudrängen, um sich an die Spitze zu setzen. Das Rennfieber hielt Mensch und Tier in Bann. Die Hundemeuten wussten, dass es um Sieg oder Niederlage ging, und rannten sich das Herz aus dem Leibe. Und im Herzen der Eskimos tobte Kampfeslust!

Unser Tempo war mörderisch, die Strecke nicht weniger als fünfzehn Meilen lang. Das konnte eine Jagd auf Leben und Tod werden. Ein Generationskampf, in dem der Trunkenbold Jackson bis zum endgültigen Untergang kämpfen wird. Verdammt, aus der harmlosen Wette rauer Männer hatte sich ein erbitterter Streit entwickelt. Eskimos sind maßlos, wenn es um den Alkohol geht, aber ebenso maßlos auf der Jagd, wenn es um die Auseinandersetzung mit dem Gegner geht. Wir waren auf einer Jagd ohne Pardon. Und ich beschloss, mit dem alten Jackson zu fahren – wenn es sein musste, zur Hölle! »Ya-ke, Ya-ke!«, schrie ich im Takt trommelnder Hundebeine. Doch Steve lenkte ein ausgeruhtes Team, er zog Meter für Meter vor, schwenkte ein und schleuderte uns lose Eisbrocken um die Ohren. Aufwirbelnder Schnee am Heck seines Zuges nahm uns die Sicht. Wir mussten ausweichen – verloren kostbare Zeit und Meter. Ein Eisblock tauchte auf, mächtig wie ein Haus. Die Schlitten jagten daran vorbei: links Steve, rechts nach hinten versetzt wir. Jackson deutete hinüber zum anderen Schlitten. Mein Gott! Hatte er das gesehen, geahnt, gewittert? Es war nur ein Schatten, aber dahinter? Steves Gefährt kippte um 90 Grad, hob ab, wurde von den Hunden durch die Luft gerissen. Warner überschlug sich mit einem Salto und stürzte aufs Eis. Steve lag hinter ihm, er hatte es geschafft, vorher abzuspringen. Die Meute schleifte den umgekippten Schlitten hinter sich her. Wir übernahmen die Führung. Ich richtete mich auf und sah, dass die Konkurrenten in eine schräg zur Piste verlaufende Spalte geraten waren, die ausgerechnet links vom Eisberg nach Nordosten verlief. Jackson schaute sich um und ließ die Stahlzähne der Fußbremse durchs Eis ratschen. Das Tempo wurde gemindert, die Hunde kapierten und fielen in Trab.

»Die Huskys von Steve sind in Form. Wenn er jetzt keine verloren hat, macht er uns noch die Hölle heiß!«, rief Jackson mir zu.

»Die Hölle heiß?«, fragte ich verwundert. »Ich denke, das Rennen ist entschieden?«

»Mann – du kennst Steve Tulpuk nicht, der gibt niemals auf. Erst recht nicht, wenn er noch zehn Meilen vor sich hat!«

Wir fraßen die Meilen jetzt in gestrecktem Galopp. Längst waren die Verfolger außer Sichtweite. Auch der Eisberg verblasste im Dunst, und wie eine schwere Glocke legte sich die Dämmerung über uns.

»Whoa!«, rief der Eskimo, ließ halten und ging zu seinem rechten Team-dog, der mit einer Pfote nicht richtig auftrat. Eis hatte sich zwischen seine Zehen gequetscht und die Pfote blutig geschnitten. Die rote Spur ließ sich im Schnee zurückverfolgen. »Hol die Booties aus dem Korb, wir müssen die Pfoten schützen.« In Windeseile verpackten wir die Hundebeine in Elchlederlappen. Kaum waren wir fertig, vernahmen wir das anfeuernde Geschrei unserer Verfolger. Jackson heizte sein Team so plötzlich an, dass wir auf den fahrenden Schlitten springen mussten. Angestrengt spähte ich in die Dunkelheit. Ich hörte nur Rufe – sehen konnte ich nichts. Oder doch? War da nicht ein tanzender schwarzer Schatten? Ich gab meinem Schlittenpiloten ein Zeichen. »Also dann!«, legte er los. Und im Nu war die Luft von wildem Jagdgeschrei erfüllt. Steve holte auf; seine Hunde rissen den Schlitten in gestrecktem Galopp zu uns heran. Um dem Fahrtwind möglichst wenig Widerstand zu bieten, hockte er gebückt auf den Kufen. Von Warner war nichts zu sehen. Das Team war unheimlich schnell. Wir verloren immer mehr an Boden, was an den Schuhen lag, an die die Hunde sich noch nicht gewöhnt hatten. Jackson »klebte« am Griff, leicht vorgeneigt, doch steif wie ein toter Baum. Wir hetzten über einen schmalen Trail, der von Snowmobiles benutzt worden war. Damit waren wir im Vorteil – wer uns überholen wollte, musste ausscheren und über knochenbrecherisches Eis balancieren. Jetzt beschrieb die Piste eine weite, flache Kurve.

Jackson fuhr sie voll aus. Nach dieser Kurve versperrten Eisschollen jedes Ausweichen. Man musste auf der Piste bleiben!

Nicht zu fassen, Steve wollte es wissen: Er zog unaufhaltsam heran. Schon stampfte ein Leithund neben mir. Die Zunge hing ihm so tief aus dem Maul, als wollte er im Lauf Eis lecken. Die Swing-dogs ließen ihre Pfoten auf gleicher Höhe wirbeln – und zogen in Zeitlupe vorbei. Andere Paare folgten. Jackson presste das letzte Gramm Kraft aus seinem Team. Die Gespanne blieben auf einer Höhe. Steve gab nicht auf, er hatte sich aufgerichtet, fuchtelte mit den Armen, verlagerte sein Gewicht, machte eine gewaltige Anstrengung, um endgültig vorbeizuziehen, aber es gelang ihm nicht!

Seite an Seite kämpften wir weiter. Noch zehn Meter zum Nadelöhr, noch fünf, Stevens Hunde hechelten neben unserem

Schlitten. Ich hätte sie greifen, umwerfen können – zu spät! In einem Akt der Verzweiflung ließ Steve seine Meute in die unsere rasen … Krachen, Splittern, Quieken von Hunden. Von irgendwo hörte ich: »Abspringen!« Halb aus dem Schlitten hängend, wurde ich an hartes Eis geschleudert. Schneeklumpen trafen wie Geschosse. Die Welt drehte sich wie ein Karussell …

Der Sturz war überstanden. Noch liegend tastete ich meine Knochen ab. Außer Prellungen und Schmerzen im rechten Bein schien alles in Ordnung. Vom Kopf tropfte Blut in den Schnee. Es war nur die Nase. Ich stand auf und betrachtete das Schlachtfeld. Schlitten lagen auf dem Eis, das Gepäck war überall verstreut, und achtundzwanzig Huskys hatten sich ineinander verkeilt und bissen erbarmungslos aufeinander ein. Keiner der Schlittenfahrer wusste recht, wo das balgende Durcheinander aus Leibern, Beinen, markerschütterndem Heulen und Kläffen zu packen war. Ich fand das Gewehr und ballerte in die Luft. Die Schrecksekunden nutzten die Männer und zerrten die Gespanne auseinander. Zwei Hunde waren tot. Einem musste der Gnadenschuss verpasst werden, ihm hingen aus einer klaffenden Bauchwunde die Gedärme heraus.

In aller Eile wurden Leinen geflickt, gebrochene Schlittenstützen geschient, das Gepäck zusammengesucht – dann tauchten wir in die Finsternis ein, Steve Tulpuk nach, der fünf Minuten Vorsprung, aber nur noch zwölf Hunde besaß. Nach einer Weile hielt Jackson an und leuchtete den Schnee ab. Er fand seinen Verdacht bestätigt: im Schnee waren Blutspuren. Befriedigt trieb er seine Renner wieder an. Die Huskys liefen »rund« wie ein gesunder Motor. Ob sie für einen Endspurt noch stark genug waren, wusste niemand. Schließlich hatte Steve einen ordentlichen Vorsprung, und die Insel war nur noch fünf Meilen entfernt.

Noch war das Rennen unentschieden. Jacksons Team spurtete

so prachtvoll, als hätte er es gerade aus den Boxen geholt. Wir glitten über eine spiegelglatte Ebene, dann durch Packeishalden. Mondlicht wies uns den Weg und brachte die aufrecht stehenden Schollen zum Glitzern. Die Nacht war schön, wie für eine Spazierfahrt geschaffen – doch Jackson dachte nicht an Spazierfahrt, für ihn ging es darum, die Burschen aus dem Nachbarort in Grund und Boden zu fahren! Im Moment – wir lagen etwa eine halbe Meile hinter den Rivalen – sah es nicht besonders gut für ihn aus. Aber ein Eskimo ist erst besiegt, wenn er vernichtet ist! Es war kein sportliches Rennen mit Zuschauern und Trophäen. Nein, es war ein viel größeres Rennen, bei dem die Ehre des alten Jackson Walluk auf dem Spiel stand, des jähzornigen Säufers, von dem es hieß, er könne vor Zittern kaum seine Flasche halten. Heute Nacht wird sich zeigen, was im alten Walluk steckt!

»Let's go – zum Teufel!«, knurrte er über mir. Ein Schneefeld musste durchquert werden. Wie groß es war, konnte ich nicht ausmachen. Fast gleichzeitig sprangen wir beide vom Schlitten, rannten nebenher oder schoben. Was quälte sich da vor uns ab? Unendlich mühsam kämpfte sich da etwas durch den Tiefschnee. Unsere Gegner! Wir preschten heran, liefen wie die Wiesel, zogen gierig die eisige Luft durch den Mundschutz. In der Arktis tief durchzuatmen, ist lebensgefährlich, weil die Lungen sich entzünden können. Ich spürte weder Lungen noch Kälte. Sah Warner, der im Schlitten angeschnallt saß und gottserbärmlich fluchte. Sollte das Schneefeld für Steve zum Verhängnis werden? Der Schnee wurde härter, schon saßen wir auf – zischten von dannen.

In der Ferne war bereits der tiefschwarze Inselstreifen von Copper auszumachen. Das Meereis schien flach wie ein Brett. In halsbrecherischer Fahrt sausten wir über das Eis. Im Nacken saß uns Steve, der uns mit wildem Kriegsgeschrei einzuschüchtern versuchte.

Nicht zu fassen, Steve gewann an Boden! Wie von unsichtbarer Kraft gezogen, heftete er sich an unsere Fersen. Wieder schien sich ein zermürbendes Duell anzubahnen. Beide Musher trieben ihre Hunde zu Höchstleistungen an und beschworen sie, sie nicht im Stich zu lassen. Die Insel rückte heran, vielleicht noch zweihundert Meter – auf diesem Stück fand ein grandioser Endkampf zweier gleichstarker Teams statt, zweier fanatischer Schlittenfahrer, die in dieser eisigen Nacht auf dem arktischen Ozean um Zentimeter kämpften. Und das ganze Drama hatte nur einen Zeugen: den hämisch grinsenden Mond.

Im Eis eine Längsfurche... Jackson brauste hinein – der Schlitten schwankte auf einer Kufe, drohte zu kippen, umzuschlagen. Mein Musher ruderte am Heck, fing ab. Aber der Leithund, er stutzte, für Sekunden nur – Sekunden aber, die Steve in Meter umsetzte, die den Abstand verringerten. Hundert Meter bis zur Insel! Mit einem unheimlichen Push schloss Steve auf. Die Schlitten sausten Seite an Seite, die Gespanne Fuß an Fuß. Eine Zeit lang fegten die Teams auf gleicher Höhe dahin. Kein Hindernis engte sie ein. Ein großartiges, ein grandioses Finish, dessen Ausgang immer noch ungewiss war! Einmal führte Steve, dann setzte sich Jackson mit verzweifelten Anstrengungen an die Spitze, vermochte sie aber nicht zu halten. Fünfzig Meter vor der Böschung setzte Steve Tulpuk zum letzten und entscheidenden Spurt an – und zog davon. Jetzt oder nie, schoss es mir durch den Kopf! Mit einem Hechtsprung schnellte ich aus dem Schlitten und kugelte aufs Eis. Kurz darauf landete Warner schreiend vor Schmerz neben mir. Schon polterten die Schlitten gegen die schneefrei gewehte Uferböschung. Ich ging zu Warner, der sich am Boden wand. Mit gebrochenem Bein war er vom Schlitten gesprungen, um den Ballast zu verringern. Ich war ihm zuvorgekommen – ob es für Jackson gereicht hatte?

Als ich mit Warner bei Jackson ankam, saß dieser schwer

atmend, aber glücklich auf seinem Schlitten. Er hatte sein Team um eine Hundelänge Vorsprung zuerst auf die Insel gejagt.

»Verfluchter Jackson!«, stieß jetzt Steve röchelnd aus. »Ich weiß nicht, wie du's geschafft hast, aber du hast es geschafft!« Er klopfte dem Alten auf die Schulter und sank neben ihm auf den Schlitten. Die Hunde hatten sich niedergelegt und hechelten erschöpft. Nach geraumer Zeit kamen die Musher wieder zu Kräften und versuchten, ihre Hunde auf die Beine zu stellen, doch die meisten sackten gleich wieder in sich zusammen.

Warner hatte sich einen offenen Knochenbruch zugezogen. Ein Stück des Schienbeins schaute hässlich aus dem Fleisch. Ich schiente das Bein an seiner Axt und bandagierte es mit dem Fell seiner Hose. Dann mühten wir uns eine steile Böschung hinauf und über ein hart gefrorenes Schneebrett. Oben standen wir vor einigen winzigen Jagdhütten. Wir richteten uns die erste ein, schaufelten den Schnee, der fast einen Meter hoch an die hintere Wand geweht war, heraus und zündeten eine Tranlampe an. Warner setzte sich mit schmerzverzerrtem Gesicht auf die Kante eines Holzgestells, während Steve einen Petroleumkocher summen ließ. Er füllte einen verrußten Topf mit Schnee und brachte nach dem Schmelzen einige dicke Fleischbrocken darin zum Kochen. Jackson untersuchte gründlich beide Hundegespanne und salbte ihre Pfoten mit Tran. Die Hunde schliefen angeschirrt vor der Hütte. Zu fressen bekamen sie an diesem Abend nichts, es musste erst etwas gejagt werden. In der Hütte roch es würzig nach Essen. Als die ersten Stücke verteilt wurden, griff ich heißhungrig zu. Der Oberst hatte Recht: reine Gewöhnung, Hunger trieb alles in den Magen! Sogar die undefinierbare braune Blutsuppe, die dem ausgedörrten Hals gut tat. Trockene Kälte macht enorm durstig. Zwischen Kauen und Schmatzen erzählte Jackson, dass zwei Huskys lahmten, einer

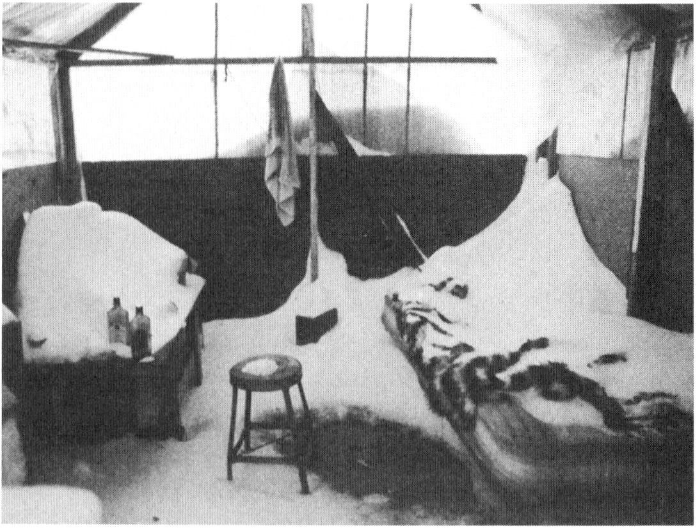

In der Jagdhütte auf der Copper-Insel

aus seinem und einer aus Steves Team. Die beiden Musher wollten sich die Pfoten bei Tageslicht genauer ansehen.

Das Fleisch schmeckte nicht schlecht.

»Was war das für ein Stück – Robbe?«, wollte ich wissen.

»Bär! Eisbärschinken«, sagte Steve stolz und wischte sich mit dem Handrücken den fettigen Mund. Ach, du meine Güte, Eisbär – ein kalter Schauer lief mir den Rücken hinunter. Tom hatte mir doch erzählt, dass Bärenfleisch trichinenverseucht und deshalb ungenießbar ist! Warum hatte ich nicht gefragt? Nun war es passiert. Wenn das nur gut ging!

In voller Montur, samt Schuhen und Gesichtsmaske, kroch ich in meinen Daunenschlafsack und wickelte mich ins Biberfell. Erschöpft, wie ich war, hoffte ich, rasch einzuschlafen. Doch meine Gedanken kreisten um den Eisbären, und ich verfluchte meinen Leichtsinn, davon gegessen zu haben. Fröstelnd erwachte ich, als herzzerreißendes Heulen vor der Tür anhob. In der Hütte brannte noch Licht, im Schein der Lampe erzählten sich die Eskimos Geschichten, rauchten und tranken Eiswasser. Schmerzgeplagt stöhnte Warner auf seinem Lager. Angespannt lauschte ich nach draußen. Windstöße erschütterten die Bude. Gegen Morgen quälte mich die Kälte. Sie kroch durch Fell und Schlafsack, wattierte Hose, Wollunterhose an die Beine. Nase und Mund fühlten sich kalt, wie erfroren an. Die Halskrause des Schlafsacks war von einer festen Eis- und Raureifschicht überzogen. Ich hielt es nicht mehr aus und wühlte mich frei. Draußen vor der Tür sprang mich der Frost mit tausend Messern an, dennoch tobte ich mich allmählich warm. Die Hunde schliefen noch als zusammengerolltes Pelzbündel.

Als ich die knarrenden Dielen der Hütte betrat, bewegten sich die Eskimos. Als sie sich in ihren Fellsäcken aufrichteten, sahen sie aus wie ägyptische Mumien. Dann hoben sie einen vielstimmigen Raucherhusten an, der einer Lungenheilanstalt alle Ehre gemacht hätte. Bevor sie sich ihrer Felle entledigten, steckten sie sich ihre Pfeifen ins Gesicht und qualmten wie Fabrikschornsteine.

Das Frühstück war einfach: kochend heißer Nescafé, der Wärme in jede Ader trieb, und Dörrfleisch, das die Kaumuskeln strapazierte. Steve beschloss, schnell noch einen Besuch auf der Insel zu machen und dann nach Barrow zu fahren, um für Warner einen Arzt zu suchen. Nun ging alles recht rasch. Wir beluden den Schlitten, Jackson bandagierte einem seiner lahmenden Hunde die Vorderpfote, und schon ging's hinaus – auf den arktischen Ozean. Steve winkte kurz, verschwand dann in der Hütte.

Der erste Teil der Strecke war unangenehm, denn die Eisschollen lagen wirr durcheinander, der zweite Teil eine Qual, die Eisdecke schien mehrere Male geborsten zu sein, hatte sich über-

und untereinander geschoben. Gräben klafften, Furchen bildeten tiefe Rillen, die den Schlitten brutal ans Eis schlugen. Die Hunde waren nicht in Form. Sie zerrten den Schlitten durch jedes Eisloch, verkeilten ihn oder trabten blindlings in Schneekuhlen. Jacksons Schimpfen half nichts – sein Team war durch das Rennen ausgelaugt. Meine Eingeweide wurden auf dem harten Trail regelrecht durchgeschüttelt. Um die Stöße abzufangen, klammerte ich mich an die Seitenholme.

Die Eisbarriere

Bis Mittag quälten wir uns durch die Packeiszone. Jackson gönnte sich und den Hunden keine Pause. Und dann geschah es: Der Brushbow prallte gegen eine Eiswand, die Hunde rissen den Schlitten herum, ich wurde nach vorn geschleudert und kippte seitwärts in eine fast eineinhalb Meter tiefe Spalte. Als ich hochschaute, sah ich den Schlitten, Jackson und zwei hilflos verhedderte Hunde über mir baumeln. Die Tiere heulten und jaulten grauenhaft. Vorsichtig kletterten wir an die Oberfläche und zerrten zuerst den Schlitten, dann die zitternden Hunde aus der Spalte. »Langohr« stand da und schaute erstaunt zu, wie wir die hintere Hälfte seines Teams wieder in Ordnung brachten. Dabei war es seine Schuld, dass wir in dem Graben gelandet waren.

Die nächsten Meilen waren wellig wie ein Waschbrett. Dann kamen lang gezogene Berg-und-Tal-Bahnen – zu Eis erstarrter Seegang! Im Rücken die gleißende Sonne. Nur nicht umdrehen, dachte ich, deine Augen können diese Helligkeit nicht ertragen. Aber das Eis vor uns reflektierte das Licht in schmerzhafter Intensität. Ich kniff die Augen zusammen und blinzelte zum Horizont. Horizont? Wo war das Ende? Wohin führte die Fahrt? Wo würde sie enden? Es gab keine Spur mehr. Keine Orientierung. Nur das weiße, schattenlose Eis. Neueis hieß es hier draußen. Es war glatt, schneefrei und unbeständig, der Laune des Sturms ausgesetzt, der darüber befand, ob es halten oder zerschlagen werden sollte. Neueis war aber auch das sichere Zeichen dafür, dass die Barriere nicht mehr weit sein konnte.

Jackson ließ anhalten und suchte sich aus dem Innern seines

Schlittenkorbs einen Pickel heraus. Nun begann er an einer Eismulde herumzuhacken. Was hatte er vor? Wollte er etwas verschwinden lassen? Beunruhigt schaute ich ihm bei seinem Treiben zu. Dreißig Zentimeter im Durchmesser maß das Loch, das er da bearbeitete. Es war ein langwieriges, anstrengendes Geschäft, das immerhin noch ellendicke Eis aufzuschlagen. »Wir brauchen Fleisch – die Hunde sind hungrig«, sagte Jackson endlich. Aus einem Lederlappen wickelte er einen Angelhaken mit Schnur. Eisfischen wollte er also; jetzt verstand ich sein Vorhaben! Er spießte weiße Maden über den Haken und zeigte mir, wie man die Schnur halten musste. Sie musste ständig in Bewegung bleiben, damit die Fische glaubten, einen lebendigen Köder vorzufinden. Im Handumdrehen hatte der Erste angebissen, silbergrau und heringsgroß. Der Eskimo gab mir die Schnur, dazu eine Dose Maden und streifte mit dem Pickel in der Hand übers Eis. Die Fische bissen wie toll. Weil mir stundenlanges Warten auf die Nerven ging, hatte ich mich nie als Angler versucht, doch bei dieser Beißwut machte der Sport Spaß. Nur die Kälte war grausam. Über die weite, ungeschützte Fläche strich ein messerscharfer Wind und bearbeitete meine Haut. Ich begann, unruhig auf der Stelle zu treten, schließlich begann ich, mich mit den Händen warm zu schlagen und führte Indianertänze auf. Das gab Erschütterungen, die die Fische gar nicht mochten. Zwischendurch kehrte Jackson zu seinem Schlitten zurück, um sein Netzwerk herauszuholen. Unterdessen hatte ich etwa zwanzig Fische gefangen und beobachtete nun, was der Eskimo vorbereitete. Mit dem geschulten Blick eines Jägers spürte er drei Atemlöcher von Seehunden auf. Kleine runde Durchbrüche dieser Art werden von Robben und Walrossen den ganzen Winter über freigehalten. Zwar bildet sich zwischen den Atmungsintervallen – etwa alle Viertelstunde – eine Eisschicht am Boden des Lochs, diese lässt sich aber mit Schnauze und Krallen leicht durchsto-

Anglerglück beim Eisfischen

ßen. In solche Atemlöcher, die er mit dem Pickel erweiterte, zwängte Jackson Netze, deren Enden er am Eisrand verankerte. Doch damit allein war es nicht getan: Sie mussten unter dem Eis gespannt werden, ähnlich einem Tennisnetz. Dazu schlug er im Abstand eines halben Meters ein zweites Loch und stocherte das freie Netzende dorthin, zog es heraus und legte es fest. Nun hieß es warten. Jackson erzählte, er hätte schon Tage an Atemlöchern gelauert, ohne dass etwas passiert war. Die Robben seien äußerst vorsichtig geworden und holten Luft, ohne sich zu verfangen.

»Donnerwetter«, staunte Jackson, als er meinen Fang betrachtete. »Es gibt Tage, an denen beißen sie überhaupt nicht. Füttere die Hunde damit, sie werden dir dankbar sein. Aber pass auf, dass sie dich nicht anfallen!«

Die Mahnung kam gerade noch rechtzeitig. Als ich mit einem Arm voll Fisch erschien, stürzten sich dreizehn fressgierige Bestien auf mich und hätten mich ums Haar zu Fall gebracht.

»Einzeln!«, rief Jackson. »Jedem einen Fisch zuteilen – oder sollen sie auch ein Stück von dir schnappen?«

Wir hockten uns auf den Schlitten, während zu unseren Füßen der Kocher fauchte. Dampf stieg auf und vermischte sich mit der Atemluft. Wasserperlen bildeten sich am Bart und gefroren im selben Augenblick zu Eis. Nach einer Tasse Kaffee drängte Jackson zur Weiterfahrt.

Eine halbe Stunde später erreichten wir die Eisbarriere. Es war keine exakte Kante zwischen Wasser und Eis, vielmehr eine durch Wasserrinnen ausgefranste Decke. Tiefblaue Rinnen, die sich erweiterten, verengten, Inseln bildeten, flach oder schroff, als geschnittene Kante im Wasser endeten. Ein ständig wechselnder Wassergürtel, an dem sich im Winter alles Leben abspielte. Ein Tummelplatz für Meersäuger, die Luft zum Atmen brauchen: Walrosse, Robben. Aber auch das Revier des Eisbären… An einigen Stellen war das Eis dünn wie Pappe. Ein fal-

In letzter Sekunde ein Schnappschuss von Nanoq

scher Schritt brachte mit Sicherheit den Tod. Zwar war das Wasser mit etwa null Grad recht warm, aber die Lufttemperatur von 40 Grad war mit nasser Kleidung unmöglich lange zu ertragen. Der Temperaturunterschied erzeugte Nebelschwaden, die von der Seeseite her dem Land zu strichen. Wir standen an der Kante und spähten über Wasser und Eis. Nichts passierte. Ein Bild totaler Verlassenheit, absoluter Ruhe…

Doch dann – was war das? Das Eis zitterte, wie bei einem Erdbeben. Es knackte und krachte überall. Nun folgte ein Knirschen und furchtbares Stöhnen. Was tun? Jeden Moment konnte die Eisdecke auseinander klaffen und uns in die Tiefe reißen. Entsetzt starrte ich den Eskimo an. Am liebsten hätte ich mich vor Angst an ihn geklammert. Doch er war die Ruhe selbst, wies nach Westen zu einem massigen Eisklotz und sagte: »Wenn große Felder zusammenprallen oder die Spannungen zu groß werden, stöhnt das Eis. Daran muss man sich gewöhnen.«

Langsam versuchte ich, mich mit den neuen Lauten der Arktis vertraut zu machen. Als die Hunde unvermittelt aufsprangen, kopflos an den Leinen zerrten und ein schauderhaftes Geheul anstimmten, ging Jackson zu ihnen und versuchte, sie durch Streicheln zu beruhigen. Im offenen Meer waren plötzlich einige schwarze Punkte zu sehen. Der Eskimo riss das Gewehr aus dem Schlitten und feuerte aufs Wasser. Wie schwarzes Treibholz trieben kurz darauf vier tote Robben nahe der Eiskante. Mit einem Enterhaken bewaffnet, hastete Jackson an den äußersten Vorsprung, dorthin, wo das Eis brüchig war und gefährlich schwankte. War der Kerl verrückt geworden? Hatte der Alkohol jeden angeborenen Sicherheitsmechanismus zerstört? Er schlug den Haken in die Robben und zog sie vorsichtig heraus. Als ich mit aller Kraft, die ich in mir hatte, »Jackson!« brüllte, war er gerade im Begriff, die vierte zu entern. War es der Schreck über mein Gebrüll oder über das aus der Tiefe kommende Ächzen unmittelbar unter uns? Ich wusste es nicht. Jacksons Eiskante brach, er glitt ab, wirbelte im Wegrutschen herum und krallte sich an einer Spalte fest. Bis zum Bauch hing er im Wasser. Noch ehe ich zur Stelle war, hatte er sich hochgezogen und lag bäuchlings auf dem Eis. Sein Gesicht war von Todesangst gezeichnet. »Weg – schnell weg!«, keuchte er. Ich griff mir die Robben. Flüchtete über schwankende Schollen zum Schlitten. Der Eskimo setzte mir nach. Gischt spritzte wie eine Fontäne, Eisberge wurden aus dem Wasser gepresst und zerbarsten klatschend. Drei Schritt neben uns brach festes Eis zu Wasserrinnen auseinander. Mein Gott! Der Weltuntergang könnte nicht schlimmer sein! Krachen, Donnern, Stöhnen erfüllten die Luft. Die Hunde zerrten voller Panik in alle Himmelsrichtungen, dann brannten sie durch. In letzter Minute stürzten wir auf den Schlitten. Die Meute jagte hakenschlagend übers Eis, kopflos auf eine Wasserrinne zu. Überall aufgerissenes Polarmeereis. Endlich hatte Jackson die Kontrolle über den Schlitten. Er jagte die Hunde nach rechts. Schon gurgelte Meerwasser um ihre Pfoten – sie fanden keinen Halt, rutschten aus. »Zum Teufel noch mal, schneller!«, schrie Jackson und drosch mit dem Netzhaken auf die Bande ein. Immer weiter riss das Polarmeer auf, rechts, links, vor uns. Aus den Spalten schoss das Wasser mit explosionsartiger Wucht heraus.

Nach einer Ewigkeit hatten wir festes Eis unter dem Schlitten. Die Spannung löste sich, und die Angst wich langsam aus den Knochen.

»Noch mal davongekommen, aber verdammt knapp!«, stöhnte Jackson.

Heute weiß ich, dass diese vulkanartigen Explosionen entstehen, wenn zwei oder mehrere in der starken Meeresströmung treibende Eisfelder zusammenstoßen. Unsere Eiskante war offenbar in die Zange genommen und unter ungeheurem Druck zermalmt worden.

Als wir anhielten, war immer noch in der Ferne unheimliches Donnergrollen zu hören. Doch was war mit Jackson passiert? Er stand bewegungslos auf dem Schlitten, unfähig einen Schritt vor den anderen zu setzen. Stiefel und Hosen waren hart wie Betonrohre gefroren.

»Mach schnell Feuer!«, drängte er.

Ich entflammte den Petroleumkocher und zog den Schlitten so dicht an die Wärme, dass Jackson die Beine darüber legen und auftauen lassen konnte. Ein Geduldspiel, das an den Nerven zerrte, doch es half! Das Eis schmolz, und die Hosenbeine trockneten. Nur weil er seine Gamaschen sorgfältig mit Walrosshaut umwickelt hatte, blieben ihm seine Beine erhalten. Hosen und Stiefel hielten dicht und trocken. Lediglich zwischen Parka und Hosenbund sickerte Feuchtigkeit auf die Haut. Mit der Axt hackte ich seinen Hosenbund entzwei, damit Jackson die Stellen um Bauch und Hüften warm reiben konnte. Nun schob er sich Fellstreifen um die Taille. Über den lebensgefährlichen Unfall verlor er kein Wort.

Bevor das Tageslicht schwand, erreichten wir die Atemlöcher und hatten Glück: In allen Netzen hatten sich Robben verfangen! Er tötete sie mit einem Schlag auf den Kopf. Sechs Pelztiere, das war eine reiche Beute für den ersten Tag. Bevor wir weiterzogen, stärkten wir uns mit heißen Getränken und Dörrfleisch. Den Hunden warfen wir eine Robbe vor, die wir vorher säuberlich aus der Decke geschlagen hatten. Nun erst erfuhr ich Jacksons Jagdpläne. Er wollte die ganze Nacht hindurch in Richtung Osten fahren, um dann oberhalb der Smith Bay noch mehr Robben zu jagen. Am stärksten aber zog es ihn zur Eiskante: sie wäre mit den turmhohen Eisbergen das ideale Gebiet für Nanoq, den Eisbären …

Auf Eisbärenjagd mit dem Eskimo Jackson Walluk! Fantastische Aussichten! Eine Chance, von der ich nicht zu träumen gewagt hatte. Den König der Arktis herauszufordern war früher eine Bewährung für die besten Jäger. Begeistert, dabei sein zu dürfen, packte mich das Jagdfieber.

Jacksons Beine sind gerettet!

Nächtliches Lager im Eis

»Die Eiskante«, erklärte Jackson, »ist immer im Wandel. Manchmal ist sie flach wie ein Brett, dann wieder türmen sich Schollen auf, hoch wie die Brooks. Wenn du solche Berge vor dir hast, musst du auf der Hut sein. Hinter jeder Ecke kann ein Eisbär lauern und dich fest in die Arme nehmen, und dann drückt er dich, mehr als dir lieb ist!« Er hielt inne und schien zu überlegen. Dann fuhr er fort: »Früher gab es viele Eisbären; in manchen Wintern habe ich fünf Stück geschossen. Heute ist es schwer, überhaupt einen zu finden. Die Weißen haben sie abgeschlachtet. Mit Hubschraubern flogen sie hinaus, und dann: peng…, peng…, haben sie einfach alles niedergeknallt.«

Jackson machte eine traurige Bewegung mit der Hand und sah mich resigniert an. Tatsächlich ist der Bärenbestand so stark dezimiert worden, dass die Zoologen das Aussterben befürchten. Heute dürfen nur noch Eskimos auf waidgerechte Art jagen.

Jackson stand auf und ging mit verbittertem Gesicht auf und ab; in der Linken hielt er das Gewehr. Es war merkwürdig, zum ersten Mal empfand ich Sympathie für diesen alten Mann, der mit mir durch die eisige Einsamkeit zog. Für Geld zwar, aber so freundschaftlich, als wären wir alte Kameraden, die jahrelang zusammen gejagt hatten. Es kam nicht auf die Zeit an – nur auf das, was man erlebte. Wir hatten viel erlebt, und das allein zählte! Der Alte blieb stehen.

»Ich muss dir was sagen«, begann er, »wollte es schon gestern tun. Aber du hast mir Geld gegeben, und Geld brauch ich für Brandy …« Er unterbrach sich und fing wieder an: »Ich hasse die Weißen – alle!« Er stieß die Worte aus, als ob er froh wäre, sie endlich ausgesprochen zu haben. »Jeden Weißen, hörst du, jeden könnte ich umbringen, mit diesem Gewehr hier.« Er sprach voller Eindringlichkeit und umklammerte dabei den Karabiner mit beiden Händen. Aber ich hatte keine Angst vor ihm, spürte ich doch, dass es Verzweiflung war, die aus seinen Worten sprach.

»Warum, Jackson?«

Er stürzte sich auf den Schlitten, wühlte voller Hast von ganz unten etwas heraus und hielt es mir drohend entgegen. »Darum!« Dann riss er den Stöpsel mit den Zähnen ab und sog gierig an der Flasche. Nach vielen Schlucken setzte er ab. Der Alkohol beruhigte ihn …

»Wo der Weiße hintritt, zerstört er die Welt. Stiftet Unruhe, sät Neid und Missgunst. Er fällt in die verborgensten Winkel der Erde ein, wild wie der angeschossene Bär, stiehlt Land oder verwüstet es. Liegt es an seiner unbändigen Zerstörungswut, an seiner Machtgier?«

»Ich weiß es nicht, Jackson«, erwiderte ich beklommen.

»Die Arktis ist der Feind des Weißen, und weil der weiße Mann das spürt, hasst er sie und will sie vernichten. Er behandelt Dinge, die uns heilig sind, wie etwas zum Kaufen und Plündern. Sein Hunger wird das Leben der Arktis verschlingen und nichts als den Tod hinterlassen. Aber wer die Erde vernichtet, vernichtet auch alle Geschöpfe der Erde und sich selbst!«

»Wir leben!«, sagte ich.

»Wir leben?«, höhnte er. »Wie denn? Der Weiße vernichtet auch die Menschheit, seine und andere Rassen. Schau mich an, ich bin keine fünfzig Jahre alt. Ohne Alkohol bin ich tot. Und mit auch …, vielleicht ein paar Jahre später.«

Ich erschrak. »Schlimm, was der Alkohol aus dir gemacht hat«, gab ich zu.

»Nicht nur aus mir! Meine Frau hat sich totgesoffen, acht Jahre ist es her, und meine Tochter auch.«

»Und dann hast du angefangen?«

»Ich war Jäger; meine Familie hat in jedem Winter genug Fleisch gehabt … Das Jagen wurde immer schwerer, aber ich war wochenlang draußen und kam immer mit genug Beute zurück, um sie satt zu bekommen. Dann kam ein Winter, wo ich keine

Beute machte. Ich war verzweifelt, aber die Arktis war wie leergefegt. Ich zog mit der Frau und den Kindern in die Stadt, nach Barrow. Wir bekamen Geld, und das Leben war so leicht und so anders. Ich brauchte nichts tun … Und eines Tages kam Jack in unser Haus. Er brachte Whisky mit. Natürlich wusste ich, was das war, hatte auch schon davon getrunken. Aber nie viel und nie regelmäßig. Jack brachte immer viel Whisky mit. Er wollte meine Tochter haben. Doch ich wusste, dass Jack ein verfluchtes Schwein war – er durfte sie nicht kriegen. Ich hatte damals die Chance, in einem der größten Läden der Browers Store-keeper zu werden. Ein ganz feiner Laden, sag ich dir. Und ich war mächtig stolz und lernte alles Mögliche, was so ein Store-keeper zu wissen hat. Jack brannte eines Tages mit meiner Tochter durch; da betrank ich mich und bekam den Job nicht. Von da an tranken meine Frau und ich regelmäßig. Und als sie starb, ging es erst richtig los: Ich fing an, mich mit Gott und der Welt zu prügeln. Dem neuen Store-keeper, der meinen Job bekam, rammte ich eines Tages mein Messer in den Bauch. Dafür saß ich zwei Jahre in Kotzebue im Knast. Aber geändert hat sich nichts. Ich bin kaputt. Ihr Weißen mit eurem Schnaps habt mich kaputtgemacht. Und es werden noch viel mehr vor die Hunde gehen!«

Er schwieg, setzte sich auf den Schlitten und stützte den Kopf in die Hände. Nach einer Weile holte er aus seiner Hosentasche ein Bündel Dollarnoten und reichte sie mir. »Hier, Biber – nimm sie wieder. Ich hab zweihundert Piepen gewonnen, das reicht erst mal für Schnaps.«

Wortlos steckte ich das Geld ein. Jackson Walluk war ein ganzer Kerl, ein prima Kamerad und ein noch besserer Schlittenführer. Wir saßen noch eine Weile schweigend beisammen. Dann straffte sich sein Körper, er stand auf und rief seinen Hunden zu: »Auf geht's!«

Eisbärenjagd

Klare, kalte Dunkelheit umgab uns. Es war windstill. Der Polarstern stand senkrecht über uns am schwarzen Firmament, das von Milliarden flimmernden weißen Punkten durchbrochen wurde.

Die Hunde trabten durch eine berauschende Nacht. Eine Hundeschlittenfahrt bei Tag ist ein Erlebnis, bei Nacht geradezu unwirklich – wie eine Reise ins All! Rastlos zogen wir übers Eis. So weit die Pfoten trugen. Nur Jackson kannte den Weg, vielleicht auch noch der Leithund. Wir glitten über matt chromfarben glänzende Eisplateaus und durch leicht verschneite Senken – eine ideale Schlittenpiste. Zeitlos schien diese Fahrt, und dennoch rannen die Stunden dahin. Ich war müde. Aber in dieser herrlichen Nacht durfte ich nicht schlafen. Ich war nach Alaska gekommen, um solche Nächte erleben zu dürfen! Ich empfand tiefe Dankbarkeit.

Mit einem Mal schienen die Sterne blasser zu werden – am Horizont tauchte ein heller Streifen auf. Die Ankündigung des neuen Tages? Morgenrot? Unmöglich! Es musste etwas anderes sein. Mensch und Tier wurden von eigentümlicher Unruhe gepackt. Es geschah etwas in dieser Nacht, etwas Fantastisches: Der schwarz-violette Himmel geriet in Aufruhr. Schleier huschten über ihn hinweg. Ein Vorhang aus den Farben des Regenbogens wuchs und schwoll und spannte sich wie eine Brücke von Ost nach West. Strahlenbündel züngelten auf, überfluteten in berauschender Pracht das Gewölbe. Ganz allmählich teilte sich der Vorhang in wallende Gardinen, die sich wanden und drehten, endlich flach wurden und wie phosphoreszierende Wogen in die Arktis spülten. Wie es flammte und knisterte! Wirklich knisterte, sogar raschelte, als würde Seidenpapier geknüllt. Stimmen aus dem Kosmos? Mich durchfuhr ein Schauder. Längst stand der Schlitten. Ehrfürchtig verharrten die Hunde, ihre Köpfe nach oben gerichtet. Einer heulte schaurig in die geheimnisvolle Nacht.

Der Eskimo legte seine Hand auf meine Schulter, sie zitterte. Ich drehte mich um, gebannt starrte er in den Himmel.

»Was ist mit dir?«, fragte ich.

»Ich weiß es nicht – horch, horch, die Geister!«, flüsterte er.

»Glaubst du daran?«

»Nein, aber hör nur die Stimmen, ganz deutlich!«

Auch ich lauschte gespannt – und wieder knisterte es …

Aurora borealis, Polarlicht, heißt diese nächtliche Vision des hohen Nordens. Ein Gespinst aus tanzenden Lichtfäden? Niemand weiß es genau. Für die Eskimos – mögen sie Christen sein oder nicht – gibt es keinen Zweifel: Mit dem Polarlicht huschen die Seelen der Verstorbenen über den Himmel. Und wenn es knistert, sprechen die Ahnen zu ihnen.

»Es ist seltsam«, sagte der Eskimo ergriffen, »wenn der Himmel glüht, habe ich Angst.«

Jetzt heulten alle Huskys mit zurückgelegtem Kopf und offenem Rachen. Auf ihre ureigenste Weise antworteten sie auf das Geheimnis der Natur.

Die Lichtwellen aus dem All verebbten. Die Farben verblassten, und die Schleier zerrissen.

»Es ist gleich zu Ende«, raunte der Eskimo.

Der letzte Vorhang fiel, ein schwacher Schein verweilte am Horizont, und dann umgab uns wieder die Dunkelheit der Polarnacht. Beißender Wind kam auf und trieb feinen, trockenen Eisstaub mit, so wie der Wüstensturm Sandkörner aufwirbelt.

Schleier des Nordlichts tanzen über den nächtlichen Himmel

Der Rest der Nacht stand im Zeichen des Eissandes – ich band mir die Kapuze meines Parkas fest über die Gesichtsmaske.

Vier Tage zogen wir kreuz und quer über die Eisfelder weit nördlich von Simpson. Krochen zwischen zerklüfteten Bergen und Türmen herum. Umsonst: Die Fische wollten nicht beißen, die Robben nicht ins Netz gehen, und Nanoq zeigte sich nicht. Es war wie verhext. In uns aber steckte das Jagdfieber – unbezähmbar wie der Spielteufel!

Endlich Spuren, groß wie Suppenteller! Ich hatte die Huskys übernommen, Jack seine beiden schärfsten Bärenhunde losgelassen. Mit dem Karabiner im Anschlag pirschte er um ein haushohes Hindernis. Bisweilen sucht der Eisbär den Schutz versteckter Eishöhlen, um ungestört die Beute zu reißen. Auf dem Eisberg fühlt er sich auch am sichersten, doch der Jäger stellt ihn hier am leichtesten. Feinde hat Nanoq nicht – bis auf den Menschen, und der ist drauf und dran, ihn auszurotten. Die Eskimos jagen den Eisbären nicht um der Nahrung willen; ihr tägliches Brot ist Robben- und Walrossfleisch. Das Eisbärfell aber ist die wichtigste Trophäe einer gelungenen Jagd, es werden Hosen, Schuhe und Gamaschen daraus gemacht, oder Schlafsäcke und Parkas – etwas Wärmeres gibt es nicht!

Zuerst erschienen die Hunde, dann Jackson. Die Spuren waren zu alt, sie verliefen sich auf flacher Scholle, schließlich im Wasser einer breiten Rinne. Die Hunde wurden angeschirrt; knirschend setzte sich der Schlitten wieder in Bewegung. Das neue Ziel hieß Pitt Point. Wir waren die Leidtragenden leer geschossener Jagdgebiete. In Kanada und Alaska erlegte man den Bären vom Hubschrauber oder vom Snowmobile aus. Gegenüber dem Schlitten erweiterten Schneemaschinen den Aktionsradius um das Vierfache. Daher konnten auf einer Pirsch viermal so viele Eisbären erlegt werden. Jäger wie Jackson sind in Alaska fast ausgestorben. Kaum einer hat die Lust und die Kraft, mit Hunden und Schlitten einen mehrfach längeren Weg zurückzulegen, wenn es einfacher geht.

Vier Tage zogen wir über die Eisfelder

Vor uns erhob sich eine Eisbank, senkrecht wie ein Steilufer, aus dem Flacheis. Im Nordosten zeigte der Horizont eine tiefblaue Linie – ein Stück offenes Polarmeer jenseits der Eiskante von Pitt Point.

»Whoa! Halt!«, befahl der Eskimo seinen Hunden. Nervös rissen die Tiere im Geschirr, als hätten sie Witterung aufgenommen.

»Der Bär!«, rief Jackson plötzlich, trennte die Spürhunde aus dem Team, die sich sofort ins Packeisgewirr stürzten. Wir sprangen auf den Schlitten und jagten hinterher – direkt auf eine grün-weiß schimmernde Eiswand zu. Auf einer Kufe segelten wir in die Kurve und stoppten die Huskys. Da war er – keine hundert Meter vor uns, von den Hunden gestellt, an die Eiswand gedrängt. Der Koloss ging auf die Hinterbeine, sein Brummen wurde von dem wilden Gekläff der Meute erstickt. Jackson zögerte, suchte die günstigste Schussposition, um die beiden Bärenhunde nicht zu treffen. Schon fiel der Koloss auf die Vordertatzen, brach durch, ein Hund verbiss sich in der rechten Flanke, wurde abgeschleudert. Bevor ein Schuss krachte, galoppierten vierzehn Zentner davon – weg, untergetaucht im Eis. Von irgendwo ein dumpfes Krachen. Der Bär war an einer dünnen Stelle der Eiskante eingebrochen und schwamm im Wasser davon.

Wütend bellten die Hunde, und Jackson ließ enttäuscht das Gewehr sinken. »Pech – ich hätte sofort schießen sollen, dann wär er unser!«, warf er sich vor. Wie angewurzelt stand ich neben dem Schlitten, dann fingen meine Knie vor Aufregung an zu zittern. Weit draußen in der Wasserrinne tauchte eben sein langer Schädel zum Luftholen auf und schob sich mit einer Bugwelle durchs Eiswasser. Das massige Kreuz war auch noch kurz zu sehen, dann verschwand Nanoq endgültig.

Winselnd näherte sich einer der Bärenhunde und leckte sich

die Brust. Jackson untersuchte ihn und fluchte in sich hinein. An der Brust klaffte das Fell eine Handbreit auf, und aus den Ohren tropfte Blut. Das war das Werk tödlicher Eisbärkrallen. Schließlich nahm Jackson den Husky etwas abseits und erlöste ihn von den Schmerzen. Jackson zog dem warmen Kadaver das Fell ab und nahm den Hund aus.

»Unser Proviant geht zu Ende«, sagte Jackson, »wir müssen Fleisch machen.« Damit warf er den nackten Husky auf den Schlitten.

Mit unverminderter Verbissenheit suchten wir in den nächsten Tagen nach Eisbären, aber wir sichteten nicht einen. Der Not gehorchend, versuchten wir Robben zu fangen, aber auch das nur mit mäßigem Erfolg. Wir mussten brutal rationieren, was bei Mensch und Tier knurrende Mägen verursachte. Die Meute wurde schwach, unwillig und kaute immer intensiver an den Lederleinen ihres Geschirrs. Längst ließen wir uns nicht mehr ziehen, sondern stolperten stumm nebenher. Genauer gesagt, ich stolperte, denn seit gestern war das eingetreten, was ich seit Beginn der Jagdreise mit Sorge erwartet hatte: Schneeblindheit. Sie kündigte sich mit leichten Augenschmerzen an. Dann wurde ein stechender Schmerz daraus, Kopfschmerzen kamen hinzu. Als beides abklang, bemerkte ich, dass ich außer dem Schlitten, Jackson und den Hunden nichts weiter unterscheiden konnte. Ich sah nur Weiß! Keine Wolken, keinen Horizont, keine Schatten, keine Eisschollen. Es war, als tastete ich mich durch eine unendliche Waschküche, ich fiel hin, trat in Eislöcher, stieß gegen Blöcke, schlug mir die Knie an. Ich sah immer schlechter, und es gab Momente, da stand ich regelrecht im Dunkeln. Dann wieder flackerte mein Augenlicht wie eine Kerze im Wind. Jackson wusste sofort, was mit mir los war. Aus einem daumendicken, 12 cm langen Hundeknochen schnitzte er mir eine Schneebrille mit zwei schmalen Sehschlitzen. Mit einer Schnur band ich mir den

Knochen an den Ohren fest und taumelte damit durch das weiße Nichts.

Bei einer Rast verfütterte Jackson einen Teil des Hundefleisches; die Innereien und Streifen von den Keulen kochten und verzehrten wir. Unsere Verpflegungslage war miserabel. Wenn es nicht bald Robbenfleisch gab, musste ein anderer Hund seinen Artgenossen und uns geopfert werden. Jackson überdachte unsere Situation und entschloss sich für den Rückzug.

»Das Wetter wird schlecht«, sagte der Eskimo nach einer Weile, »es riecht nach Schnee.«

Erstaunt schaute ich mich um. Durch meine Sehschlitze erblickte ich nur gleißendes, quälendes Weiß.

»Von Westen kommt er. Ich schätze, in drei vier Stunden ist der Schneesturm hier.«

Wir zogen dem Unwetter entgegen. Abends hatte es uns erreicht. Rasch flüchteten wir in eine Eisberghöhle. Es war ein Blizzard, der mit einer unvorstellbaren Gewalt über uns tobte. Waren es zwei Tage oder zwei Wochen? Ich verlor jegliches Zeitgefühl. Heulend stemmte sich der Blizzard gegen unseren Eisberg, um das bisschen Leben in seinem Inneren zu vernichten. Und manchmal sah es aus, als gelänge es ihm: als uns die Kälte wie die Sense des Todesboten in die Knochen fuhr, als wir dahindämmerten wie lebendig Begrabene, hinter Hundeleibern verschanzt, eng aneinander in Schlafsack und alle verfügbaren Felle gewickelt. Schlaf und Wachsein gingen ineinander über. Ab und zu wurde ich von Träumen oder Halluzinationen genarrt, die mir etwas von Rettung, Wärme und Essen vorgaukelten. So harrten wir ergeben, den Urgewalten ausgeliefert, auf das Ende.

In einem klaren Moment hörte ich Jackson flüstern: »Dies ist eine Bärenhöhle, man kann es riechen. Wenn wir Pech haben, kommt er und macht uns die Hölle heiß!«

Bären und Sturm waren mir egal – ich dachte an zu Hause, an

Frau und Kinder, spürte ihre fragenden Blicke. Wenn ich dieses hier doch nur abschütteln könnte wie einen bösen Spuk! Doch dies war die Wirklichkeit, und schon packte mich etwas mit roher Gewalt – der Bär? Entsetzen fuhr mir ins Herz. Ich riss die Augen auf; vor mir saß Jackson und rüttelte mich.

»Aufwachen! Der Sturm ist vorbei.«

Über die Hunde krochen wir aus unserem Verlies. Die Dunkelheit der Höhle hatte meinen Augen gut getan. Ich konnte wieder etwas besser sehen, nahm sogar die Sonne wahr. Vor mir lag eine Landschaft, die mit der vorhergehenden nichts gemein hatte. Der Orkan hatte den Ozean neu gestaltet. Ich wusste von Stürmen, die Meereseis aufbrechen und riesige Schollen vor sich hertreiben. Einfach weg in Richtung Nordpol oder Kanada. Wenn Wind und Strömung die gleiche Richtung haben, beträgt die Drift 6 Kilometer pro Stunde! Ohne Nahrung, ohne zu wissen, wohin man treibt: eine Katastrophe!

»Wir müssen westwärts«, bestimmte der Eskimo. Seine Stimme verriet nicht den geringsten Zweifel. Er wusste, wo wir waren. Ich folgte ihm – ich wäre ihm in jede Richtung gefolgt!

Den Huskys hatte der Schneesturm wenig ausgemacht. Eingerollt lassen sie sich einschneien, und keine Kälte kann ihnen etwas anhaben. Was unserer Meute zu schaffen machte, war der Hunger. Normalerweise wird ein Schlittenhund einmal am Tag gefüttert, und zwar vor der Nachtruhe, mit vollem Magen darf er nicht arbeiten. Nach vierundzwanzig Stunden braucht er ein Kilo Fleisch. Unseren hatten wir zuletzt vor drei Tagen weniger als ein Pfund vorgeworfen. Noch trabten sie. Jackson meinte, wir seien vier Tagesmärsche von Barrow entfernt. Zu weit, um in dieser kräftezehrenden Kälte durchzuhalten!

An den Plover-Inseln zwängte der Eskimo die Netze durch die Atemlöcher der Robben, während ich mein Glück beim Eisfischen versuchte. Unsere Ausbeute war mager. Dennoch, vier

Zum Schlafen rollen sich die Huskys in den Schnee ein

Fische und ein magerer Seehund: das verschonte einen Teamgenossen erst einmal vor der Hinrichtung. Ausgelaugt und abgekämpft, zogen wir durch die Elson Lagoon, die sich heute wie ein endloser Dickdarm auf Barrow zuwand. Dahin war die Kraft vergangener Tage, als wir die Lagune wie im Sturmwind nahmen. Jackson und ich sprachen nicht mehr miteinander. Jeder hatte mit sich selbst zu tun. Selbst die Hunde hechelten nur noch kurz und leise. Die einzigen Laute waren das scharfe Scheuern der Kufen und das Knirschen müder Schritte. Vor unserem Schlitten zogen von einstmals vierzehn nur noch neun Hunde; und wir taumelten hinterher. Kaum tauchten die ersten Häuser von Barrow auf, knatterten auch schon Snowmobiles heran. Zwei Burschen eskortierten uns. Einer davon hielt neben mir und bot mir an, mich auf weichem Rücksitz mit 80 Sachen in den Ort zu bringen. Die Versuchung war groß, aber ich wollte Jackson Walluk nicht allein lassen. Die letzten drei Meilen zu seiner Hütte kosteten wir gemeinsam aus.

Vor seinem Hundezwinger half ich ihm, die Tiere auszuschirren. Er ging ins Haus und erschien kurz darauf mit einer Schüssel Walrossfleisch. Und dann stürzte sich die Meute in eine Fressorgie, die von Schmatzen und dem knackend-knirschenden Zupacken der Reißzähne begleitet wurde. Dann kam der Augenblick des Abschieds, und ich muss sagen, bei dem Gedanken daran, dass Jackson sich in seiner Hütte vergraben und eine neue Flasche durch die Kehle schütten würde, beschlich mich Traurigkeit und Wehmut. Er war ein Kamerad gewesen, wie man sich ihn in der Arktis nicht besser wünschen konnte. Er gab mir nicht die Hand, er schaute mich nicht an, sondern raunzte mich nur an: »Hau ab, und lass dich nie wieder sehen. Du hast mir doch nur Unglück gebracht – auf der Jagd!«

Ich war lange genug mit ihm zusammen gewesen, um seiner Stimme anzumerken, was er verbergen wollte. Er trat in die

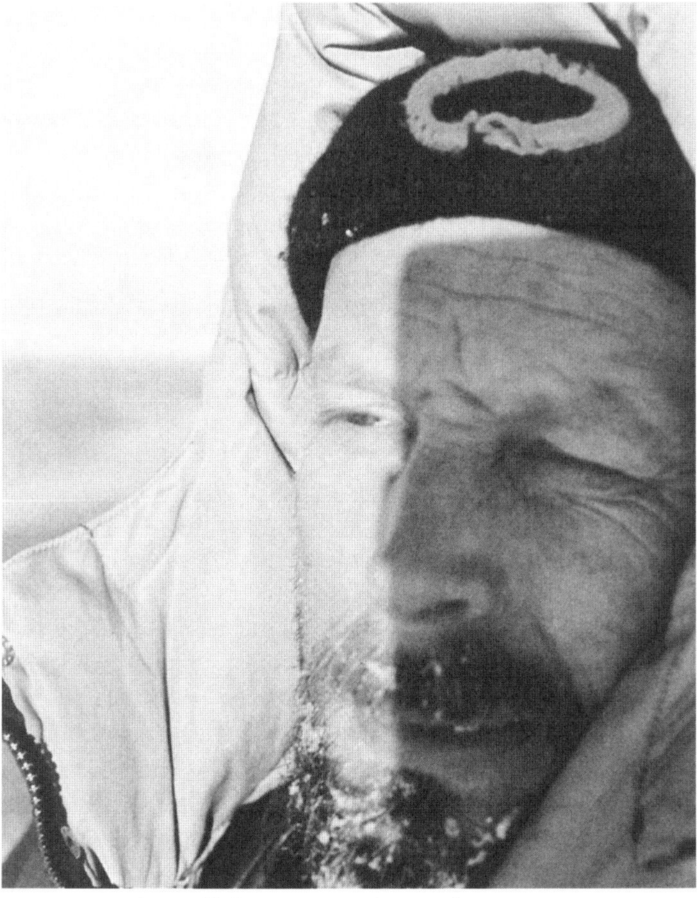

Die Strapazen der Jagd haben mein Gesicht gezeichnet

Hütte und schlug die Türe zu. Betroffen stand ich zwischen den Hunden. Plötzlich fiel mir ein, dass er auf der langen Reise fast nichts getrunken hatte.

Beim ersten Dämmerlicht betrat ich Harry Akkuputs Haus. Die Familie und Norman Vaughan glotzten mich entgeistert an.

Der Erste, der etwas herausbrachte, war der Oberst: »Wenn du morgen nicht aufgetaucht wärst, hätten wir dich suchen lassen – und zwar mit der Polizei. Sträflicher Leichtsinn, allein mit dem alten Jackson aufs Eis zu ziehen!«

»Der Mann ist in Ordnung!«, sagte ich.

»Ein unberechenbarer Säufer ist er«, erwiderte Vaughan.

»Oberst, ich sage, der Mann ist in Ordnung!«, widersprach ich bestimmt.

Keiner war meiner Meinung, aber das störte mich nicht. Ohne zu fragen, rollte ich meinen Schlafsack aus und warf mich stinkend, ungewaschen auf den Boden. Es war nicht nur die Erschöpfung, die meinem Körper so zusetzte, es war mehr! Ich fing fürchterlich an zu zittern, meine Zähne klapperten aufeinander. Schüttelfröste beutelten mich, dann kam das Fieber. Es hatte mich tatsächlich erwischt: Trichinose. Im Eisbärenfleisch, das wir in der Jagdhütte gegessen hatten, mussten diese tückischen Fadenwürmer gewesen sein, und nun hatten sie sich durch die Magensäure aus ihren Kalkkapseln gelöst und vermehrt. Tausende junger Larven dringen alsdann über das Lymph- und Blutgefäßsystem ins Muskelgewebe. Bevorzugt werden Bauch, Arme und, was am schmerzhaftesten ist, das Gesicht.

Die nächsten zehn Tage und Nächte waren die Hölle. Meine Därme brannten wie Feuer, meine Glieder schmerzten, als ob sie in Schraubstöcke gespannt würden. Mein Körper entleerte sich oben und unten gleichzeitig und mehrmals hintereinander. Und mit jedem Mal war mir, als verlöre ich noch mehr Kraft und noch mehr Lebenswillen, bis das Fieber auf 40 und 41 Grad stieg und mir alles gleichgültig wurde.

Als ich wieder zu mir kam, befand ich mich in einem sauberen weißen Bett. Die Krise war überstanden, die millimeterkleinen Parasiten hatten sich in meinem Fleisch eingekapselt. Aber ich fühlte mich erbärmlich. Bevor ich wieder an meiner Umwelt

Interesse hatte, vergingen noch einige Tage, aber dann stand ich wieder, wenn auch auf wackligen Beinen. Immerhin – es soll eine Reihe Menschen gegeben haben, die Trichinose nicht überlebt haben. Das weiße, saubere Bett stand in Palmer, nördlich von Anchorage, im Haus des Obersts. Kurz entschlossen verließ er drei Tage nach meinem Anfall Barrow und nahm mich und seinen neu erworbenen Leithund mit in den Süden. Bei dem guten Flugwetter schaffte er diese Reise in drei Tagen. Von alldem bekam ich nur Bruchstücke mit.

Norman Vaughan hatte sein Leben auf Hunde ausgerichtet. In seinem großen Garten standen viele Hundehütten mit Malamuten, die ungeduldig an ihren Leinen zerrten. Sein zweistöckiges Holzhaus quoll von Hundezubehör, Trophäen und Bildern über. Ordnung war nicht Vaughans Stärke. Wer sich im verandaartigen Wohnzimmer auf einen Stuhl setzen wollte, musste sich Platz schaffen: Hundedecken beiseite räumen, über Fressnäpfe, Geschirr und klobige Stiefel steigen. An Hundehaaren durfte man sich schon gar nicht stören. Mich störte überhaupt nichts, denn die Welt der Hundehalter und -züchter faszinierte mich; sie war ein Stück Alaska, das ich hautnaher als bei Norman kaum erleben konnte.

Auf einem freien Platz zwischen Haus und Zwinger stand ein Kastenwagen, der an jeder Seite mit sieben Bullaugen versehen war. Ein »Wohnwagen« für das gesamte Huskyteam! Gerade war Norman dabei, die Hunde aus den Boxen des Fahrzeugs zu tragen, um sie vor ihren Hütten an die Leine zu legen. Er kehrte von einer Trainingsfahrt aus dem Waldgebiet Chickaloon zurück. Drei Tage lang hatte er sein Gespann durch Täler und über Höhen gescheucht und hatte dabei rund zweihundert Kilometer zurückgelegt. Für das, was Norman Vaughan in nächster Zeit vorhatte, das Minimum eines Trainingspensums, das er zweimal

Normans Hundeteam wird ausgeladen

Hunde sind Normans Leben. Sein ganzer Stolz ist jedoch Olo (links unten), halb Wolf, halb Eskimohund

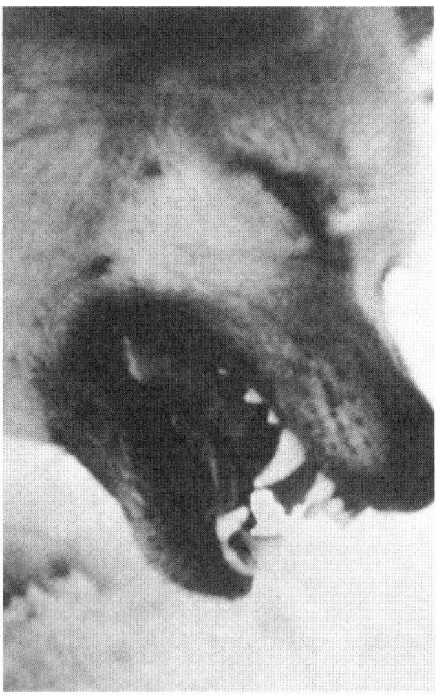

Dieser Elchkadaver ist Normans Fleischreserve für die Hunde

pro Woche viele Monate lang absolvieren musste. Mit Olo, seinem neuen Leithund, hatte er sich für dieses Jahr viel vorgenommen: im schwersten Hundeschlittenrennen der Welt unter den ersten zehn durchs Ziel zu kommen! Olo, halb Wolf, halb Eskimohund, war in seinem Malamutenteam sofort als Boss anerkannt worden.

Nachdem er Hunde und Schlitten vom Transporter geladen hatte, ging der Musher zu einem vom Frost aufgeblähten Elchkadaver, aus dem er mit der Axt eine Schubkarre voll »T-Bone-Steaks« schlug und diese, gefroren wie sie waren, den Hunden vorwarf. Befriedigt ging er dann zum Haus zurück. Er sah grau aus, die Strapazen der letzten Trainingstour hatten sich in sein Gesicht gegraben.

»Das Team ist das Beste, das ich je besaß. In den nächsten Wochen werde ich das Training auf 200 Meilen steigern. Dann sind

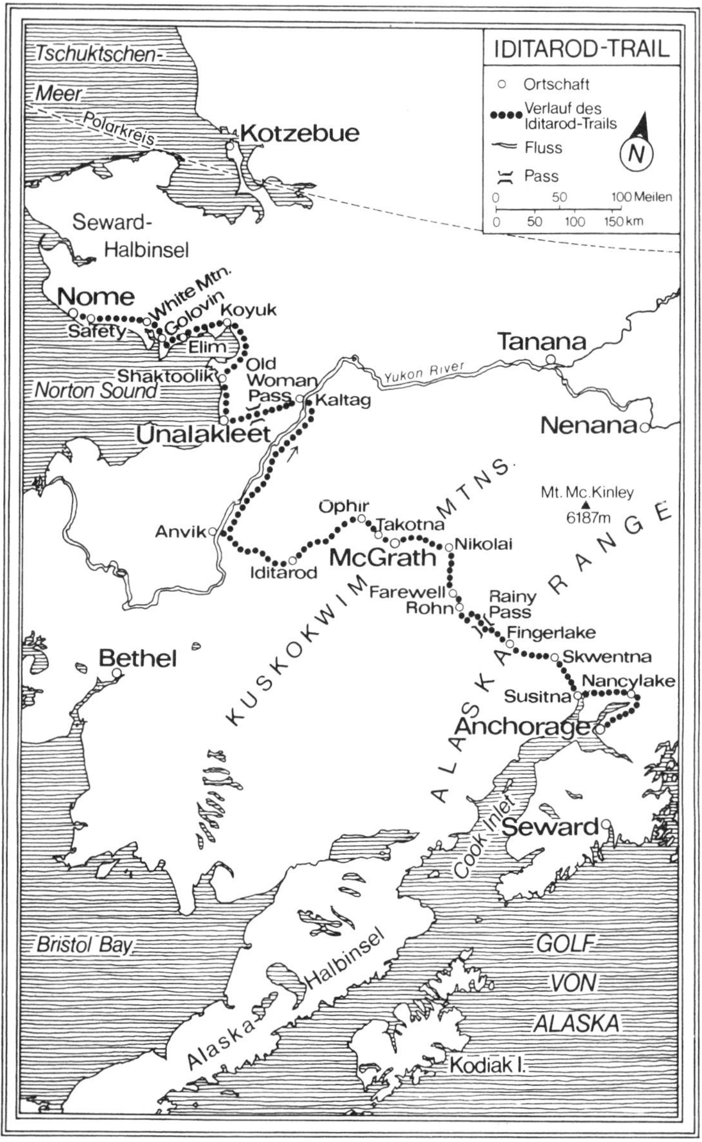
IDITAROD-TRAIL
Ortschaft
Verlauf des Iditarod-Trails
Fluss
Pass
0 50 100 Meilen
0 50 100 150 km
N
Tschuktschen-Meer
Polarkreis
Kotzebue
Seward-Halbinsel
Nome
Safety
White Mtn.
Golovin
Koyuk
Elim
Shaktoolik
Old Woman Pass
Norton Sound
Kaltag
Unalakleet
Yukon River
Tanana
Nenana
Mt. Mc.Kinley
6187m
Anvik
Ophir
Takotna
Nikolai
Iditarod
McGrath
KUSKOKWIM MTNS.
ALASKA RANGE
Farewell
Rohn
Rainy Pass
Fingerlake
Skwentna
Nancylake
Susitna
Anchorage
Bethel
Cook Inlet
Seward
Bristol Bay
Alaska-Halbinsel
GOLF VON ALASKA
Kodiak I.

wir fit für die große Jagd!« Damit ließ sich der Oberst in Parka und Stiefeln in einen Sessel fallen und schlief ein.

Bis zum Rennen fand ich bei Vaughan Kost und Logis. Dafür ging ich ihm zur Hand und spielte den Hundepfleger. Auch wenn ich in meinem Leben noch nie so viel Huskyscheiße in Schubkarren transportieren musste wie bei ihm, es machte mir Spaß. Sein Ziel, im Marathonrennen anzutreten und unter den ersten zehn Nome zu erreichen, machte ich zu meiner eigenen Sache. Mit ihm fieberte ich dem Tag entgegen, mit ihm litt ich, wenn einer seiner Teamhunde Durchfall hatte. Auf vielen Trainingsfahrten war ich dabei und feuerte Mann und Hunde an, als zählten die Meilen bereits.

Start zur 1200-Meilen-Jagd durch Alaska

Wenn im März der Frost sein starres Korsett etwas lockert, wenn die Temperaturen nicht mehr unter minus 40° fallen, wenn hie und da die Eisdecke der Beringsee knackt und kracht, dann spricht der Nordländer vom arktischen Sommer – allerdings mit einem verschmitzten Grinsen im Gesicht, denn die Kälte zwackt immer noch ganz gehörig! In dieser Zeit zieht ein Ereignis die Menschen zwischen Beringsee und Kanada, zwischen Polarmeer und Pazifik ganz in seinen Bann: »Iditarod«. Ursprünglich der Name eines verlassenen Goldgräbernests im Südwesten Alaskas, heute die Bezeichnung für das härteste

Am Start des Iditarod

Hundeschlittenrennen der Welt, das rund 1200 Meilen durch die weiße Hölle Alaskas führt. Eine Marathonjagd von Anchorage nach Nome, an den Polarkreis.

Einmal im Jahr, und zwar immer Anfang März, erinnert sich Alaska an seine wilden Jahre, an Goldrauschzeiten. Harte Nordländer haben das Wort, unbeugsame Schlittenfahrer aus der Welt Jack Londons. Erinnerungen an unglaubliche Strapazen, Reichtum, Elend und Tod werden wach. Iditarod nämlich ist ein Relikt dieser Zeit, das 1973 von Dorothy Page und Joe Redington in seiner jetzigen Form als sportlicher Wettkampf organisiert wurde. Für den 49. US-Staat ist es mehr als nur ein großes Rennen. Es ist die Besinnung auf alte Werte der Väter: Pioniergeist, Tatendrang, Zähigkeit, überleben können in menschenfeindlicher Natur. Auch mit selbstloser Hilfe und Rettung in höchster Not hat das Rennen zu tun: Als nämlich im mörderischen Winter 1925 ein Päckchen Diphtherieserum nach Nome gebracht werden musste, wo eine Epidemie ausgebrochen war, machten sich 29 tollkühne Schlittenfahrer auf den zermürbenden Trail.

Anchorage, der erste Samstag im März. Ich rollte in Normans Hundetransporter in den Mulcaly Park südlich der City. Es war ein eisiger, nebelverhangener Morgen. Um das Stadion parkten bereits viele Kastenwagen, und die Luft war erfüllt von Gebell und lang gezogenem Wolfsgeheul. Immer mehr Fahrzeuge rangierten heran, und nachdem die Buden für Hotdogs, Souvenirs und Getränke aufgestellt worden waren und die Besucher herbeiströmten, glich der Ort einem brodelnden Kessel – trotz der Kälte! Am Ende des Stadions blähte sich ein weißes Transparent, auf dem in großen roten Lettern stand:

»Start – Iditarod Trail Race, Anchorage to Nome 1977«.

Das fünfte Iditarod sollte um 10 Uhr beginnen. Wer am Rennen teilnahm, hatte sich mindestens ein Jahr vorbereitet, Hunde und Ausrüstung für rund 15 000 Dollar besorgt, 500 Dollar Startgeld bezahlt. Die Devise beim Iditarod ist die Gleiche wie die der Olympiade: Dabei sein ist alles. Dem Sieger winken lumpige 10 000 Dollar, die nicht einmal die Selbstkosten decken. Warum also das Abenteuer, die Quälerei für Mensch und Tier? Der Oberst beantwortete mir diese Frage folgendermaßen: »Wir leben in einem verdammt rauen, großen Land. Der Kampf ums Dasein gehört zu unserem Leben, und dieses Rennen ist eben der Ausdruck für diese raue Existenz. Das Iditarod Trail Race ist der Schöpfung abgetrotzt, eine Herausforderung. Auf ihm kämpfen Musher, die diese Herausforderung annehmen.« Tatsächlich: Das Rennen ist ein Überlebenstraining. Wer mitmacht, vielleicht noch durchhält, gehört zu den Helden – zu den ganz harten Männern Alaskas. Es gibt aber auch Leute wie Tom Baker aus Kanada, die meinen: »Mushers for Iditarod have to be crazy – Schlittenführer, die auf den Iditarod-Kurs gehen, müssen verrückt sein!« Verrückt muss man zwar nicht sein, aber es hilft!

Ein Lautsprecher rief krächzend Namen auf. Damit geriet die Szene im Stadion in Bewegung. Schlittenpiloten drängten unter das Startbanner und wurden vorgestellt. In ihrer arktischen Kleidung wirkten sie wie die Riesen aus der nordischen Sagenwelt: Eichenausreißer, Schädelzertrümmerer, Felsensprenger. Ich kannte sie alle – ihre Namen, ihre Taten, wenngleich ich sie noch nie gesehen hatte. Norman Vaughan wurde nicht müde, mir alles über sie zu berichten. Legendäre Musher hatten sich an den Start gemeldet: Al Crane, der Mann ohne Nerven aus Nome. Der listenreiche, undurchschaubare Emmitt Peters, genannt Yukon Fox. Er war 1975 Sieger und hält den Streckenrekord mit 14 Tagen, 14 Stunden, 43 Minuten und 45 Sekunden auf dem Nordkurs über Ruby. Der große Favorit in diesem Jahr. Dann der Eskimo Herbie Nayukpuk, die »Kanonenkugel« aus Shishmaref.

Auch Rick Swenson, der weiße Indianer und König der Schneefelder, hatte sich gemeldet. 1976 hatte dieser blonde Hüne schwedischer Abstammung den 10. Platz belegt. Aus Nenana stammte der Trapper Jerry Riley, mit dem Beinamen »der Unbezwingbare«, Sieger vom letzten Jahr und Zweiter von 1975. Joe Redington, der Vater des Wettkampfes, war trotz seiner sechzig Jahre wieder mit dabei. Seit 74 hetzte er mit. »Iditarod habe ich auch für mich gemacht. Der Trail ist mein Leben«, teilte er den Reportern mit. Joe und Norman Vaughan, die Methusalems unter den Mushern, ernteten stürmische Ovationen. Der Oberst war 1976 schon mit von der Partie gewesen; am Old-Woman-Pass hätte er sich fast die Beine abgefroren. Auch Dr. Terry Adkins, Tierarzt und Offizier aus Cheyenne, genannt »Iron Man«, der Eiserne, wollte es wissen, ebenso wie Dick Mackey und sein Sohn Rick aus Wasilla, der ewige Zweite, Warner Vent, ein dreißigjähriger Athapasken-Indianer, oder die einzige Amazone im Bunde, Varona Thompson aus Kaltag.

59 Teilnehmer würden am Start sein. Der Lautsprecher gab letzte Instruktionen. Noch huschten Kameramänner und Reporter von Musher zu Musher.

»Welche Chancen rechnen Sie sich aus, Varona?«

»Wenn ich durchkomme, bin ich glücklich, das reicht mir«, antwortete sie.

Dick Mackey, mit Seehundschnauzbart und einer Nase wie ein Feuerhaken: »Wie die Aktien stehen?«, antwortete er. »Wenn der Trail richtig ist, renne ich allen davon; meine Hunde sind in Form.«

Rick Swenson prahlte wie immer: »Sie sollten ins Flugzeug steigen, Mann, sonst können Sie mich nicht interviewen, wenn ich als Erster in Nome ankomme.«

Langsam wurde es ernst. Die Presse zog sich zurück. Hunde, Schlitten und Unmengen von Ausrüstungsgegenständen wur-

Musher Dick Mackey

den von den Wagendächern gehievt. Was die Musher in den nächsten zwei, drei, vier, manchmal auch mehr Wochen erwartete, glaubte ich zu wissen. Auch darüber hatte mir Norman jede Einzelheit berichtet. Ich konnte mir die granithart gefrorenen

Hochmoore vorstellen. Ausmalen, was es hieß, die Gespanne durch die Alaska-Kette zu treiben, über den Rainy-Pass zu hetzen, der von 1000 Meter langen Lawinenrinnen flankiert wurde. Da half nur noch beten; Hilfe aus der Luft war ausgeschlossen, und wer den Pass verfehlte, riskierte sein Leben. Dann kamen hunderte Meilen subarktischer Fichtenwald, zugefrorene Seen und Flüsse. Schließlich blies im »Windkanal Yukon« ein Sturm, der die Huskys rückwärts trieb. Und von Unalakleet am Norton Sound mussten 400 einsame Meilen Tundra durchkämpft werden. Ein Abschnitt, wo sich der Trail im Nebel verlor, Schnee stob und Risse im Eis klafften, die ein Hundegespann samt Schlitten und Fahrer verschlangen. Wenn der Musher noch Kraft, noch genug Hunde hatte, wenn sein Schlitten noch nicht geborsten war, konnte er es an der Beringsee entlang bis Nome schaffen – 1920 Kilometer!

An Normans Fahrzeug hatten sich viele Verwandte, Bekannte und Freunde eingefunden. Sie wollten ihn verabschieden, ihm viel Glück wünschen. Alle wussten, dass der Oberst in diesem Rennen alles auf eine Karte und seinen eisernen Willen setzte. Hoffentlich ging alles gut, mochte mancher denken. Noch war er die Ruhe selbst, gelassen taxierte er seine Gegner. Wer wird es in diesem Jahr machen? Wer die Kraft, die Nerven, die Taktik und das Glück haben? »Jerry Riley hat die Nerven, die man im Eis braucht. Ich glaube, er ist auch in diesem Jahr der Stärkste. Auch Emmitt ist gefährlich, ein raffinierter Taktiker. Aber als Alkoholiker ein Risikofaktor. In Frage käme vielleicht noch Rick Swenson, doch er ist noch zu neu im Geschäft, ihm werden Routine und Kraft fehlen«, überlegte Vaughan laut.

Der Oberst ließ abladen. Sein Team war nicht zu halten, riss nach rechts und balgte sich mit einer anderen Meute. Schlitten krachten aneinander. Leinen verhedderten sich. Da flogen die Fetzen, da wurde aus Leibeskräften gebrüllt. Die Helfer waren machtlos, schließlich trat Norman dazwischen und entwirrte das Ganze. Im Schnee lagen Zelt, Schlafsack, Schneeschuhe, Spirituskocher, Gewehr, Axt und die Verpflegungspakete: Lachs, Dörrfleisch, Gefrorenes vom Elch, Biber, Seehund, unzählige Dosen mit Butter und Schmalz. Man staunte, was in einen Rennschlitten ging.

Es war soweit. Die Spannung stieg, als der Lautsprecher aufrief: »Startnummern zwei, drei und vier – fertig machen!« Nummer eins blieb frei, zum Gedenken an Leonard Seppalas, dem ersten Nordlandhelden. Unter Einsatz seines Lebens hatte er 1925 das Diphtherieserum in der Staffel zwischen Shaktoolik und Golowin transportiert. Neben uns bereitete sich Stein Havard – Startnummer 36 – aus Fjestad in Norwegen auf die Reise vor. Er war der einzige Europäer. Vor vier Monaten hatte er sein Team eingeflogen. Abgesehen von den langen Trainingsfahrten, die er zu Hause absolviert hatte, war er in den vier Monaten pausenlos in Alaska unterwegs gewesen, um seine Grönländer an die neue Umgebung zu gewöhnen. Eine Chance, unter die ersten zehn zu gelangen, gab ihm keiner. Seine Hundemeute nannte man spöttisch »Bulldozer«, als Marathonläufer ungeeignet.

Die Menge wurde unruhig, frierend wartete sie hinter der Absperrung. Doch dann hieß es: »Al Crane an den Start!«

Al rauschte heran. Seine Huskys waren nicht zu halten, für sie gab es kein »Sammeln« am Start. Ein Zweizentnermann schwang sich als Ballast auf den Schlitten, zusätzlich wurde der Anker ins Eis geschlagen, das Team stand. Der Countdown lief: »5 – 4 – 3 – 2 – 1 – Go!«

Achtzehn Huskys sprangen in die Leinen, der Schlitten zischte ab – im 35-km-Tempo an begeisterten Zuschauern vorbei, eine Gerade entlang... Schon hechelte die Meute durch die Rechtskurve aus dem Stadion und verschwand im Schnee, Kurs auf Nome.

Das härteste Hundeschlittenrennen der Welt hat begonnen

Gespann an Gespann reihte sich auf; alle zwei Minuten ratschte ein Schlitten durchs Startgatter.

Startnummer 38, Oberst Vaughan, fuhr vor. Er hatte sein Team fabelhaft unter Kontrolle. Schon wurde ausgezählt, er musste Hände schütteln, viele, viele Hände; jeder wollte ihm das Beste wünschen. »See you in Nome! Good luck!«, rief man ihm zu. Er war bewegt, hatte Tränen in den Augen.

»Go!« Norman riss sich los, sein Team galoppierte leichtfüßig die Gerade entlang. Schnee spritzte auf, die Hundebeine wurden

Olo wartet auf das Kommando

immer schneller – sie stampften wie Kolben der Kurve entgegen. »G – e – e! Rechts rum!«, rief Norman Olo, seinem Leithund, zu. Während ich ihm nachschaute, fiel mir ein Satz von T. E. Lawrence ein: »Eines Mannes Träume sind vielschichtig. Manch einer träumt vom Abenteuer – sein Leben lang!« Der alte Mann war bereit, sein Leben für seinen Traum zu opfern. Er hatte Abschied genommen. Abschied für immer?

Nach 118 Minuten war das Starten abgeschlossen. Die Menschen verliefen sich, die Autos rollten aus dem Stadion. Zurück blieb eine schmale, von Kufen ausgefräste Piste.

Mit den Mushern unterwegs

Buschpilot Jim Barnister war von jetzt an der Mann, mit dem ich das Rennen bis Ophir verfolgen wollte. Schon Wochen vorher hatte ich mit seiner Frau im Busch von Skwentna Kontakt aufgenommen und mich mit ihm für den heutigen Tag verabredet. »Wenn ich dich irgendwo im Flugzeug verstauen kann, wirst du mitgenommen«, ließ er mir ausrichten. Mit einem Jäger, einem Reporter und dem dazugehörigen Gepäck war seine Cessna nämlich schon überbesetzt. Ziemlich verlassen saß ich nachmittags auf meinem Rucksack am Ufer des Nancy-Sees, 20 Meilen nördlich von Anchorage. In Gedanken war ich auf dem Trail, bei den Mushern, die seit Stunden irgendwo in der Einsamkeit in Richtung Nome hetzten. Mit einem Mal wurde es verflucht kalt. Die Sonne hatte sich hinter den Nancy-Kessel geschoben. Von den Höhen kam ein unangenehmer Fallwind, mit ihm der Frost, der heftig in Bart und Nase kribbelte. Ein Motor heulte auf, Schnee wirbelte, Kufen knatterten … Stille. Jim Barnister war mit seinem Vogel auf dem See gelandet. Erleichtert sprang ich auf und arbeitete mich mit Sack und Pack durch kniehohen Schnee zur Maschine, wo ich im hintersten Winkel einen Platz fand. Drei Minuten später waren wir wieder in der Luft. Unter uns nichts als Wildnis: Wälder aus Schwarzfichten, Birken, Erlen und Pappeln, dazwischen weiße Flecken zugefrorener Seen und Flüsse.

In der Maschine saßen James Brandon, Redakteur der *Anchorage Times,* und Ray Gordon, Jäger und Buschpilot. In Alaska unterteilt man die Piloten in zwei Gruppen: Die einen sind schon einmal abgestürzt, die anderen haben es noch vor sich. Ray gehörte zur ersten Sorte; er hatte vor zwei Monaten eine Bruchlandung in der Alaska Range gemacht, war aber mit heiler Haut davongekommen. Ich schaute aus dem Fenster Richtung Norden, wo sich im letzten Licht des Abendrots der Mount McKinley majestätisch über den Wolken erhob. Wir landeten auf dem Skwentna River, 130 Meilen nordwestlich von Anchorage. Oben, am Rande einer steilen Uferböschung, hauste Joseph Delia in seiner Blockhütte als Trapper und Einsiedler wider Willen, denn seine Frau war ihm vor Jahren weggelaufen.

Skwentna war einer von 20 Checkpoints, die die Schlittenfahrer anzulaufen hatten. Als wir in Jos Hütte traten, fanden wir bereits einen Besucher vor. Es war der Tierarzt Phil Meyer, der verwundete Hunde betreuen sollte. Er war vor zwei Stunden eingeflogen worden.

Joseph schob uns einen randvollen Teller mit original Musheressen zu und meinte: »Hallo, Jungs, erst mal eine Stärkung. Das Chili ist gerade gar geworden, von einem phantastischen Elchbullen, hab ihn erst gestern erlegt.« Bohnen, Elchfleisch, Zwiebeln, Pfeffer, dachte ich, als mir der würzige Duft in die Nase stieg. Wie oben in der Brooks, beim Aussteiger Tom Leesk.

»Was von Tom gehört?«, fragte ich Barnister beiläufig. Er legte den Löffel aus der Hand und hielt den Zeigefinger an die Schläfe. »Hat sich erschossen!«

»Was? Und die Familie?«

»Alle tot! Ganz trübes Kapitel, Biber. Er muss total verrückt geworden sein, als er nachts seine Bude ansteckte und sich anschließend eine Kugel durch den Kopf jagte.«

»Mein Gott!«

Ich schob den Teller Chili beiseite. »Wie hast du das erfahren?«

»Unter den Indianern hatte es sich bis Fort Yukon herumgesprochen. Ich flog hinauf und sah die Bescherung.«

Jim Barnister landet auf dem See

In Josephs Blockhütte am Trail

Joseph, genannt »Jo der Hagere«, war ein Trapper wie aus den Lederstrumpfgeschichten. Nicht eben groß, jedoch knorrig wie eine Baumwurzel, zäh, beweglich, einem Luchs ähnlich. Obgleich er erst knapp über vierzig Jahre alt war, bedeckte ein dichtes Faltennetz sein braun-graues Gesicht – als habe er sein Leben lang lachen müssen. Zu lachen hatte Jo allerdings selten etwas. Besonders nicht, wenn es darum ging, im Winter satt zu werden. Um zu überleben, war er täglich auf der »trap-line«, stellte Bibern, Mardern, Bären und Elchen nach. Er kannte das Wild seines Reviers wie die Indianer. Wenn er das Wild verfolgte, schlüpfte er sozusagen in dessen Haut und machte sich die Eigentümlichkeiten der Gejagten zu Nutze. Das war seine Philosophie und das Geheimnis seines Erfolgs. Er wurde nicht müde, davon zu erzählen.

Längst war es Nacht geworden. Ich lag auf dem Fußboden und dachte an das einsame Blockhaus, an Tom, Helen, Oliver und Norman. An Menschen, die es nicht mehr gab. Bis auf das behaglich knisternde Feuer im Yukonofen herrschte Stille in Jos Hütte. Die Männer hatten sich ausgestreckt. Es ging auf Mitternacht, als von draußen der Ruf »Mushers are coming – die Musher kommen!« erscholl. Wir sprangen auf, warfen uns die Parkas um und schlüpften in wattierte Stiefel. Von unten am Fluss her kam Hundegebell herauf. Dann blitzten Kopflampen auf, das erste Team »segelte« den Skwentna River herauf. Im Schein der Taschenlampen erkannte ich Startnummer 19, Don Honea aus Ruby. In ziemlich großen Abständen trafen weitere Teams ein: Rick Swenson, Dick Mackey, Al Crane. Von einer kleinen Pause in Susitna abgesehen, waren die Gespanne ununterbrochen gefahren und hatten jetzt rund 40 Meilen zurückgelegt. Der Sprint der Hunde nach dem Start hielt gewöhnlich zwei Stunden an, dann wurde das Tempo langsamer und fiel in den so genannten Wolfstrab von 15 km pro Stunde. Diese Geschwindigkeit können die Hunde tagelang durchhalten – wenn sie in Form sind. Wichtig ist, dass der Musher die Meute in der Anfangsphase nicht überfordert, sie müssen sich erst einmal »strecken«, um ein Gefühl für die Distanz zu bekommen.

Jo Delia trat in Aktion und notierte auf einer Liste Schlittenführer, Ankunftszeit, Anzahl und Zustand der Hunde, Vollständigkeit des Überlebensgerätes – Schneeschuhe, Axt, Booties (pro Husky vier Paar), Schlafsack, Parka, Proviant für Mensch und Tier für mindestens zwei Tage. Tierarzt Phil Meyer entdeckte Blutspuren im Schnee und schaute sich die Läufe der Hunde an. Der Harschschnee war scharf wie pulverisiertes Glas. Die meisten Musher zogen ihren Huskys Booties an.

Im Morgengrauen zog ziemlich erschöpft Terry Adkins herein und lieferte zwei Hunde mit Beinbrüchen ab. Phil nahm sie in Empfang; sie würden am Tage zurückgeflogen werden. Ersatzhunde gab es nicht.

Aus dem Nebel trat jetzt Norman Vaughan. Olo legte einen kraftvollen »Stechschritt« vor; das gesamte Team wirkte überraschend frisch.

»Wie ging's?«, fragte ich.

»Soweit recht gut. Die Piste ist nur stark vereist.«

Norman schlug den Anker ins Eis. Die Hunde legten sich nieder, um jede Minute zum Kräftesammeln zu nutzen. Während der Alte Feuer machte, nahm Jo die Daten für seine Checkliste auf. Auf den Primuskocher stellte Norman jetzt einen Topf mit Schnee, dann schnürte er seinen Schlitten auf und warf ein Riesenstück Fleisch auf den Boden, das er mit der Axt portionierte. Im Topf siedete inzwischen das Wasser, in das er Fleisch und eine Menge Schmalz hineintat. Ein Musher mag noch so erschöpft sein – zuerst werden die Hunde versorgt! Bis sie gesoffen und gefressen hatten und, wenn nötig, ihre Pfoten gesalbt waren, vergingen leicht zwei Stunden.

Phil Meyer untersucht die Läufe der Hunde

»Olo hat sich auch im Harsch gut gehalten«, bemerkte der Oberst und rührte die Kraftbrühe mit dem Fleisch um. »Das Training in Barrow hat sich bezahlt gemacht.« Er richtete sich auf und warf den Hunden jeweils einen Fleischbrocken vor, den sie gierig verschlangen. Ein gutes Zeichen, denn Hunde, die

Hundeschlittengespann aus der Luft

Schwerarbeit leisten, müssen fressen, sonst sind sie krank. Zu saufen bekamen sie die Fettbrühe – Kalorien für die nächsten 100 Meilen.

Neun Uhr vormittags: Gemeinsam mit Jerry Riley trug sich Norman aus, stülpte die Kapuze über den Kopf, und schon ging es wieder weiter, der nächsten Etappe – Finger Lake – entgegen. Vielleicht wird Norman sich draußen irgendwo für drei, vier Stunden in den Schnee zum Schlafen legen, vielleicht auch weitermushen; es kam darauf an, was er sich und den Hunden zumuten konnte.

Wir kletterten wieder in die Maschine und flogen im Tiefflug über die Musher, die einsam ihre Bahn zogen. Die Rennspitze hatte Finger Lake bereits erreicht. Zwischen dem Weiß verschneiter Bäume ließ sich bisweilen ein roter Schlafsack und eine Gruppe ruhender Hunde erkennen – Biwaks müder Schlittenfahrer. Einmal kommt der Zeitpunkt, da wirft die Müdigkeit jeden um. Wer allerdings viel Schlaf braucht, der ist auf dem Iditarod-Kurs verloren. Der Durchschnitt beträgt zwei Stunden

Schlaf pro 24 Stunden, für 15 ewige Tage! Aus der Luft machte Finger Lake den Eindruck tiefen Friedens. Fünf Gespanne lagerten vor dem Blockhaus des alten Gene Leonards, andere waren im Anmarsch oder kämpften sich durch Tiefschnee in Richtung Rainy-Pass, dem »Tor zur Hölle«.

Der Rainy-Pass

»Wenn die Sicht gut ist, fliegen wir über den Pass und landen in Farewell«, rief Jim gegen den Motorenlärm an. Doch kurz darauf hielten wir geradewegs auf eine Nebelwand zu, die den Pass abriegelte. Die Maschine drehte um, und wir landeten im Happy Valley. Für die meisten Musher kein »Glückliches Tal«, sondern der Vorhof zur Hölle! Terry Adkins, Dick Mackey, Joe Redington waren längst vorbeigezogen und mühten sich oben am Pass im Nebel ab.

Das Wetter schlug um, es schneite große Flocken, so dicht, dass Jim beschloss, nicht mehr aufzusteigen. Das hieß: im Freien campieren. Durch das dichte Schneegestöber bewegten sich die vermummten Musher wie Geisterfahrer. Einige rasteten mit uns, da der Aufstieg zum Pass zu riskant war. Sie berichteten von Elchen, die Jack Hockers Team angegangen waren, und von Wölfen, die Ken Case im Schlaf überrascht hatten. Gegen Mittag fuhr Ricky Mackey junior heran, einen Arm in der Schlinge. Er sah unheimlich abgekämpft aus.

»Was ist los, Rick? Mit einem Bären gerungen?«, fragte Jim. Aber der Musher war nicht zum Scherzen aufgelegt.

»Nee, bin mit dem Schlitten gegen einen Felsen geprallt; wahrscheinlich ist der Arm gebrochen.« Das Futter für die Hunde herzurichten und sich selbst zu verpflegen war eine Quälerei für ihn. Doch helfen lassen durfte er sich nicht. Wenn die Rennleitung davon erfuhr, wurde er disqualifiziert. Für Rick gab es nur durchhalten oder aufgeben.

Al Crane, der an der Schulter verletzt war, wusste auch von

Joe Redington, der Vater des Iditarod

Elchen zu berichten: »In der Schneise am Hayes River standen zwei auf dem Trail. Als die Hunde anschlugen, ging ein Bulle zum Angriff über. Bis ich einen Schuss anbringen konnte, hatte er schon meinen Leithund durch die Luft geschleudert.«

Al hatte tatsächlich einen toten Husky im Schlitten, mit dem er über den Pass musste, um ihn beim nächsten Kontrollposten abzugeben. Tote Tiere durften unterwegs nicht verscharrt oder liegen gelassen werden.

»Lieber schlag ich mich mit einem verrückten Grizzly oder einem Rudel Wölfe herum«, schimpfte Al, »als mit einem wild gewordenen Elchbullen. Der lässt erst locker, wenn du ihn voll Blei gepumpt hast.«

Ich schnallte mir Schneeschuhe unter die Füße und versuchte, den Trail einige hundert Meter zurückzugehen. Es war unmöglich. Die Schlittenspuren waren vollkommen verweht, ich irrte ratlos bei heulendem Sturm im Gelände herum. Mir blieb nichts anderes übrig, als schleunigst meinen frischen Schneeschuhspuren zu folgen und zum Flugzeug zurückzukehren.

Wie aus dem Nichts tauchte Norman Vaughan mit seinem Gespann plötzlich bei unserem Notlager auf. Wir mussten zweimal hinschauen, um den tief verschneiten Mann zu erkennen.

»Hey, Jungs, was macht ihr denn hier?«, fragte er fröhlich. Das Wetter schien ihm nichts auszumachen.

»Auf bessere Sicht warten. – Solltest du auch tun«, meinte Jim.

»Wie viele hab ich vor mir?«, erkundigte er sich.

»Schätze, sieben Musher. Die Spitzengruppe bilden Adkins, Mackey und Redington. Etliche Teams liegen hier und warten«, berichtete ich.

»Das ist eine Chance für mich! Hike, Hike!«, rief der Alte.

Bevor wir ihn noch warnen konnten, war er im Schneegestöber verschwunden.

Es war zwei Uhr mittags, aber dunkel wie am Abend. James Brandon und Ray Gordon versuchten, ihr Zelt aufzubauen, um sich etwas Warmes zu kochen, doch der Sturm riss es weg wie ein Bettlaken. Wir krochen in die Cessna und warteten, stumpfsinnig und schlecht gelaunt. Ab und zu sprang einer aus dem Flugzeug und versuchte, sich krampfhaft warm zu klopfen. In diesem trostlosen Zustand verbrachten wir den Abend, eine endlose Nacht und einen grauen Vormittag. Endlich riss der Himmel auf. Um uns hatte sich ein Heerlager von Mushern eingeigelt, das nun mit neuem Kampfgeist den Pass bezwingen wollte.

Wir ordneten notdürftig unsere Habseligkeiten. Jim ließ den Motor starten, der nach einigen knatternd-spuckenden Fehlzündungen tatsächlich ansprang, und wir flogen in den Pass, durch den immer noch schwere Nebelschwaden zogen. Jetzt gab es nur noch ein Vorwärts. Umdrehen ging nicht, dazu standen die Felswände zu nah. Jim hielt sich dicht an die Schneehänge, um wenigstens einen Bezugspunkt zu haben. Ein unheimlicher Sog zerrte an der Maschine und drückte sie näher an den Hang, als es Jim lieb war. Links berührten die Tannenwipfel fast die Tragflächen – noch ein Luftloch, und sie würden uns die Flügel wegreißen. Zehn Minuten später war alles überstanden.

»Der Rainy-Pass ist jedes Mal eine Angstpartie«, sagte Ray Gordon aufatmend.

Die Kufen polterten über die vereiste Landepiste von Farewell. Wir hielten vor einem der sechs Fertighäuser dieser trostlosen Wetterstation am Fuße der westlichen Alaska-Kette. Beim Checker erfuhren wir, dass sich das Feld verschoben hatte: Emmitt Peters, der Yukon Fox, war als Erster, noch bei dichtem Schneetreiben, aus den Bergen gekommen, hatte sich kurz gemeldet, war aber gleich weitergehetzt. Gefolgt von Rod Perry, einem verwegenen Mann aus Minchumina, der kaum vier Stunden hinter Emmitt lag. Don Honea war gerade eingetroffen und berichtete Schauergeschichten von der Passhöhe: »Leute, das war 'ne Schlacht! 40 Grad Kälte und ein Schneesturm mitten in die Fresse. Der Boden hart wie Beton, sag ich euch. Keine Chance zum Eingraben. Ich nahm volle Deckung, wie beim Trommelfeuer, und glaubte, die Nacht nicht zu überleben …«

Don war mit seinem Bericht noch nicht zu Ende, da trat die kleine Varona Thompson in die Hütte; in der arktischen Kleidung wirkte sie genauso hoch wie breit. Don sah sie und bemerkte trocken: »So gut möchte ich's auch haben, du brauchst doch nur runterzurollen!«

Varona verzog keine Miene, sie hatte auch eine böse Überquerung hinter sich.

Je mehr Gespanne aus den Bergen herunterzogen, desto mehr Horrorgeschichten kursierten in Farewell. Während die Musher ihre ramponierten Schlitten flickten, Hundefutter warm mach-

Bei jeder Rast gibt es etwas zu reparieren

ten oder ihre eingeflogenen Proviantsäcke sortierten, tauschten sie die letzten Erlebnisse aus. Gerüchte verdichteten sich, dass Bill Cotter, Jim Smarz und Norman Vaughan am Pass herumirrten. Keiner hatte sie gesehen oder von ihnen gehört, was allerdings noch keinen Anlass zur Besorgnis gab. Wenn nämlich die drei biwakierten, um sich von den Strapazen zu erholen, waren sie vor Nachmittag nicht überfällig.

In der Kontrollbude wurden Wetten abgeschlossen. Einer aus der Rennleitung verschaffte sich lauthals Gehör: »Der Yukon Fox ist das ganze Jahr über besoffen. Aber er hat es faustdick hinter den Ohren. Er kann noch so voll sein – kaum steht er auf dem Schlitten, saust er ab wie die Feuerwehr, und bis Nome sieht ihn der Zweite nur von hinten. Ich sag euch, Emmitt fährt wieder alle in Grund und Boden!«

Ich ging zum Ortsanfang, an eine Stelle, von der aus der Trail fast eine Meile weit überschaubar war. Team auf Team fuhr ein. Aber keiner der drei Vermissten war dabei. Vom Oberst hatte niemand etwas gehört.

Der Westen flammte rot auf, ein imposanter Sonnenuntergang versöhnte uns mit dem grauen Tag. Von weit draußen arbeitete sich ein Gespann durch das letzte Büchsenlicht. Unendlich langsam bewegten sich die Hunde, es schien, als träten sie auf der Stelle. Allmählich kamen sie näher. Neben dem Schlitten der Musher, niedergeschlagen, mit schmerzverzerrtem Gesicht, ausgelaugt wie seine Huskys. Dann der Schlitten: Handgriff gebrochen, Geländer geborsten, im Korb zwei Hunde. Wer war der Schlittenführer? Richtig, Bill Cotter – einer der drei Verschollenen… Was hatte der Pass aus ihm gemacht?

»Hallo, Bill!«, rief ich ihm entgegen. Er reagierte nicht. »Wo sind die andern beiden?«

»Jim Smarz ist hinter mir, mehr weiß ich nicht.«

»Der Oberst, Bill, wo steckt der Oberst?«

Schlittenführer in der unerbittlichen arktischen Einsamkeit

»Keine Ahnung.«

Ich schloss mich Bill an und erfuhr von dem Kampf der beiden Vermissten am Pass. Zwar wusste ich, dass der Rainy jedes Jahr seine »Maut« an Unfällen und Verletzungen verlangte und so manches Team auf dem Gewissen hatte, doch erstmals wurde mir die ganze Härte und Dramatik des Rennens bewusst.

Bill und Jim hatten sich oben am Pass getroffen – trotz der schlechten Sicht war ihnen der Aufstieg im Alleingang gelungen! Bill war richtig stolz, dass er im Nebel und Sturm die Orientierung behalten und die Tour in weniger als 13 Stunden geschafft hatte. Sie beschlossen, die Abfahrt gemeinsam zu versuchen. In der Waschküche gerieten sie vom Trail ab und irrten an Schluchten und Felswänden entlang, bis Bill und seine vierzehn Huskys das Gleichgewicht verloren und abstürzten. Da lag er nun, fünfzig Meter unterhalb von Jim. Zwei Hunde waren verletzt, der Schlitten beschädigt. In der Brust spürte er einen stechenden Schmerz. Jim kundschaftete die Umgebung aus und suchte nach einer besseren Abstiegsmöglichkeit. Nach Stunden stellte er fest, dass es keine gab. Auch er musste, ob er wollte oder nicht, die lange Kaskade von schnee- und eisbedeckten Felsen hinaus. Er ging das Unternehmen wie eine alpine Seilschaft an, ließ Hunde, sich selbst und den Schlitten an Stricken hinunter. Als das zentnerschwere Transportmittel dran war, rissen die Leinen, einem Geschoss gleich sauste der Schlitten abwärts, riss noch ein paar Hunde mit und prallte im Tal an einen Baum. Unten waren sie nun, allerdings gewaltig lädiert. Notdürftig flickten sie die Schlitten, luden die toten und verletzten Hunde ein und irrten weiter durch die Wildnis der Alaska-Kette.

Jim stammte aus McGrath und kannte die westliche Kette von vielen Wolfsjagden her. Doch in dieser Gegend, durch die sie jetzt mit ihren Gespannen zogen, hatte er noch nie gejagt. Erst am Post River kam ihm die Gegend bekannt vor. Aber er konnte nicht glauben, dass sie sich jetzt zwanzig Meilen südlich des Trails befinden sollten. Erst ein kleiner See räumte seine Zweifel aus. Er schlug vor, nach Norden zu ziehen. Und so kamen sie wieder auf die Piste, die für Jim und Bill in Farewell zu Ende war.

Von Norman Vaughan gab es immer noch keine Spur. Die Rennleitung blieb gelassen.

»Warten wir ab bis morgen; wahrscheinlich trifft er heute Nacht ein. Im letzten Jahr ging er uns zwei Tage am Norton Sound verloren«, meinte über Funk »Race Marshal« Dick Tozier, der sich gerade einfliegen ließ.

»Da war er nicht allein! Norman und Ron Aldrich hatten sich eingegraben, weil sie mitten im Blizzard saßen«, entgegnete der Mann am Funkgerät.

»Hast du Kontakt mit der Rainy Lodge?«, fragte Tozier.

»Ja, dort hat er gestern um dreizehn Uhr ausgecheckt.«

»Ab dann hat ihn niemand mehr gesehen?«, fragte Tozier weiter.

»Hier tauchte er eine Stunde später auf und verschwand gleich wieder, weil er den Pass nehmen wollte«, sagte ich.

Bei Dunkelheit mushte Stein Havard, der Norweger, ein. Seine Kopflampe leuchtete wie bei einem Bergmann unter Tage. Die Hälfte der Strecke musste nachts zurückgelegt werden, im trüben Licht einer Taschenlampe, die an der Pelzkappe befestigt wurde.

Der Race Marshal fragte interessiert, ob er etwas Besonderes gesehen hätte oder wüsste, wo Norman steckte.

»Alles, was ich gesehen habe, sind die Hintern meiner Huskys, und das fünf Tage lang!«, meinte Stein.

Auch tags darauf war von Norman nichts zu hören oder zu sehen. Draußen auf dem Trail ging das Rennen mit unverminderter Härte weiter. Über Funk erfuhren wir, dass Adkins aus guter Position gedrängt worden war, weil er sich mit der Axt ins

Bein geschlagen hatte, als er gefrorenes Seehundfleisch für die Hunde zerhacken wollte. An Aufgeben dachte er trotzdem nicht.

Jim Barnister drängte zum Weiterflug. Bevor ich nicht wusste, wo Norman abgeblieben war, würde ich mich nicht von der Stelle rühren. Jim startete mit seinen Leuten in einen blank geputzten Nachmittagshimmel Richtung McGrath, um dort das Eintreffen der Spitzenreiter zu erleben.

Der Oberst war nun zwei Tage überfällig, und die Rennleitung beschloss, eine Such- und Rettungsaktion einzuleiten. Sie begann damit, dass Larry Thompson, der sich gerade in Ophir befand, um Proviantsäcke zu deponieren, nach Farewell beordert wurde. Dennis Foxi, der hiesige Funker, gab seine Depesche über vier andere Stationen, da sein Gerät nur 100 Meilen weit reichte. Endlich kam das »Okay«. Larry habe die Nachricht erhalten und sei auf dem Flug nach Farewell. Als Nächstes wurde der Indianer Jonas Ivery, der sich vom Iditarod-Komitee als »Trail Breaker« – Spurenmacher – hatte verpflichten lassen, aus Nikolai herbeigerufen. Er besaß ein schnelles Snowmobile und kannte die westliche Alaska-Kette wie seine Westentasche. Ein besserer Spurenleser war in dieser Region des Landes nicht aufzutreiben. In den letzten Jahren hatte er schon einigen versprengten Mushern den richtigen Weg gewiesen. Bis der interne Rettungstrupp eintraf, musste man sich in Geduld fassen. Tozier studierte mit Dennis und dem Checker eine Generalstabskarte der südlichen Alaska-Kette.

»Vielleicht hat er den Rainy gar nicht erreicht, sondern ist südlich in den Houston-Pass geraten?«, meinte der Marshal.

»Dann sieht's schlecht für ihn aus, im Nebel sind die Abhänge tödlich«, erwiderte der Funker und schenkte sich eine Tasse heißen Kaffee ein. Das Warten machte uns alle nervös. Zwei Stunden später trafen kurz nacheinander Larry und Jonas ein.

»Larry, du versuchst, im Tiefflug alle Pässe und Täler abzusuchen«, trug Tozier dem Piloten nach einem kurzen Lagebericht auf. Der Indianer bekam den Auftrag, den offiziellen Trail bis zur Rainy Lodge zu verfolgen und auf dem Rückweg den Houston-Pass durchzukämmen. Von der Lodge sollten sie Funkkontakt mit Farewell aufnehmen.

Trotz der eingeleiteten Maßnahmen wuchs die Unruhe. Tozier lief nervös im Raum hin und her. »Spätestens morgen müssen wir den Oberst finden! Ohne Verpflegung hält er da oben nicht lange durch.«

»Was hältst du von Hubschraubern?«, meinte Foxi.

»Na klar, wenn er morgen nicht gefunden wird, fordern wir aus Anchorage Hubschrauber und Suchtrupps an«, antwortete Tozier.

Die Nacht bestand aus Warten … Am nächsten Tag knatterten Hubschrauber über das Gebiet zwischen der Lodge und Farewell. Bei der schlechten Sicht und Windstärke sieben bis acht konnten sie die Täler nicht systematisch durchkämmen. Gegen Mittag wusste jeder zwischen Anchorage und Nome, dass der Oberst bereits vier Tage verschollen war. Die Suche wurde hektischer, denn die Aussicht, ihn lebend aus dem Gebirge zu holen, wurde von Stunde zu Stunde geringer. Am Boden kämpften sich zwei Mann starke Suchtrupps durch hüfthohen Schnee. In den Tälern schwebten Hubschrauber und kreisten Buschpiloten, die mit Feldstechern ausgerüstet waren. Doch im Nebel war nichts zu erkennen. Am fünften Tag machte ein Wettersturz die geringen Chancen einer glücklichen Rettung vollends zunichte. Die Temperaturen fielen, und der Sturm, der trockenen, körnigen Schnee mit sich führte, verhinderte vorerst alle Bergungsversuche aus der Luft. Die Aussichten, Norman lebend zu finden, taxierten die Experten auf 1:1000. Ich hielt es in Farewell nicht mehr aus und ließ mich zur Rainy Lodge zurückfliegen, von wo die Rettungseinsätze geleitet wurden. Ortskundige aus der ganzen Umgebung trafen ein. Weiße, Indianer, Experten im Spurenlesen, im Kartenlesen, für dies und das. Ideen, wie man Vaughan finden müsste, hatte jeder, doch alle, die ausschwärmten, kehrten nach ein, zwei Tagen zurück – erfolglos, abgekämpft, halb erfroren und mit der Überzeugung, dass aus dem Chaos Norman Vaughan nicht mehr lebend herauskommen würde.

Unterdessen hatte sich auf dem Iditarod Trail eine feste Spitzengruppe etabliert. Sie bestand aus dem »Yukon Fox« Emmitt Peters, Jerry Riley, Rick Swenson und Warner Vent. In McGrath hatte sich der Yukon Fox bis obenhin voll laufen lassen. Es ging das Gerücht um, dass Anderson, der Keeper von McQuire's Bar, den Yukon Fox reingelegt hatte: Als Emmitt am Tresen Mineralwasser verlangte, schob Anderson ihm einen doppelten Whisky hin und wartete ab, was geschehen würde. Der Alkoholiker Peters kippte ihn natürlich, und noch zehn hinterher, bis er vom Barhocker fiel und nicht mehr aufstand.

Anderson hatte vermutlich Warner helfen wollen. In der Nacht banden Freunde Peters auf dem Schlitten fest, damit er während der 150 Meilen nach Iditarod nicht hinunterfiel. Über das Goldgräberkaff brauste ein entsetzlicher Blizzard. Riley, Swenson, Vent brachen das Rennen ab und igelten sich ein. Angebunden stand Peters auf seinem Schlitten wie festgefroren und trieb seine restlichen acht Huskys mitten durch den Hexenkessel. Was keiner für möglich gehalten hatte – er kam durch und trieb jetzt die Meute mit großem Vorsprung über den Yukon, wo ihn ein eisiger Sturm wie im Windkanal nüchtern blies. Als Zweiter verließ Warner Vent Iditarod und heftete sich an Emmitts Fersen. Rick und Jerry gönnten ihrem Team noch etwas Ruhe. Für das letzte Drittel hatten sie sich einen besonderen Schlachtplan ausgedacht.

Achtzehn Musher hatten bisher das Handtuch geworfen. Die

einen waren zu Tode erschöpft, andere hatten kranke oder verletzte Hunde, wieder andere waren nervlich am Ende.

In der Rainy Lodge tagte der Krisenstab der Rennleitung. Es ging um die Einstellung der Suchaktionen. Der Oberst war nun schon zehn Tage verschollen. Gerade sollte eine Entscheidung gefällt werden, da wurde die Tür aufgestoßen, und auf der Schwelle standen Joseph Delia, der Trapper vom Skwentna-Fluss, und Buschpilot Don Readel, einer der besten und kaltblütigsten Flugzeugführer Alaskas. Mit seiner Piper landete er auf jedem Handtuch.

»Ihr sucht den alten Norman?«, polterte Jos Stimme durch den Raum, sodass alles zusammenfuhr. »Dann wollen wir uns mal an die Arbeit machen.« Er warf einen Blick auf die Karte und ließ sich zeigen, auf welche Gebiete sich die Suchaktionen konzentriert hatten.

»So long«, sagte er und grinste. »Wenn wir bis übermorgen nicht wieder da sind, könnt ihr uns auch auf die Vermisstenliste setzen.«

Ich begleitete die beiden zur Piper. »Was meinst du, Jo, hat der Alte noch eine Chance da oben?«

»Schwer zu sagen. Wenn er abgestürzt ist oder verletzt wurde, kaum.«

Die beiden flößten Vertrauen ein. Mein Gefühl sagte mir, wenn Jo und Don es nicht schafften, dann war es endgültig aus mit dem Alten. Ich wollte mitfliegen. Doch dann sah ich hinten in der Piper Schlitten und Verpflegung, außerdem lagen noch fünf Hunde da. Ich schaute der Maschine so lange nach, bis sie nach Norden abdrehte und in Höhe Distin Pik in die Berge stieß.

In der Lodge saß man ratlos herum; eine Gruppe diskutierte, eine andere verfolgte das Rennen im Radio. Immer noch führte Emmitt. Er hatte sich als Erster durch den 180 Meilen langen

Yukon-Abschnitt Anvik–Kaltag gequält. Warner, der Zweite, konnte den Vorsprung des Indianers nicht abbauen.

Am zwölften Tag gab die Rennleitung jede Hoffnung auf die Rettung von Norman Vaughan auf. Ein Siebzigjähriger, im Winter allein in der Wildnis, wahrscheinlich verletzt – der konnte nicht mehr am Leben sein!

Als plötzlich der Motorenlärm einer Sportmaschine zu hören war, stürzte alles ans Fenster. »Kein Zweifel, das ist Don Readels Maschine!«, raunten die Männer und drückten sich die Nasen platt. Jo Delia zwängte sich aus der Piper und stampfte auf die Lodge zu. Seinem Gesicht war nicht anzusehen, welche Nachricht er mitbrachte. Ich rannte ihm mit den anderen entgegen. Unendlich gelassen sagte er: »Den Alten haben wir wieder eingefangen. Schaut ihn euch an. Er hält gerade seinen Mittagsschlaf.«

Vor lauter Erleichterung begannen wir zu brüllen, schleuderten unsere Fellmützen in die Luft und stürzten zur Maschine. In Fell gewickelt, völlig in sich zusammengesunken, saß ein Mann im Flugzeug, der nur eine sehr entfernte Ähnlichkeit mit dem Oberst hatte, wie wir ihn kannten. Aber er war es wirklich, zwar in erbärmlicher Verfassung, jedoch lebendig! Er stand unter Schockeinwirkung und starrte geradeaus ins Leere.

Was um ihn herum passierte, berührte ihn nicht.

»Ich werde ihn erst einmal ins Krankenhaus bringen, er scheint verletzt zu sein«, sagte Don und brachte sich in Startposition, nachdem er vergeblich versucht hatte, Norman etwas warmen Tee einzuflößen.

In der Lodge erzählte Jo, wie er den Alten gefunden hatte: Nach der Landung im Quellgebiet des Kichatna River durchstreiften sie mit ihrem leichten Hundegespann zwei Tage und eine Nacht das gesamte Gebiet. Sie suchten jeden Abhang ab und schauten in jede Felsspalte. Dass Norman in dieser Ecke der

Range saß, fühlte Jo. Vor Jahren war er nämlich bei Nebel in eine ganz ähnliche Gegend nördlich des Rainy-Passes geraten. Am Mittag des zweiten Tages entdeckten sie ihn. Er saß bis über den Bauch im Schnee, zwischen Felswänden eingekeilt, zwei tote Hunde neben ihm, halb aufgegessen – einer davon mit einem Wolfsfell –, der Rest der Meute war durchgebrannt. Der Schlitten lag zwanzig Meter weiter weg. Ob Norman seine Position jemals verlassen hatte, war schwer zu sagen. Jedenfalls rührte er sich nicht vom Fleck, als Jo und Don auftauchten, starrte sie nur hohläugig an und schien nicht zu kapieren, dass er endlich gerettet war. Zwölf Tage in dem eisigen Verlies mussten ihn an den Rand des Wahnsinns gebracht haben. Vermutlich war er von Wölfen angegriffen worden, denn er sprach die ganze Zeit beim Transport zum Flugzeug davon – außerdem machte ihm schwer zu schaffen, dass er sich von Olo ernährt hatte …

An der Beringsee

Nach der Rettung Norman Vaughans beschloss ich, das Rennen vor Ort weiterzuverfolgen, und flog mit Larry Thompson nach Koyuk an die Küste. In McGrath machten wir eine Zwischenlandung. Während Larry Proviantsäcke lud und für den Tierarzt an vorderster Linie Medikamente besorgte, schaute ich mich rasch im Ort um. In McQuire's Bar, wo fünf Tage zuvor der Yukon Fox vom Hocker gefallen war, genehmigte ich mir einen einfachen Jack Daniels und lauschte den Diskussionen. Es ging um die Rettung des Obersts, die sagenhafte Kondition Emmitts und um Wetten, die auf die Spitzenreiter abgeschlossen wurden. Die ganze Kneipe setzte auf den Indianer. Nur Barkeeper Anderson polterte: »Meine Whiskys haben einen Zeitzünder; spätestens in Solomon sacken ihm die Beine weg!«

»Wenn das stimmt, Anderson, dann hauen wir dir die Kneipe kurz und klein«, drohten die anderen.

Es wurde totenstill, als sich ein großer, mächtiger Kerl an die Bar schob. Wer diesen Riesen einmal gesehen hatte, vergaß ihn nie mehr. Ich hatte ihn gesehen, am Start in Anchorage, es war Ron Aldrich. Viermal war er den Iditarod-Trail nach Nome entlanggehetzt. Beim letzten Rennen hatte er sich die Beine angefroren; kaum hatte er sich davon erholt, spannte er 24 Huskys vor seinen Schlitten und mushte von Nome nach Barrow und zurück, noch einmal 2800 Meilen. Einen solchen Trip machte ihm so leicht keiner nach. In diesem Jahr war er ungenießbar, er musste Zuschauer spielen, weil er nicht genügend Geld für ein gutes Team zusammenbekommen hatte.

McQuire's Bar, Schauplatz einer riskanten Wette

Ron blickte in die Runde und fragte: »Ist hier einer unter euch trüben Tassen, der 500 Dollar gegen Jerry Riley aus Nenana setzt?« Die Stille in der Bar hielt an. Anderson, Bill, James und wie sie alle hießen, hatte es die Sprache verschlagen. Ich dachte nicht an Geld, nicht an den Sieger, mich reizte es einfach, dem Experten Ron Aldrich in die Parade zu fahren. Schon hatte ich den Gedanken ausgesprochen, ohne lange zu überlegen – nur um zu imponieren? »Ich wette, dass Rick Swenson den Ersten macht!«

Ron schaute mich geringschätzig an. »Wer ist das denn?«, fragte er Anderson.

»Einer aus Deutschland, wird Biber genannt, mehr weiß ich nicht.«

»Na schön, Biber«, sagte Ron und kam auf mich zu. »Riley gegen Swenson, die Wette gilt!« Anderson schlug hastig durch und stellte eine Flasche Whisky auf den Tresen.

Ron Aldrich, erprobter Kämpfer auf dem Trail

»See you in Nome«, sagte Ron, entfernte den Korken mit den Zähnen und setzte die Flasche an. So maßlos wie er auf dem Trail war, so maßlos war er auch beim Umgang mit Whisky.

Auf der Piste tankte Larry gerade seine Maschine nach. »Was Neues vom Rennen gehört?«, fragte ich.

»Positionen sind unverändert«, antwortete Larry. »Peters, Vent, Riley, Swenson. Aber Riley ist hart an Vent herangekommen. Swenson ist abgefallen.«

Während des Fluges bemerkte ich, dass Larry hin und wieder einnickte. Für ihn war das Rennen fast genauso anstrengend wie für die Musher. Die Checkpoints hielten ihn pausenlos in Atem, entweder mit dem Antransport von Proviant, dem Abtransport von toten und verletzten Hunden oder Sonderwünschen der Rennleitung.

Seit zwei Wochen hatte er das meistbeschäftigte Lufttaxi Alaskas. Geschlafen hatte er schon seit Tagen nicht mehr richtig. Er sah erschöpft aus, und die Falten hatten sich tief in sein unrasiertes graues Gesicht eingegraben.

Der fünfzehnte Renntag: Mit Koyuk begann in der Hetzjagd durch Alaska der letzte, entscheidende Abschnitt. Bei strahlendem Sonnenschein zog die Spitzengruppe, angeführt von Yukon Fox Emmitt Peters, heran. Riley kämpfte sich zur Überraschung aller auf den zweiten Platz, im Dreistundenabstand folgte der frühere Zweite, Warner Vent, gefolgt von Swenson. Die Vierergruppe hatte eine gute Zeit herausgefahren; sie war zwei Tage schneller als im Vorjahr. Doch zwischen Koyuk und Nome lagen noch schwere 170 Meilen. Ein Wetterumschwung konnte die Musher um Tage zurückwerfen. Emmitt Peters hielt sich abseits und behielt Jerry Riley im Auge. Auf keinen Fall durfte dieser vor ihm auf die Piste! Peters' Gesicht war von schwarzen Frostbeulen entstellt, die er sich im letzten Blizzard auf dem Marsch nach Anvik geholt hatte. Sein 16-Hunde-Team war auf neun zu-

Noch reichen die Kräfte des Mushers …

sammengeschrumpft. Heute setzte er dem Rest nur noch Kraftbrühe vor und meinte: »Hungrige Huskys laufen schneller.« Unschlüssig ging der Yukon Fox auf und ab. Bleierne Müdigkeit steckte ihm in den Knochen. Schließlich entschloss er sich, einen Moment auf dem Schlitten auszuruhen. Aber so, dass er mit einem Auge die Szene überblicken konnte. Nur eine ganz kleine Portion Schlaf, dachte er, und machte auch das andere Auge zu.

Der temperamentvolle Rick Swenson war ganz verstummt. An seinen Spruch, man solle schon vorausfliegen, um auch rechtzeitig zum Interview in Nome zu sein, mochte er sich nicht mehr erinnern. Er konzentrierte sich auf sein Team, verfütterte rohes, gefrorenes Walrossfleisch und reine Butter. Sein rechter Swing-dog gefiel ihm gar nicht. Er hatte Durchfall und wollte nichts fressen. Sorgenvoll beobachtete er ihn aus roten Augen. Dann blickte er den Trail entlang.

Riley trat zu ihm. »Bist du es Rick? Du siehst aber gar nicht gut aus. Und deine Hunde erst...« In diesem Moment fiel dem Swing-dog die Nahrung vorn und hinten aus dem Körper. Betreten rührte Rick Haferflocken an und fütterte ihn damit.

»Der arme Rick Swenson versorgt seine Huskys mit Haferschleim, das ist das Ende«, hieß es in Koyuk. Es würde nicht mehr lange dauern, bis er aufgeben musste. 22 Teams waren bisher ausgeschieden. Kurz entschlossen spannte Rick sein Team um und nahm den magenkranken Hund heraus. Dann legte sich auch Swenson auf den Schlitten. Aber er konnte nicht schlafen; seine Nerven waren in Aufruhr. Schließlich stand er auf, trug sich aus und setzte die Hetzjagd fort.

Plötzlich stürzte der Yukon Fox in die Checkbude.

»Wo sind Riley und die anderen?«, schrie er.

»Auf der Piste natürlich, wo sonst?«

»Verdammte Hundescheiße!«, fluchte er, trug sich aus, brüllte die Hunde hoch und jagte in den Abend.

Mit Puk Ihak und seinem Snowmobile verließ ich kurz nach Peters Koyuk. Ich hatte Puk regelrecht überreden müssen, mich mitzunehmen. Er pfiff auf die Dollar, die ich ihm anbot, und riet mir, lieber morgen mit dem Flugzeug nach Nome zu fliegen. »Das ist kein Campingausflug«, meinte er. »Der Trail wird kalt.«

Der Eskimo hatte untertrieben. Die Piste wurde mörderisch, und ich jammerte die ganze Nacht. Warum hatte ich nicht auf ihn gehört? Puk brauste mit siebzig Sachen über den harten Trail, als wollte er mit aller Gewalt beweisen, dass ich die Tour nicht durchstehen konnte.

Silbrig schien der Mond auf die Ebene vor Elim. Und auf dieser Ebene kämpften drei Teams gegen den anstürmenden Westwind. Ihre Geschwindigkeit mochte acht oder zehn Kilometer pro Stunde betragen. Was war aus dem 35-Kilometer-Tempo nach dem Start geworden? Was aus 15 Stundenkilometer Wolfstrab? Wo blieb der Endspurt, 100 Meilen vor Nome? Das Rennen zeigte sich jetzt von der brutalsten Seite. Es kam die Stunde, in der den Musher die ganze Welt ankotzte. Spätestens hier wünschte er Trail, Hunde und Schlitten zum Teufel. Aber wer noch ein Quäntchen Kraft im Körper besaß, machte weiter – mechanisch wie ein Roboter.

Wie in Zeitlupe glitten die Gespanne durch das fahle Nachtlicht. Stiegen die Senke hinauf, zogen an Elim vorbei und durch das Packeis von Golovin. Als der Morgen graute, schleppten sich die Männer ein Stück die Berge hinauf und checkten am Kontrollpunkt White Mountain ein – 50 Meilen vor Nome. Als Erster Vent. Sollte es dem großartigen Musher und »ewigen« zweiten Sieger (1974 und 1976) aus Hushia einmal gelingen, Jerry, den »Unbezwingbaren«, zu stürzen? Argwöhnisch beobachteten sich die Gegner. Die Strapazen der vergangenen Tage hatten sich in die Gesichter der Schlittenpiloten wie Brandwunden gefressen. Ihre Augen, vom tagelangen Wachsein rot und ange-

Puk Ihak, mein Snowmobilefahrer

griffen, versteckten sie hinter dunklen Schneebrillen. Aber unter den Brillen schauten schwarze Ringe hervor, die von Erschöpfung zeugten.

Der Einzige, der noch Kraft und Lust zum Reden hatte, war Riley. Er verlegte sich auf die psychologische Kriegsführung: »Ich glaube, dein Leithund humpelt, Warner, du solltest ihn mal dem Tierarzt vorführen.«

Warner überlegte, ob er Riley überhaupt antworten sollte, sagte dann aber: »Du wirst staunen, wie er vor dir ins Ziel humpeln wird!«

Der »Unbezwingbare« war zweifellos der frischeste unter den Spitzenreitern. Und jeder, der ihn in den White Mountains erlebte, glaubte, er führe die anderen an der Nase herum, um dann vor den Toren Nomes zu einem grandiosen Finish auszuholen. Warner schwang sich auf den Schlitten; im Abstand von Minuten setzten ihm die anderen nach, während sich Emmitt Peters erst aus dem Tal hocharbeitete. Der Yukon Fox, der in Koyuk schon als Sieger galt, hatte seine Chance vertan. Er traf als gebrochener Mann mit ausgelaugten Hunden am Checkpoint ein.

Es war Sonntagmittag und der 16. Renntag in der 1200-Meilen-Jagd nach Nome. In der Spitzengruppe kämpften drei Musher um den Ruhm, der beste Schlittenpilot Alaskas – der Welt – zu sein. Das Wetter war kalt und trocken, der Trail hart und vereist. Die gefrorene Beringsee schien im Licht der flachen Sonne wie in flüssiges Gold getaucht. Mit dem Eskimo Puk Ihak verfolgte ich die letzten Meilen einer schier endlosen Strecke. In McGrath hatte ich mit Ron Aldrich um 500 Dollar gewettet, dass Rick Swenson, ein Newcomer und Außenseiter, das Rennen gewinnen würde. Und dieser Rick kämpfte an dritter Position. Doch in der eisigen Luft der Arktis lag etwas Ungeheuerliches!

Safety Roadhouse: zwanzig Meilen vor Nome. Warner Vent trieb zum Endspurt – wollte treiben! –, strauchelte plötzlich, taumelte, schlug hin, die Meute trabte ohne ihn, geriet vom Trail ab …, stand im Schnee. Warner kroch auf allen vieren, blieb liegen. Schwächeanfall? Kollaps? Er rappelte sich auf …

Schon ertönte das scharfe »Hike, Hike!«, von Jerry, und der Unbezwingbare zog an ihm vorbei. Als Warner mit letzter Kraft seinen Schlitten erreichte und das Team auf den Trail manövrierte, überholte ihn Swenson.

Am Horizont zeichnete sich jetzt das Wahrzeichen Nomes ab: ein außer Betrieb gesetzter Goldbagger. Dann kamen die ersten

Mit letzter Kraft schleppt sich der Musher vorwärts – Nome ist in Sicht

Gebäude in Sicht – der Endspurt begann, zu dem 5000 Menschen, genau die doppelte Einwohnerzahl Nomes, hergeflogen waren. Die Stadt brodelte und kochte. Seit Tagen herrschte Volksfeststimmung, die sich explosionsartig entladen würde, sobald der erste Musher in diesen Hexenkessel hineinfuhr.

Zehn Meilen vor Nome: Jerry Riley baute seinen Vorsprung weiter aus und stieß mit einem Kraftakt zwei, drei Meilen voraus. Es sah so aus, als würde Jerry diesen Platz nie mehr freigeben. Doch dann geschah das Unglaubliche, das Unfassbare: Rick Swenson, der weiße Indianer, ging aufs Ganze. Er hetzte dem »Unbezwingbaren« seine Meute auf die Fersen und holte auf – unaufhaltsam, wie von Geisterhand geschoben – und zwang Riley zu einem erbitterten Duell Seite an Seite, vier Meilen vor Nome! Die Menge tobte. Sirenen heulten. Böllerschüsse krachten. Die Fans wurden hysterisch. Rick Swenson im Kopf-an-Kopf-Finish mit dem »Unbezwingbaren«! Doch die eigentliche Sensation kam erst noch: Unter dem Gebrüll der Massen zog

Rick Swenson, Sieger des Iditarod

Rick vorbei und stampfte in die Zielgerade, den Leonard Seppala Boulevard! Nur noch wenige Meter zum Zielbalken.

»Bravo, Rick, bravo!«, jubelte die Menge. Swenson schwankte, setzte Fuß vor Fuß, sein Körper pendelte in der arktischen Kleidung wie ein Klöppel hin und her... Würde er gleich stürzen? Der Menge stockte der Atem. Er klammerte sich an den Schlitten..., wurde ins Ziel gezogen... Geschafft! Die Begeisterung fegte wie ein Sturmwind durch den Boulevard. Lautsprecher schrien es durch die Stadt: »17 Uhr 18, Rick Swenson aus Eureka, Sieger im Iditarod-Rennen! Genau nach 16 Tagen, 16 Stunden, 27 Minuten und 13 Sekunden.«

Jerry Riley zieht als Zweiter durch die Ziellinie

Nome verwandelte sich in ein Tollhaus.

Rick wusste nicht, wie ihm geschah, er riss die Arme hoch – rang nach Luft, röchelte und stolperte auf das Siegerpodest als neuer Nordlandheld. Das Eis in seinem Bart war noch nicht geschmolzen, da zog der Zweite durch die Ziellinie: Jerry Riley, genau drei Minuten und acht Sekunden später …, dann der Dritte, Warner Vent, zwölf Minuten nach Jerry. Noch nie in der Geschichte des Rennens hatte es nach 1200 Meilen eine Spitzengruppe gegeben, die nur um Minuten auseinander lag – man muss sich das einmal vorstellen, drei Minuten, acht Sekunden Vorsprung nach einem Rennen, das sechzehneinhalb Tage gedauert hatte!

Die Enthusiasten stürzten sich auf die drei Musher und schleppten sie auf den Schultern in das Gebäude der Rennleitung, wo die Sieger erst richtig gefeiert wurden. Allmählich verlief sich die Menge an der Zielgeraden und strömte zurück in die

Bars, um vor der Kälte Schutz zu suchen. Der vierte Musher befand sich in der Nähe von Solomon, dreißig Meilen vor der Stadt.

Nome, Stadt am Goldstrand

In Nome wird man auf Schritt und Tritt an die wilden Jahre Alaskas erinnert, an die Goldrauschzeiten. Saloons wie »Nugget Inn«, »Bering Sea Saloon«, »Nome Nugget«, rechts und links der Front Street (auch Leonard Seppala Boulevard genannt), lassen die Zeit Ende des 19. Jahrhunderts lebendig werden. Iditarod aber ist der Höhepunkt des Jahres. Dann feiert die dreckige und einsame Stadt am Rande der Welt ihren Karneval. Elfeinhalb Monate fluchen und klagen die Bewohner über ihren Ort, zu dem keine Straße führt, der nur aus der Luft oder vom Wasser her versorgt werden kann, und trotzdem halten sie durch, trotzdem bleiben sie. Wenn einmal im Jahr der Kontakt zur Außenwelt – nach Süden über den Trail – hergestellt wird, erwachen Erinnerungen und Lebensfreude – vierzehn Tage lang brodelt die Stadt vor Aktivität, vierzehn Tage lang wird Tag und Nacht gefeiert.

Die Sirenen heulten: Musher!

Wir ließen alles stehen und liegen und stürzten aus dem Saloon auf die Front Street, wo sich die Massen drängten.

Scheinwerfer tauchten die Zielgerade in grelles Licht. Atemdampf stand über den Köpfen der Zuschauer. Aus dem Dunkel der Arktis schob sich ein Team! Zuerst sah man den Scheinwerfer einer Kopflampe, dann die phosphoreszierenden Augen der Huskys, schließlich ein Gesicht, schwarz von Frostbeulen: Emmitt Peters.

Es war, als schliche der Yukon-Fuchs waidwund in seinen Bau, nachdem er mit knapper Not davongekommen war. »Der Trail«, keuchte er, »der schlimmste, den ich je gefahren bin! Aber ich komme wieder. Mit besseren Hunden und besserem Schlitten. Dann fahre ich jeden in Grund und Boden.«

Jeder, der durchhielt, der Nome erreichte, war ein Überlebender und wurde wie ein Sieger empfangen. Während man auf den Nächsten wartete, wärmte man sich an den Theken der Saloons auf. Bald schien die ganze Stadt vom Alkohol berauscht und stank nach abgestandenem Bier.

Ich entdeckte Ron Aldrich im »Bering Sea Saloon«, während ich auf das fünfte Gespann wartete, das für zwei Uhr morgens angesagt worden war. Er prahlte in einer Runde von Freunden mit seinen Taten, wie ein Hirsch in der Brunftzeit. Wahrscheinlich versoff er gerade meine 500 Dollar. Ich drängte mich zu ihm vor. Als er mich sah, kniff er zweimal mit den Augen, als traue er ihnen nicht.

»Verdammt, das ist doch der Biber, der 500 Piepen kassieren will!«, stieß er aus und schien mit einem Schlag nüchtern zu werden. »Macht mal Platz, Jungs«, drängte er seine Kumpane beiseite, »hier führe ich euch den besten Rennexperten Alaskas vor!«

Die wahren Experten um mich herum glotzten mich blöde an. Ron griff in seine Tasche und zählte mir auf den biernassen Tresen 500 Dollar in großen Scheinen vor.

»Dieser Mann hat 500 Piepen gewonnen, weil er gegen Jerry Riley auf Rick Swenson gesetzt hat!«, verkündete er. Die Männer um mich herum knurrten: »Bravo!« Der Wetterlös verpflichtete. Mit einer Runde für Rons Freunde ging die Hälfte des Gewinns an den Barkeeper.

»Drei Dinge sind es, die einen echten Kerl ausmachen: den Iditarod bezwingen, einen Grizzly erlegen und ein dutzend Separators kippen«, erklärte Ron und bestellte mir einen. Der Cocktail hieß so, weil er gewissermaßen den Kopf vom Körper trennt – und zwar gründlich. So kippte ich ein dutzend »Separators«, um wenigstens den ersten Schritt zum ganzen Kerl zu machen, während Ron eine Flasche Whisky leerte.

Mitternacht: Ron stand an der Bar, unverrückbar, wie ein Fels in der Brandung, und erzählte Geschichten aus alter Zeit.

»Kennst du schon die Story von Leo Blacksmith?«, fragte er mich.

»Nein, schieß los!«

»Den Leo biss eine Klapperschlange in den rechten großen Zeh. Er zog seinen 44er und schoss den Zeh ab. Er hob ihn zur Erinnerung auf und steckte ihn ein. In der nächsten Stadt schenkte er ihn Johnnie, seinem Freund; der war Barmann. Johnnie sollte den Zeh in Brandy konservieren. Als Leo starb, stand der Barmann vor der Frage, was er mit dem Zeh machen sollte. Er mixte einen klaren Cocktail und legte den Zeh hinein. Dann verkaufte er das Zeug für drei Dollar als »Johnnie's Zehencocktail für furchtlose Männer«. Das Glas musste in einem Zug geleert und der Zeh zurückgespuckt werden. Und wer den Zeh verschluckte, musste ihn ersetzen!« Damit schleuderte Ron seinen rechten Mukluck an die Wand, riss die Wollsocke vom Fuß und streckte das Bein hoch – am Fuß fehlte die große Zehe. Donnerndes Gelächter dröhnte durch den Saloon.

Aber noch lauter heulten die Sirenen von draußen, und das Volk schrie: »Mushers are coming!« Ron kannte keine Hemmungen, mit bloßem Fuß rannte er hinaus in den Schnee und in die eisige Nacht und wartete auf Joe Redington, der Nome als Fünfter erreichte.

Siebzehn Tage und eine Stunde hatte Joe gebraucht. Von einstmals 16 Hunden waren ihm acht geblieben. Kurz darauf torkelte Dick Mackey die Front Street herunter und stolperte erschöpft ins Ziel. In Abständen von Minuten, Stunden und Tagen zogen die Musher in Nome ein und hielten die Stadt in Atem.

»Iron Man«, Dr. Ferry Adkins, musste sich 17 Tage und 13 Stunden quälen. Mit geplatzten Stiefeln, blutverschmierten Socken, humpelte er als 14. durchs Ziel. Gefolgt von Al Crane mit ausgekugelter Schulter.

»Nun, ich bin in Nome«, sagte er am Ziel. »Ich konnte es nicht verhindern, meine Huskys haben mich nach Hause geschleppt.« Al wohnte in Nome.

Stein Havard, der Norweger, erschien als 21. nach 18 Tagen. Sogar die tapfere Varona Thompson zählte zu den »Überlebenden«. Als sie nach einundzwanzigeinhalb Tagen als 34. dem Ziel entgegenmushte, machte Larry Thompson vor Begeisterung einen Satz über den Zaun und küsste seine Tochter. Aus ihrem 14-Hunde-Team brachte sie noch fünf mit. Mit Vasily Zamitkyn an 36. Stelle war das Rennen zu Ende. Ihm wurde nach 22 Tagen, 9 Stunden, 6 Minuten und 6 Sekunden die rote Laterne – als Symbol für das Schlusslicht – überreicht. Auf der Strecke – irgendwo auf den 1200 Meilen zwischen Anchorage und Nome – blieben 23 Gespanne.

Schließlich kehrten die Musher in ihre Welt zurück, wenige in die Städte, die meisten in die Einsamkeit ihres Trapperdaseins. Manch einer hat den Trail hassen gelernt; und doch wird er wieder dabei sein und seine Hunde darauf entlanghetzen. Ron Aldrich wurde sentimental, als er sich von den Hunden trennen musste: »Iditarod ist wie eine Droge, die Schmerz und Freude zugleich bereitet. Du erlebst Augenblicke höchster Glückseligkeit und tiefster Resignation. Wenn dich Pein und Müdigkeit verrückt machen und deinen Körper in Stücke zerreißen, tun sich neue Dimensionen auf, und du schaust tief in dich hinein wie in einen anderen Menschen … «

Nome war mit einem Male wie ausgestorben. Die ganze Stadt schien das plötzliche Ende der vielen berauschenden Tage und Nächte nicht zu verkraften und unter Entzugserscheinungen zu leiden. Nome war nur noch ein grauer, von Alkohol und Zerfall gezeichneter Ort.

Ich fühlte mich ein wenig hilflos und verloren. Auf der Suche nach menschlicher Gesellschaft betrat ich das »Nugget Inn« am Anfang der Front Street. Diesen Saloon kannte ich noch nicht. Bis ins kleinste Detail weckte die Einrichtung Erinnerungen an die Zeit des Goldfiebers. Mit einem Mal wurde mir bewusst, dass diese Bar, ja die ganze Stadt, nur eine »Zukunft« hatte, nämlich die krampfhafte Erinnerung an die Vergangenheit.

Ein einzelner Gast saß verlassen im Raum. Gelangweilt nahm ich auf einem Hocker an der Bar Platz, müde nach all den ruhelosen Tagen. Die Aufbruchstimmung, die in der Stadt herrschte, hatte auch mich erfasst – und doch hielt mich noch etwas. Kreuz und quer war ich durch das weite Land gereist, aber um Alaska und diesen Ort wirklich zu begreifen, musste ich bleiben …

Als ich aufsah, um beim Barkeeper ein Bier zu bestellen, wollte ich meinen Augen nicht trauen: Der Barkeeper war eine junge Frau, das Eskimomädchen aus Anchorage!

»Litla! Was machst du denn hier?«

Sie erkannte mich gleich, lächelte und sagte: »Wir leben in Nome.«

»Du und Peter Neumann?«

»Ja, natürlich.«

»Das ist ja toll! Erzähl, was macht ihr, wie geht's euch?«

»Peter schreibt an einer Arbeit über die Nunamint, außerdem sucht er Gold, und ich arbeite im Saloon, wie du siehst.«

»Peter sucht Gold?«, fragte ich wie elektrisiert.

»Es gibt eine Menge hier, er wird es dir erzählen, wenn du uns besuchst. Du kommst doch?«

»Natürlich, gern.«

Sie erklärte mir, wo sie wohnten. Ich kannte das Haus. Ich hatte schon einige Male davor gestanden, um mir dieses originelle Gebäude zu betrachten. Es war nämlich ein riesiger Iglu aus Holz. Um 22 Uhr sei ihr Dienst zu Ende, sagte Litla, aber ich könne früher hingehen, Peter sei sicher zu Hause. Sie erzählte mir noch, dass sie einige Zeit in Deutschland gelebt hatten, aber vor vier Monaten nach Alaska zurückgekehrt waren.

Goldfieber

Das Innere des Hauses hielt, was das Äußere versprach. Dabei war es nichts anderes als eine überdimensionale Rundhütte aus Holz, in der Form jener provisorischen Jagdunterkünfte, die die Eskimos aus Schneeblöcken errichteten. Aber es war eben ein Kuppelbau, der sich wohltuend von den traurigen Bretterbuden des Ortes abhob. In einem offenen Kamin loderte ein Holzfeuer, ein Luxus für Nome, wo überhaupt keine Bäume wachsen, sodass das Holz von weither geholt werden muss. Rechts vom Kamin befand sich eine rustikale Sitzgruppe, links vom Kamin führte eine wuchtige Treppe hinauf in den Schlaftrakt, nicht anders als in anderen Blockhäusern auch. Peter Neumann saß mit dem Rücken zum Eingang an einem richtigen Schreibtisch, grob gezimmert zwar, aber ausladend wie der eines Konzernchefs, und schrieb. Um ihn herum stapelten sich aufgeschlagene Bücher und Zeitschriften.

Es war ein freudiges und herzliches Wiedersehen. Als er so gelassen in seinem Stuhl saß, hatte ich den Eindruck, einen total veränderten Menschen vor mir zu haben. Einen ausgeglichenen Mann, der mit sich im Reinen war, der seinen Frieden gefunden hatte. Keinen, den »die Einsamkeit, die Arktis krank machten«, wie er sich einmal in Anchorage ausgedrückt hatte. In seiner Gegenwart kam ich mir vor wie ein Polarforscher am Äquator. Er saß da in leichten Blue Jeans und offenem, kurzärmeligem Hemd. Das Auffallendste an ihm war sein voluminöser Bart. Um den Hals hing ihm ein kleiner, brauner Lederbeutel, der meine Aufmerksamkeit auf sich zog.

»Du staunst, mich hier zu sehen, stimmt's?«, fragte er. »Nun, es ist nicht nur Litla, die mich mit diesem Land verbindet, es ist noch etwas anderes, eine tief sitzende Hassliebe.«

»Das Alaska-Fieber?«, sagte ich zögernd.

»Ja, so etwas mag es ein«, erwiderte er nachdenklich. »Ich bin in dieses Land gereist, ohne mich innerlich darauf vorbereitet zu haben, ohne seine Gesetze zu kennen. Und deshalb verfiel ich dem Wahn, es wolle mich vernichten … Ich weiß nicht, ob ich mich verständlich ausdrücke. Jedes Land – und besonders Alaska – hat seinen eigenen Lebensrhythmus, seine eigene Art, Probleme zu lösen. Das hängt vor allem mit den klimatischen und geografischen Bedingungen und natürlich auch mit der wirtschaftlichen Situation zusammen. Hast du diese besonderen Eigenheiten einmal erkannt und begriffen, dann ist Alaska das Land des Beginnens, ein Ort der Zuflucht und der Taten.«

»Es gab aber auch Menschen, die glaubten, das Land zu verstehen, und sie sind vor die Hunde gegangen«, erinnerte ich mich.

»Litla ist auch daran schuld, dass wir wieder hier sind«, fuhr Peter Neumann fort, ohne auf meinen Einwand einzugehen. »Sie wurde in Deutschland fast krank vor Heimweh und verfiel immer mehr. So bin ich mit ihr nach Nome, in die Tundra, zurückgegangen, wo sie geboren wurde und wo sie glücklich ist. Ich fand natürlich keine Arbeit, und da ich nicht jagen kann, begann ich, um zu überleben, Gold zu suchen. Ich bin Goldsucher – und die wahre Erkenntnis über das, was in Alaska vorgeht, erfährst du beim Goldsuchen!« Er stand auf und warf ein Stück Holz nach. Seine Worte klangen so überzeugend wie ein Glaubensbekenntnis.

»Und deine Arbeit über die Nunamint?«, fragte ich.

Er winkte ab. »Ich schreibe eine Doktorarbeit darüber, na und? Aber leben kann man nicht davon. Leben können wir nur von

Goldsuchen: heute genauso wie um die Jahrhundertwende

den Dollars, die Litla im Saloon verdient oder ich beim Goldsuchen. Ich sage dir: In Amerika kein Geld zu haben ist grausam, du bist ein Nichts! Du kannst dumm, ungebildet und faul sein, aber Geld musst du haben. Und für Alaska gilt dies ganz besonders. Das ist der fundamentale Unterschied zu Europa. In diesem Beutel befindet sich Goldstaub im Wert von tausend Dollar«, sagte er und griff nach dem Beutel. »Solange er prall um meinen Hals hängt, bin ich wer. In Alaska ist immer noch Goldwäscherzeit, und wer etwas anderes behauptet, der kennt weder das Yukonbecken noch den Strand von Nome.«

Und dann ließ Peter die Zeit des Goldrauschs wieder aufleben. Er führte mich in eine Kammer und zeigte mir Pickel, Schaufeln, Waschpfannen, Waschbretter und Siebe. Er hatte sogar eine Maschine entwickelt, die das Durchsieben des Sandes beschleunigte. Und zum Schluss öffnete er sein Allerheiligstes, ein Kästchen, das er unter den Dielen versteckt hatte. Es war angefüllt mit erbsengroßen Goldklumpen.

»Ich hebe mir nur die schönsten Nuggets auf«, erklärte er, »die anderen verkaufe ich. Du kannst mir glauben, der Strand zwischen Sinuk und Solomon ist voll davon.«

Dann redeten wir nur noch über Gold. Der magische Zauber, der seit Jahrhunderten von diesem Metall ausging, zog auch uns in seinen Bann. Litlas Heimkehr bemerkten wir kaum. Wir berauschten uns an Nomes Geschichte, die vom Gold geprägt wurde. Eine Geschichte von Männern und Frauen, die den Sand nach dem gelben Metall durchwühlten: Gangster und Heilige, Vagabunden und Helden, Huren und Hausfrauen. Wie besessen stürzten sie sich in das wahnwitzige Abenteuer, dem sie das Paradies abtrotzen wollten, und das ihnen doch meistens nur Elend, Krankheit und Tod brachte. Das Goldfieber dieser rastlosen Pioniere erschütterte ein ganzes Land, doch ihnen verdankt Alaska seinen Aufbau. Für Peter Neumann aber war Gold keine Vergangenheit, sondern reale Gegenwart. Die Nacht verging, und der Morgen graute. Und aus dieser Nacht wurden viele Tage und Nächte. Peter offenbarte mir seine geheimsten Pläne und Vorhaben. Wir brüteten über Karten, die er selbst erstellt hatte, die die 80 Meilen Küste exakt wiedergaben. Meter für Meter hatte er analysiert, Proben erbohrt, fraktioniert und archiviert.

»Ich werde aus diesem schäbigen Strand Gold herausholen, dass den Leuten Augen und Ohren übergehen«, schwor er. Das Goldfieber hatte ihn gepackt, und das verdammte Fieber steckte jetzt mich an, denn auch ich beschloss, Gold zu suchen. Peter und ich wurden Partner. Wir kauften Geschirr, bauten uns Wannen und Siebe und warteten voller Ungeduld auf wärmere Tage, auf das Krachen und Tosen des Eises der Beringsee und das Schmelzen des Schnees.

Endlich war es soweit. Unter dem Gespött der Einwohner Nomes zogen die Goldsucher an den Strand und drehten die Sandkörner um, die vor ihnen Tausende umgedreht hatten. In aller Frühe schnallten wir uns das schwere Schürfergeschirr auf den Rücken und marschierten auf matschiger Tundra Richtung Osten. An Fort Davis und am alten, stillgelegten Goldbagger vorbei, der wie ein Mahnmal für unerfüllte Diggerträume seine bizarren, nutzlos gewordenen Arme in den Himmel reckte, als wollte er uns beschwören: Kehrt um, es gibt kein Gold – nur Sand und Steine! Nachdem wir die Jagdhütten der Eskimos hinter uns gelassen hatten, setzten wir ab, zehn Meilen von Nome entfernt. Wir gruben, siebten und wuschen, bis es dunkel wurde. Ohne Pause, ohne etwas zu essen, ohne miteinander zu sprechen, arbeiteten wir uns an diesem gottverlassenen Strand die Hände blutig.

Wir wuschen Tage und Wochen immer an derselben Stelle, zehn Meilen vor Nome. Jeder Tag war eine Wiederholung des vorhergehenden: drei Stunden Anmarsch, neun Stunden Waschen, drei Stunden Rückmarsch. Jeden Morgen brachen wir bei Dunkelheit auf, damit wir das Tageslicht voll ausnutzen konnten, und kehrten im Dunkeln auch wieder zurück. Manchmal kam es vor, dass uns die Knochen schon am Nachmittag höllisch wehtaten. Und an solchen »unproduktiven Tagen«, wie sie Peter nannte, luden wir uns das Gerät bereits vor Dunkelheit auf und begegneten dann bei der Rückkehr nach Nome dem einen oder anderen Schaufeltypen, wie er in aller Ruhe, mehr Pfeife rauchend als grabend, den Sand wusch. »Sonntagsdigger« nannte Peter diese Kategorie von Goldsuchern verächtlich.

Es waren lässige Aussteiger, Traveller oder Romantiker. Sie hießen Otto Schmidt, Jean Claude, Mike Farrel, waren um die Dreißig und vagabundierten durch die Welt. Warum nicht in Alaska Gold suchen?

Ben Brewer war ein alter, kauziger Einzelgänger, der seine »Waschmaschine« mit einem ausrangierten Dieselmotor bestückte. »Bloß keinen Partner ins Geschäft nehmen, das schafft Probleme«, nuschelte er aus zahnlosem Mund und lutschte weiter an seiner Pfeife. Zu den Wochenenddiggern gehörten Handwerker, Lehrer, kleine Angestellte aus Anchorage, Juneau oder Fairbanks, die Spaß am Sandbuddeln hatten und sich kindisch über ein Goldstück freuten. »Amateure«, nannte sie Peter, »die genauso gut ihre Gärten umgraben könnten.« Peter war ein fanatischer Goldraffer geworden. Hätte er 75 Jahre früher gelebt, wäre er sicher einer von den Männern um Alexander McKenzie gewesen, die Nome und die gesamte Goldszene tyrannisierten. Peters Fanatismus hatte inzwischen auch auf mich übergegriffen. Das war nicht verwunderlich, denn wir hatten tatsächlich etwas Glück mit unserem »Claim«.

Als wir unsere Partnerschaft eingingen, hatten wir uns drei Dinge geschworen: auf Alkohol zu verzichten, Dritten gegenüber Stillschweigen zu wahren und die Ausbeute gerecht zu teilen. Der zweite Punkt war ein Fehler. Gerade weil niemand etwas über unsere Schürferei erfuhr, rankten sich abenteuerliche Geschichten um uns, die uns gewaltig schaden sollten. An unseren arbeitsfreien Samstagen oder Sonntagen trafen wir bisweilen die Konkurrenten vom Strand in den Saloons. Die meisten saßen nur da, schlürften lauwarmes Bier und fantasierten von Nuggets in Kindskopfgröße. Nichts, aber auch gar nichts hatten sie von dem Goldsuchertypus alter Zeit, der ja »die Puppen tanzen ließ«, wenn man den Erzählungen glauben darf. Sie waren weder Frauen- noch Revolverhelden, konnten weder Karten spielen noch alles auf eine Karte setzen.

Bis zu dem Tag, als Frank Cleary auf der Bildfläche erschien. Er war ein kleiner, drahtiger Mann um die Vierzig, den jeder, der ihn nicht kannte, unterschätzte – und genau das war sein Kapital. Wenn ich heute, Jahre später, an Frank denke, dann mit einem Gefühl der Wut und gleichzeitig der Bewunderung. Frank hat mich nach alter Goldgräbermanier fertig gemacht, und ich verfluche den Tag, an dem ich in Nome Digger spielte. Regelmäßig erschien er in den Saloons. Meist hatte er zwei Kumpane dabei und unterhielt sich mit den Sonntagsschürfern, auch mit uns. Wir schienen ihn besonders zu interessieren. Er gab sich zwar größte Mühe, dies zu verbergen, aber ich merkte es trotzdem. Woher er kam, was er trieb oder vorhatte, wusste keiner so recht. Waldkauz Ben Brewer warnte hinter vorgehaltener Hand seine Freunde; schließlich hatte er einmal eine Wette gegen Frank verloren. Außerdem war Frank ein Mann von gepflegtem Äußeren und guten Manieren, was in Goldgräberkreisen immer verdächtig ist …

Allmählich war, gottlob, das Ende unserer täglichen Fronarbeit abzusehen. Ich wollte Alaska Mitte nächsten Monats verlassen. Wir schufteten verbissener als je zuvor, durchwühlten und pflügten den Boden um wie Maulwürfe. An manchen Tagen schätzten wir unsere Tagesleistung auf 200 Dollar. Das spornte ungemein an. Es gab Sandschichten, aus denen wir in zwei Stunden 100 Dollar in Gold herausspülten. Dann pochte uns vor Aufregung das Blut in den Schläfen – konnte es sein, dass wir auf eine Ader gestoßen waren? Peter warf die Schaufel weg und kratzte mit bloßen Händen im gelb-braunen Sand. Und im nächsten Moment war der Traum von einer Goldader geplatzt wie eine Seifenblase. Was blieb, war gelber Staub …

Eines Tages erschienen Digger, die bisher immer am Strand bei Nome geschürft hatten. Sie wollten wissen, was wir hier draußen trieben. Sie seien überzeugt, dass wir einen verflixt ergiebigen Claim hätten, und wollten es auch einmal bei uns probieren. Peter geriet außer sich und wollte die Eindringlinge verscheuchen. Aber sie lachten nur und fingen an, direkt neben uns zu buddeln. Von nun an hießen wir »the folly diggers«, die »verrückten Goldgräber«.

Bei einem unserer nächsten Saloonbesuche erfuhren wir von Ben Brewer, dass Frank Cleary auf unserem Claim herumgeschnüffelt haben sollte.

Meine letzten Tage rückten heran, was mich mit Freude und Wehmut zugleich erfüllte. In Gedanken rechnete ich mir den Lohn für meine Schufterei am Strand aus und kam auf mindestens 9000 Dollar. Tausend davon wollte ich Litla dafür geben, dass sie mich so freundlich aufgenommen hatten. Die Goldkurse im Aushang der einzigen Bank von Nome waren so verlockend, dass ich beschloss, den Umtausch gleich an Ort und Stelle zu tätigen.

Dann kam der Tag der partnerschaftlichen Teilung. Es war ein ganz besonderer Tag, den wir feierlich begehen wollten. Litla nahm sich frei und zog sich besonders schön an; sie sah immer noch hinreißend aus. Wir aßen die berühmten »King crabs«, Krebse von der Größe eines Wagenrades, Ungetüme, an denen sich bequem fünf ausgehungerte Trapper satt essen konnten. Dazu tranken wir Champagner von der teuersten Marke. Geld spielte keine Rolle, ich hatte die Taschen voll davon. Um genauer zu sein: fast 9000 Dollar! Heute holten wir nach, worauf wir in den entbehrungsreichen Monaten verzichten mussten.

»Lasst uns die Hundsmonate hinunterkippen und wieder Menschen werden«, rief Peter. Wir luden einige andere Goldsucher ein, mit uns zu feiern, und beschlossen, unser Schweigen zu brechen. Peter hatte sich für die nächsten Monate ohnehin eine andere Taktik ausgedacht.

»Weißt du übrigens, dass man vor 75 Jahren in Nome für eine Unze Gold 35 Dollar bekam?«, fragte ich Peter.

»Heute gibt es für die gleiche Menge 320 Dollar, allerdings

mit dem Unterschied, dass der Wert des Dollar um das Zehnfache gesunken ist.«

»Also doch kein gutes Geschäft gemacht?«, spottete ich.

»Wenn du bedenkst, dass wir rund 400 Tonnen Sand gesiebt haben, bestimmt nicht«, erwiderte Peter. »Bei Stundenlöhnen von 12 Dollar und Investitionen in Millionenhöhe versteht man, warum die Firmen den Sonntagsdiggern das Verlustgeschäft überlassen.«

Wir tranken Sekt zu einem Flaschenpreis, der bei uns für eine ganze Kiste gereicht hätte. Wir waren in einer Stimmung wie seit Monaten nicht mehr und rissen dumme Witze über einen Bus voll Touristen, der im Eiltempo »Leben in der Arktis« per Kamera einfangen wollte: Flughafen, Nomes Front Street rauf und runter. Zwischendurch rasch einige Folkloredarbietungen mit verschlafenen, im Glücksfall nüchternen Eskimos. Traditionsreiche Tänze und Trampolinspringen machten sich immer gut. Nome war kein Ort, der eiligen Touristen arktisches Leben vorgaukeln konnte. Die triste Wirklichkeit ließ sich nicht in eine Kulisse verwandeln, die der Touristenvorstellung entsprach. Die meisten atmeten hörbar auf, wenn sie sich dem Hauptprogramm widmen konnten: dem King-crab-Essen im Bering Sea Saloon.

»Kommt bloß raus hier, es stinkt nach Großstadtmief«, drängte Peter, als eine Horde New Yorker in den Saloon einfiel. Ausgelassen zogen wir durch die Saloons. Gaben hier einen aus, tranken dort einen Brandy. Am Abend dieses Sonntags hatten wir fast alle Goldsucher Nomes im Schlepptau. Peter und ich fühlten uns wie die Könige von Nome, wie die Herren der Mine, die die Jungs für sich schuften ließen. Es war schon irre, was sich in jener Nacht unter den Hobbyschürfern in Nome abspielte. Ein Goldrausch der späten Siebzigerjahre, der sich da in den Kneipen entlud. Für mich war es nicht nur ein Tag des Triumphes, sondern auch ein Tag des Abschieds. Ich musste Abschied nehmen von einem Alaska, wie ich es mir erträumt und mir kaum vorzustellen gewagt hatte. Ich glaubte, alles gesehen und erlebt zu haben: Ich hatte dem Tod ins Auge gesehen, hatte Menschen zerbrechen und wieder stark werden sehen. Ich hatte das Land von Süden nach Norden, von Osten nach Westen durchzogen und war nicht untergegangen.

An diesem Abend fühlte ich mich wie ein Sieger und unschlagbar, dieses Gefühl und natürlich auch die vielen Drinks bauten Hemmungen ab und machten leichtsinnig.

Wir beschlossen, die großartige Feier im »Nugget Inn« mit einem letzten Drink zu beenden.

Im Inn saß auch Frank Cleary mit seinen Kumpanen beim Bier und fragte, ob er nicht an meinem letzten Tag mit uns feiern könnte. Er hätte mich immer schon gern kennen lernen wollen, aber wir seien ja so unerhört beschäftigt gewesen. In unserer Siegesstimmung hätten wir mit dem Satan persönlich angestoßen. Frank hatte eine zurückhaltende, liebenswürdige Art und schien aus gutem Hause zu kommen. Er stellte sich als Geschäftsmann, besser als Vertreter für Landmaschinen, aus Juneau, der Hauptstadt Alaskas, vor und erzählte: »Ich habe die meiste Zeit in den unteren Staaten gelebt, wissen Sie, aber es war schon immer mein Wunsch, das Milieu moderner Goldsucher kennen zu lernen … Sind Sie Professioneller?«

»Um Himmels willen!«, entgegnete ich.

»Aber ein erfolgreicher Digger, wie mir scheint«, sagte er.

»So kann man es nicht nennen, für die Schinderei war die Ausbeute mager.«

»Sie leben schon lange in Alaska?«, fragte er.

Der erste Alaskaner, der mich nicht Greenhorn nannte! Oder war ich tatsächlich keines mehr? Kurz vor Mitternacht verschwanden die Ersten aus unserer Diggerrunde, während wir mit dem Wirt aushandelten, dass er seinen Laden zwei Stunden später schließen sollte; wir würden auch für den nötigen Umsatz sorgen.

Frank ließ sich nicht lumpen und spendierte eine Runde Bier, seine Kollegen zogen mit Härterem nach. Als die Unterhaltung abflaute, kramte einer der Fremden drei Schachteln Streichhölzer aus der Hosentasche, zog die Deckel und kippte die Hölzer auf einen Haufen. Frank schob die drei Schachteln mit der offenen Seite nach unten vor sich hin und legte eine kleine, weiße Schaumstoffkugel dazu, die genau unter die Streichholzschachteln passte.

Ich redete mit Peter, beobachtete aber, was die drei Männer da aus Langeweile anstellten. Frank jonglierte mit den Streichholzschachteln und stülpte sie über die Kugel, während einer der beiden tippte, unter welcher Schachtel die Kugel lag. Netter Zeitvertreib, dachte ich, kümmerte mich aber nicht weiter darum. Doch plötzlich wurden kleine Einsätze gemacht. Ich riet im Stillen mit, wo sich die Kugel befand. Dabei merkte ich, dass ich überhaupt nicht raten brauchte. Jedes Mal sah ich glasklar, unter welches Kästchen die Kugel rollte. Mensch, hast du ein gutes Auge, dachte ich, die anderen beiden hoben nämlich meist die falsche Schachtel hoch und mussten zahlen. Das Spielchen ging eine ganze Weile so. Insgeheim amüsierte ich mich königlich darüber, wie ungeschickt die beiden sich anstellten, wenn sie die Kugel auch hin und wieder fanden.

»Spielt ihr das nur unter euch?«, fragte ich.

»Am liebsten«, antwortete Frank kurz, und fügte nach einer Weile hinzu: »Ich hab es in Fairbanks von einem Holzfäller gelernt. *Cat and mouse* heißt es – ein nettes Geschicklichkeitsspiel, aber nicht ganz ungefährlich für Bankhalter.«

»Wieso?«

»Nun, der Bankhalter spielt gegen alle. Wenn einer aus der Runde ein schnelles Auge hat, ist er verloren.«

»Lassen Sie uns mitmachen, das Spiel gefällt mir«, sagte ich und dachte an die Dollar, die ich bereits kassiert hätte, wenn ich von Anfang an dabei gewesen wäre.

»Wirklich ungern, Mister. Die Einsätze sind hoch, ich kenne ihr Auge nicht«, wehrte Frank ab. »Ich mache Ihnen einen Vorschlag, raten Sie erst einmal ohne Einsatz mit. Ich will wissen, ob ich gut genug für Sie bin.«

Er jonglierte, ich riet – manchmal absichtlich falsch – und fand mich unheimlich raffiniert. Ich kam mir vor wie Alaska-Jack, der seine Rivalen reihenweise aufs Kreuz legt.

»Okay«, sagte Frank nach einer Weile. Ich brannte darauf, mitzumachen und zu gewinnen.

»Machen wir einen Einsatz von 100 Dollar?«, schlug er vor.

»Meinetwegen.«

Die Kugel stieß gegen die Innenseite des ersten Kästchens, tanzte zwischen den anderen hin und her – dann war sie verschwunden. Ich hatte haarscharf aufgepasst und hob ein Kästchen hoch – die Kugel lag darunter.

Hundert Dollar gehörten mir.

Eiskalt strich ich die Scheine ein. Dem Lackaffen werd ich's zeigen, dachte ich, den zieh ich aus bis aufs Hemd.

Gleicher Einsatz, die Kugel rollte – ich kassierte.

»Überlegen Sie sich's, Frank, mein Auge ist besser geworden«, spottete ich, hoffte aber natürlich, dass er weitermachte.

»Erhöhen wir den Einsatz auf 200; falls ich gewinne, sind wir quitt und hören auf«, sagte er. Feigling, dachte ich. Nicht mit mir!

Schon war die Kugel wieder verschwunden. Ich hob das Kästchen hoch – leer. Klar, ich war für den Bruchteil einer Sekunde unaufmerksam gewesen, als Peter mich angestoßen hatte, um mich zu warnen. Warnen? Wovor denn um alles in der Welt? Schließlich bestimmte ich, wo's lang ging! Ohne mit der Wimper zu zucken, überließ ich Frank die Scheine und musste ihn förmlich drängen, weiterzuspielen. Eine undefinierbare, gewaltige Macht hatte von mir Besitz ergriffen. Ich wollte es diesem Mann zeigen, und ich war sicher, dass ich ihn kleinkriegte. Ich erschrak über mich und meine Jagdlust, diesen harmlosen, ordentlichen Mann zur Strecke bringen zu wollen. Ich musste ihn einfach besiegen!

Einsatz: 500 Dollar.

Die Kugel tanzte. Gierig ergriff ich das Kästchen. Natürlich lag die Kugel darunter. Das Geld gehörte mir.

Die Spannung wuchs mit der Höhe der Einsätze. Der ganze Saloon schien mit einem Mal unter Starkstrom zu stehen. Keiner rührte sich von der Stelle. Wir rückten zusammen. Der Wirt vergaß, das Bier zu bringen. Mir wurde entsetzlich heiß, der Schweiß brach mir aus allen Poren.

Einsatz 2000 Dollar. Jeder hielt den Atem an. Ich musste abnehmen. Die Kugel hatte ich gesehen. Kein Zweifel, sie lag unter dem mittleren Kästchen. Nun hob ich ab: leer!

Wahrscheinlich hatte ich genau in dem Augenblick mit den Augen gezwinkert, als die Kugel im entscheidenden Bruchteil einer Sekunde heraus und ins andere Kästchen sprang. Ich bin immer ein ruhiger Typ gewesen, der alles mit Bedacht und Vorsicht angeht. Einer, der bei aller Liebe zum Abenteuer stets das Risiko abwägt und im Zweifelsfalle aussteigt. Heute Nacht war alles anders! Ich kannte mich nicht mehr. Ich verlor jeden Maßstab, die natürlichen Abwehrmechanismen waren ausgeschaltet. In meinem Kopf hämmerte es wirr. Der Schweiß strömte mir über den Kragen, unruhig rutschte ich auf dem Stuhl herum, um die Kästchen noch genauer sehen zu können.

Frank saß mir kerzengerade gegenüber. Kein Muskel zuckte, er zeigte nicht geringste Gefühlsregung. Die Pomade in seinem wohlfrisierten Haar glänzte im Schein der niedrigen Lampe.

Diese totale Selbstbeherrschung machte mich rasend. Von diesem Zeitpunkt an gab es für mich nur noch: entweder – oder. Ich erschrak, aber der Spielteufel, der mich nun total beherrschte, kannte keine Gnade.

»2000 Dollar!«, stieß ich hervor.

Peter riss mich am Arm. »Biber, bist du verrückt geworden? Bist du übergeschnappt? Das geht ins Auge!«

»Finger weg!«, fuhr ich ihn an. »Auf dem Claim hast du bestimmt – hier bestimme ich!«

Vor meinen Augen tanzte die Schaumstoffkugel, so klar, so körperlich. Ich sah sie durch die Kästchen hindurchleuchten. Franks Hände kamen zur Ruhe. Ich stand wie unter Hypnose und kicherte in mich hinein. In Sekunden wurde hier über 2000 Dollar entschieden! Ich wusste, wo die Kugel hineingerollt war, brauchte nur noch das Geld einzustreichen. Dann hob ich das Kästchen hoch: leer! Ich hörte Peter tief seufzen.

Verdammt, das durfte nicht wahr sein! Das war doch unmöglich! Ich stülpte die anderen Kästchen um, aber es war möglich. Die Kugel lag woanders. Jetzt merkte ich, dass meine Hände schweißnass waren und zitterten. Bloß nichts Frank, das Monster, etwas merken lassen, überlegte ich. Der zertritt dich sonst, der macht dich kaputt. Ich hielt die eine Hand mit der anderen fest. Aber ich zitterte nicht nur an den Händen, sondern am ganzen Körper. Ich marschierte durch die Hölle. Um wieder herauszukommen, gab es nur »entweder – oder«!

»4000 Dollar!«, hörte ich jemanden mit fester Stimme sagen. Die Stimme kam aus meinem Mund, aber ohne meinen Willen. Mir saß die Panik in den Knochen. Ich war nicht mehr ich selbst, ich reagierte wie von fremden Mächten bestimmt. Und diese Mächte drangen auf die totale Vernichtung von Frank Cleary. Jetzt, in dieser Sekunde!

Dem alten Brewer fiel vor Schreck die Pfeife aus dem Mund.

»Ich bin sicher, so hart sind die Jungs zur Goldrauschzeit nicht rangegangen«, stammelte der Alte.

Peter wollte sich auf mich stürzen. Ich wehrte ab. Der Barkeeper rannte zum Ausgang und schloss die Tür ab. Als er wiederkam, keuchte er: »Heavens, so was hat das ›Nugget Inn‹ noch nicht erlebt!« Mike Farrel schwitzte noch mehr als ich und fuhr sich mit dem Ärmel über die Stirn. Die beiden Burschen um Frank wurden auch nervös und tranken ihren Whisky noch hastiger. Doch Frank Cleary beherrschte die Szene souverän.

»Nun dann«, war sein Kommentar.

»Du stürzt dich ins Unglück, Mann«, jammerte Peter Neumann. »Wir sollten die Polizei holen und dich von dem verdammten Tisch wegreißen.«

Erstmals schaltete sich Litla ein. Sie ergriff meine Hand. »Hör auf, Biber, bitte hör auf – meinetwegen!«, flehte sie.

Litlas wegen hätte ich viel getan. Aber kneifen vor einem wie Frank Cleary, einem solchen Würstchen, nein, das kam nicht in Frage, niemals befahl eine Stimme in meinem Inneren. Niemals!

Ich warf den Einsatz auf den Tisch. Eine Summe, die man selten auf einmal zu Gesicht bekommt. Es war, außer einem Ticket nach Hause, alles, was ich besaß.

»Heute ist Goldrauschzeit – los, Frank!«, sagte meine Stimme laut.

Und dann ging alles ganz schnell. Sekunden nur, und schon musste ich die Entscheidung treffen. Ich hatte zwei Möglichkeiten: dorthin zu greifen, wo ich die Kugel eindeutig hatte hinfliegen sehen, oder zu raten. Zum ersten Mal in dem Match mit Frank war ich unsicher. Wenn man seinen Augen nicht mehr trauen darf, ist man verloren. Ich traf meine Entscheidung allein, denn keiner konnte und keiner wollte mir helfen. Jeder wusste, dass ich keinen Pfennig mehr hatte, wenn ich mich falsch entschied. Langsam legte ich meine Finger um das rechte Kästchen, ich hatte Zeit, keiner drängte mich. Ich konnte alles selbst bestimmen. Noch hatte ich freie Wahl. Mit einem Ruck riss ich das Kästchen weg. Litla schrie auf. Peter schlug die Hände vors Gesicht.

»Nein, zum Donnerschlag!«, brüllte der alte Brewer. Mir wurde schwindelig. Flammende Kreise tanzten vor meinen Augen, dann zuckte es grell im Hirn… Ich sackte zusammen. Das Kästchen war leer.

Ich sah nicht, wie Frank das Geld einstrich, registrierte nur, dass er aufstand und mit Bedacht den Stuhl an den Tisch schob. Dann sagte er etwas, was sich wie ein Brandeisen in mein Gedächtnis grub. »Das Leben, Cheechako, ist rau und hart in Alaska.«

Am nächsten Morgen stahl ich mich aus Nome. Was mir passiert war, hatte sich bis zum letzten Eskimo herumgesprochen. Litla und Peter gaben dem Verlierer das »letzte Geleit« zum Flugplatz.

»Es wird Zeit, dass ich mich verdrücke, stimmt's? In Alaska soll man nicht als Verlierer bleiben, erst recht nicht als Verlierer, der pleite ist«, sagte ich.

»In diesem Land kein Geld zu haben ist schlimm – eine meiner Erkenntnisse«, sagte Peter traurig. Wie Recht er hat, schoss es mir durch den Kopf, einer, der es nicht wahrhaben wollte, war tot.

Der Wagen hielt, ich nahm mein Bündel. »Macht's gut, ihr beiden, und vielen Dank, es war eine herrliche Zeit bei euch!«

»Mit dem Abschluss?«

»Ihr werdet es nicht glauben – gerade mit diesem Abschluss!«

Auf dem Rollfeld, weit hinten, stand eine kleine Maschine von Polarair, startklar für Anchorage. Ich hielt darauf zu, und noch einmal überdachte ich meine Erlebnisse – als ich die Maschine erreichte, fasste ich den Entschluss, die Niederlage von Nome zum Höhepunkt meiner Reise durch Alaska zu machen.

So verließ ich das Land in Dankbarkeit, dass es sich einem Greenhorn einen Spalt geöffnet hatte:

Alaska fesselt uns durch seine raue Struktur, überwältigt uns durch seine Dimension und packt uns durch seine Menschen, die in erbarmungsloser Natur leben und in ihr hart werden oder jämmerlich zu Grunde gehen.

Ich fühlte schon jetzt, dass es mich wieder zurückzog – das Alaskafieber.